2012 年度武汉大学人文社会科学自主科研项目（2012YB002）

2013 年度湖北省教育厅人文社会科学指导性项目（13g006）

2016 年武汉大学外国语言文学学院学术专著出版资助

# 结构诗学视角下的
# 俄汉诗歌翻译研究

Russian and Chinese Poetry Translation Studies
From the Perspective of Structural Poetics

毛志文 著

中国社会科学出版社

图书在版编目（CIP）数据

结构诗学视角下的俄汉诗歌翻译研究 / 毛志文著. — 北京：
中国社会科学出版社，2016.10
　ISBN 978-7-5161-8989-4

　Ⅰ.①结…　Ⅱ.①毛…　Ⅲ.①俄语－诗歌－翻译
Ⅳ.①H355.9

中国版本图书馆CIP数据核字(2016)第227390号

| 出 版 人 | 赵剑英 |
| 责任编辑 | 黄　山 |
| 责任校对 | 张文池 |
| 责任印制 | 李寡寡 |

| 出　　版 | 中国社会科学出版社 |
| 社　　址 | 北京鼓楼西大街甲 158 号 |
| 邮　　编 | 100720 |
| 网　　址 | http://www.csspw.cn |
| 发 行 部 | 010－84083685 |
| 门 市 部 | 010－84029450 |
| 经　　销 | 新华书店及其他书店 |

| 印　　刷 | 北京明恒达印务有限公司 |
| 装　　订 | 廊坊市广阳区广增装订厂 |
| 版　　次 | 2016 年 10 月第 1 版 |
| 印　　次 | 2016 年 10 月第 1 次印刷 |

| 开　　本 | 710×1000　1 / 16 |
| 印　　张 | 17 |
| 字　　数 | 262 千字 |
| 定　　价 | 65.00 元 |

凡购买中国社会科学出版社图书，如有质量问题请与本社营销中心联系调换
电话：010－84083683

# 序

美国著名诗人弗罗斯特说过，诗就是"在翻译中丧失掉的东西"。英国作家雪莱甚至直言"译诗是徒劳无益的"。古往今来那些精通外文和谙熟诗道的语言大师们都在感叹：翻译难，译诗更难。

然而，绝对理想的诗歌译作不可能实现，但这绝不妨碍我们朝这个方向去努力。俄国诗人勃留索夫说得好："把诗人的创作从一种语言译成另一种语言是不可能的，但要放弃这一理想也是不可能的。"译诗就是要"明知不可为而为之"。古今中外无数的诗歌翻译家们"捻断数根须"，为的就是让诗歌译文能够最大限度地完美地再现原文。诗是形式与内容的有机整体，正所谓"文质彬彬，然后君子"。可传统的语文学研究者译诗时往往"得意忘形"，主张形式服务于内容，这样译出来的诗歌语义可能准确无误，但读起来却不像诗，失去了诗歌原有的优美和谐感。形式主义理论者则信奉"艺术即手法"，认为译诗时要充分利用陌生化的手法来再现原诗的形式美，可这样一来，片面地强调形式又可能会在传达原诗内容时造成偏差。"翻译是辩证法的王国。"形式与内容这一对矛盾相辅相成，辩证统一地存在于翻译的过程之中。如何去弥合这一主要矛盾？如何使诗歌译文中的形式与内容都能够完美而和谐地再现？——洛特曼结构诗学给了我们许多有益的启示。毛志文同志将洛特曼结构诗学理论运用于俄汉诗歌翻译研究之中，颇有新意，《结构诗学与俄汉诗歌翻译》这篇专著正是在这一方向上作出的有益探索。

洛特曼是塔尔图学派的领军旗手，其外貌酷似物理学家爱因斯坦，在俄罗斯可谓家喻户晓。爱因斯坦发现了相对论和光电效应方程，彻底改变了人们对客观物质世界的认识，而洛特曼在人文社科领域的研究贡献也堪比爱因斯坦，特别是在符号学、文化学和结构主义诗学领域，他的许多理论都独具开创性，至今仍影响着一代又一代学者。1964年出版的《结构诗学讲义》和1972年出版的《诗歌文本的分析》是他在结构诗学领域的两部奠基之作。书中提出的许多概念如诗歌中的"超义子""平行对照"，提出的许多观点如"结构主义应打破形式主义'一分为二，强调一点'的作法，既强调形式与结构，又不能忽视语义和内容"等，对于人们揭示诗歌语义的生成机制，探索诗歌结构的内在规律起到了巨大的作用。遗憾的是至今很少有人重视这些理论，更别谈将其引入翻译学的研究之中。

毛志文在读博期间开始接触洛特曼结构诗学理论，并大胆尝试着从这一理论角度出发，分"超义子、语义对比丛"，"重复、平行对照"以及"诗歌是五大层次基础上的统一整体"这三个切入点来探讨俄汉诗歌翻译问题，内容新颖，视角独特。特别值得一提的是超义子、语义对比丛和文本语义场。这些概念原属于语义学领域，洛特曼将其引入结构诗学来展开诗歌的深层语义研究，毛志文再将它引入诗歌翻译研究之中，都是一种难能可贵的创新，不仅让人窥见诗歌深层语义的生成原理，而且开拓了翻译研究的新视野，为丰富翻译理论，提高诗歌翻译水平作出了不小的贡献。还有，第一章俄汉诗歌翻译史系统梳理了俄苏诗歌在中国的译介和发展历程（1933 年至今），将俄苏诗歌翻译史划分为三个高潮阶段，论述其表现特点并分析其原因，这在国内也属首次，对于中俄两国诗歌的繁荣与发展，促进两国之间的文化交流具有重要的参考价值。本专著还有其他闪光之处，例如诗歌翻译中的"平行对照"等，囿于篇幅，这里就不一一赘述了，有待读者自己去细细品味。

当前，翻译学研究方兴未艾，逐渐形成了自己的理论体系，结构诗学理论本身难度很大，很多学者都知难而退，望而却步。毛志文不畏困难，迎难而上，敢于啃这块硬骨头，是一位刻苦而勤奋的年轻学者。这本专著是 2013 年度湖北省教育厅人文社会科学指导性项目（项目编号：13g006）和 2012 年度武汉大学人文社会科学自主科研项目（项目编号：2012YB002）的最终研究成果，是毛志文在武汉大学博士后出站报告的基础上日臻完善而成，凝聚了他的大量心血，是他多年研究成果的结晶。尤为可贵的是，书卷的字里行间处处弥漫着丰富的译例和缜密的论证，相信这些真知灼见会给其他学者以及相关领域的研究专家带来许多有益的启示。作为一名年轻的"80 后"学者，毛志文博士在研究的过程中难免出现这样或那样的不足，敬请读者们批评指正。期待毛志文沿着他的学术之路继续向前，取得更多更为出色的成绩！

武汉大学外国语言文学学院教授、博士生导师　胡谷明

2016 年 5 月于武汉大学

# 前　言

　　诗歌翻译是文学翻译的一个分支。文学翻译始终不能回避的是文本的形式和结构的问题，当然，诗歌翻译也不例外。传统的翻译理论往往从意象或意境的角度探讨诗歌的翻译问题，提倡"以形象译形象"。这当然是一个很好的角度。然而，本专著则另辟蹊径，尝试着以结构诗学的角度去探讨俄汉诗歌的翻译问题，从诗歌文本的结构出发来探索诗歌翻译的本质特征，希望从中能得出有益的启示去指导我们进行俄汉诗歌的翻译。

　　作为 20 世纪六七十年代曾风靡一时的理论，结构诗学继承和发展了形式主义文论的精髓，充分利用信息论、结构主义和语义学等优秀成果，提出了一系列颇具学术价值的思想观点，让人们对诗歌的结构和本质特性有了更为深刻的认识，有力地推动了诗歌研究的发展。既然结构诗学是对诗歌文本进行语言学分析的有力武器，那么它又是如何使人们从形式和结构的角度去更深刻地理解文本的语义和内容的呢？它的哪些观点是可以用来指导俄汉诗歌翻译的实践呢？译者要想译出优秀的诗歌译文，需要在结构和形式上作到哪些方面呢？——这些都是我们需要认真思考的问题。

　　本专著正是基于上述这些问题，以结构诗学为理论基础，将结构诗学的一些理论和学术观点应用于俄诗汉译的具体实践之中，使得我们在翻译的过程中能够避免误译的发生，提高译文的质量。同时，在此基础上，根据结构诗学的理论框架和特点，提出译文是建立在五大层次基础之上的新的统一整体，并且在这五个层次上尽可能地再现原文。这些都是本论文的基本内容。

　　本专著共分绪论、正文、结束语、参考文献四个部分，一共八章，其中正文部分共六章。

　　第一章"绪论"。这一部分简要介绍本论文的选题动机、研究任务、研究方法、研究新意、理论价值和实践价值、研究所借鉴的语料来源等。

第二章"俄汉文学及诗歌翻译的历史和回顾"。本章对俄苏文学及诗歌在我国的翻译历史进行梳理。共分两节，第一节概述俄苏文学在中国的译介和发展，并指出每个时期俄苏文学在中国翻译的特点。第二节论述俄苏诗歌在中国的翻译和发展情况，廓清其总体面貌，分别论述三次诗歌翻译高潮对中国的影响。

第三章"结构诗学的内容和主要特点"。本章为结构诗学理论阐释的核心部分。首先第一节简要叙述结构诗学的发展历史和基本内容，各学派的代表人物和著作，让人们对结构诗学理论有一个总体的认识。然后在第二节中具体阐述结构诗学区别于传统诗学研究的特点和研究方法的独到之处，这些传统诗学包括形式主义以前的社会历史角度的诗学研究、形式主义诗学研究、雅可布逊的诗学研究等。本章把论述的重点放在第三节和第四节。第三节重点阐述洛特曼结构诗学的内容、任务和研究方法，这是本论文的理论基石。第四节论述洛特曼结构诗学在我国的译介与研究。第五节则重点论述洛特曼结构诗学的主要特点，以及与翻译研究的契合点，这是本论文的新意所在，为第二章和第三章的具体展开作好理论铺垫。

第四章"超义子、语义对比丛与俄汉诗歌翻译"。本章重点运用洛特曼结构诗学中的超义子、语义对比丛理论来论述其与俄汉诗歌翻译的密切关系，即保证译文超义子和语义对比丛与原文一致可以有效避免译文在语义上发生错误，使得诗歌译文在内容上与原文相一致。第一节从语义学上的超义子、语义对比丛开始讲起，让大家对超义子、语义对比丛和文本语义场等概念有一个更直观的认识。然后论述洛特曼为什么将这些语义学中的概念引入结构诗学来进行研究，两类概念之间有什么联系和区别，引入后会从哪些方面推动诗歌研究的发展，等等。在本章的第二节结合具有代表性的例子来重点阐述超义子、语义对比丛与俄汉诗歌翻译研究的密切关系，说明要使译文在语义和内容上与原诗保持一致就需要尽可能地使二者在超义子、语义对比丛和文本语义场上相一致。第三节则列举了四个非常典型的例子和若干译文，通过具体分析这些例子和译文来论证本章的观点。

　　第五章"重复、平行对照与俄汉诗歌翻译"。本章重点运用洛特曼结构诗学理论中的重复、平行对照理论来论述其与俄汉诗歌翻译的密切联系，即在保证语义正确的前提下，译文应尽可能地保留原诗在语音、节奏、词汇、句式等形式方面的重复和平行对照。第一节阐明重复、平行对照的概念和内涵，廓清洛特曼结构诗学中的重复、平行对照与修辞学上的重复和平行对照的区别，让大家能够对这两个概念有一定的认识。第二节从索绪尔、雅克布逊的"二轴说"开始谈起，重点论述重复和平行对照是诗歌文本的重要组织原则，是诗歌实现文本聚合关系、凸显语义内容的有效手段。第三节分四个层次并结合具体实例来阐述重复、平行对照与俄汉诗歌翻译的联系。译者应在译文中尽可能地去再现原诗在各个层次上的重复和平行对照，这对构建语义结构具有十分重要的作用，也可以使形式更好地服务于内容。第四节则用重复与平行对照理论来探讨汉俄诗歌翻译，为了研究的方便，以中国唐诗的俄译为例，具体论述该理论可以有效指导中国诗词的俄译。

　　第六章"诗歌文本的整体结构与翻译"。本章第一节在前几章的理论基础之上提出论点：诗歌文本是一个整体，译者要力争将译文塑造成为一个新的整体，使之在语义、句法、语音、节奏、语调这五大层次基础之上与原文相一致。第二节结合具体例子来论述这一观点，并得出结论：哪个译文整体最好地再现了原文的整体，在这五大层次上结合得最好，哪个译文就是最佳的译文。

　　第七章"非文本结构与诗歌翻译"。结合具体的实例论述文本结构以外的因素与诗歌翻译的关系。结构诗学虽然重视诗歌的形式和结构，但同时也并不忽视非文本结构的作用和影响。第一节将从文化背景因素入手，分三大类来具体探讨文化背景这一非常重要的非文本结构因素对诗歌翻译所造成的影响。第二节则从时代观念、现实生活、译者的世界观和思想观念、文学传统等其他的非文本结构因素的角度出发来探讨它们对诗歌作品所造成的巨大影响。最后得出结论：我们在进行俄汉诗歌翻译的时候也需要兼顾各种非文本结构的因素，将文本结构与非文本结构统一起来，这样才能得到最优秀的译文。

第八章"结束语"。这一部分对本论文所探讨的内容进行概括和总结，指出本专著的主要观点和理论、创新点、有待继续探讨的问题以及尚待进一步解决的问题。例如，在宏观上词语层构成诗歌的语义丛和文本语义场的基础，推动了诗歌的语义由低层级向更高层级的运动。同样，在微观上，词语层作为水平轴推动语义向低层级运动。词语层次作为诗歌结构的水平轴基线构成了诗歌结构体系的语义基础。它是否可以成为诗歌翻译的基本单位？这一问题还需要进一步地进行探索。

"参考文献"。这一部分列出了主要的参考书目、工具书和语料来源。

将结构诗学理论和观点引入诗歌翻译研究是一种新的尝试，本书试图从这一新的角度出发来揭示诗歌含义生成的内在机制，探讨诗歌翻译的基本规律，为人们从事诗歌翻译研究提供一个崭新的视角。应当说，本书的研究还不够深入，对有些问题的探讨还不够细致和全面，这些都有待以后的研究逐步完善。书中的不足之处，还望广大专家学者批评指正。

编者

2014 年端午节于武昌东湖畔

# 目 录
CONTENTS

# 第一章 绪论

## 第一节 选题动因、研究的任务和方法

在世界上所有民族的文学史上，诗歌都占有重要的地位，它与叙事文学、戏剧一起并列为文学的三大体裁。自古以来，文学就是语言的精华，而诗歌则是文学的精华。如果把文学看作语言王国里最华丽的王冠的话，那么诗歌则是这顶王冠上最璀璨的明珠。因此，我们对于诗歌的翻译和研究的重要性也就不言而喻了。这不仅体现出一个国家对世界优秀文化成果的鉴赏和译介的能力，而且能彰显出自身海纳百川、兼收并蓄的民族文化特性。

俄罗斯是一个诗歌大国，钟灵毓秀的广袤大地上孕育出了许多杰出的诗人，留下了众多不朽的诗篇，如普希金、莱蒙托夫、布宁、勃洛克、阿赫玛托娃、马雅可夫斯基，等等。这些凝聚着人类文明和智慧的优秀文化成果不仅在俄罗斯家喻户晓，而且在世界范围内也广为流传。从五四新文化运动以来，我国才开始大规模地译介俄罗斯和苏联的诗歌，其中不乏精品。这些优秀的诗歌作品有的给人启迪，催人奋进，有的净化心灵，陶冶情操，让我们在领悟诗人丰富细腻的内心世界的同时，也惊叹于博大精深的俄罗斯诗歌艺术。如戈宝权翻译的普希金的经典诗歌《致凯恩》甚至入选上海市新版初三语文课本，成为国语学习的标范，为我国语言的丰富和发展作出了杰出贡献。然而也有些译文却不尽如人意，在历史发展的过程中逐渐被新的更好的译文所取代。那么，为什么同一个诗歌原文会产生那么多不同的译本？面对这些众多的诗歌译文如何遴选和判定出哪些译文更好？用什么翻译方法可以避免译错，翻出最优秀的译文？这些都是值得我们去思考的问题。

从俄汉诗歌翻译实践的情况来看，由于不同的译者所持的翻译观点各不相同，诗歌翻译的方法各有千秋，因此最后的译文往往大不一样。总结起来，这些诗歌译文大体上可以分为三类：第一类是侧重于诗歌作品的内容和意思，而轻形式和手法，如将俄格律诗译为汉语的自由体诗或散文诗，由于不受原诗语音、格律和句法的束缚，在遣词造句方面有很大的回旋余地，因此能比较确切地表达原文的意思。然而缺点是缺乏和谐的节奏和优美的韵律，读起来完全没有诗歌的韵味了。第二类就是侧重于原诗的形式和手法，而轻内容和意思，如动用汉语的一切修辞手段来最大限度地再现原诗的韵律和句法美，甚至把原诗译成汉语的五言或七言格律诗，这样虽然能做到音韵优美，节奏朗朗上口，但是译文却很容易偏离原文的意思，甚至与原文相去甚远。第三类就是既能保证原文的内容和意义不变，又尽可能地保留了原文的形式和手法，但这种非常杰出的译文是不多的。

那么用什么样的诗歌研究方法来指导我们的翻译实践才能得到内容和形式俱佳的译文呢？结构主义诗学给我们的诗歌翻译研究提出了一个很有价值的新视野。本专著就以结构主义的诗学理论为基础，以俄诗汉译为例，从洛特曼结构诗学的角度来探讨俄汉诗歌的翻译问题。

## 1. 选题动因

20 世纪中叶结构主义的研究方法运用于许多学科领域，从罗马历史到大脑半球的研究，从音乐和谐规律分析到肖像研究等，涵盖范围之广，影响之大前所未有。结构主义对推动这些学科的研究和发展也发挥了举足轻重的作用。同样，当莫斯科—塔尔图学派的一些学者们大胆吸收形式主义的优秀成果，把结构主义运用于文艺学和诗学领域时，也对诗歌的研究发生了深远的影响。在此之前，人们研究诗歌多从社会历史角度出发，有的甚至是随感式的杂论，谈不上系统化的研究；而结构诗学则让人们更清楚地看到了诗歌的结构特点和鲜明的体系层级性，让人们更理论化、更系统化地去探究诗歌的本质奥秘。因此，我们可以从结构诗学理论得到启发，将部分理论运用于诗歌翻译的研究中，让我们站在一个更高的角度去理解诗歌翻译的本质特点，从而指导我们的翻译实践。这是本书的选题动因。

2. 研究任务

本专著在前人研究的基础上，主要运用结构诗学的有关理论和译文对比的方法来探讨俄汉诗歌的翻译问题。主要的研究任务如下。

（1）对俄苏文学翻译史以及俄苏诗歌在我国的译介和发展进行系统的梳理，对每个阶段的译介特点进行总结。

（2）对结构诗学总的内容和特点进行概述，然后通过分析洛特曼结构诗学与传统诗学的区别来论述以洛特曼结构诗学的角度来研究诗歌翻译的优势及可行性。

（3）结合洛特曼结构诗学的内容、研究方法和主要特点来具体论述结构诗学中哪些理论可以用来指导俄汉诗歌翻译研究，这些对于提高俄汉诗歌翻译实践水平是大有裨益的。

（4）在分析超义子和语义对比丛的概念、内涵和特点的基础上来阐述它们与俄汉诗歌翻译研究的契合点，并通过大量具体的译例来说明超义子和语义对比丛代表诗歌文本的语义和内容，是诗歌翻译的根本前提，也是我们鉴别译文优劣的首要衡量尺度。

（5）从索绪尔和雅可布逊的"两轴说"以及诗歌文本的聚合性特征来详细论述重复和平行对照是诗歌文本结构的重要组织原则，也是诗歌文本的重要形式特征。在语音、节奏、词汇和句式这四个层次的重复和平行对照的基础上，通过大量译例来详细论述在翻译中尽可能地保留原文的重复和平行对照是保证诗歌译文聚合关系的重要方式和手段。形式是服务于内容的，正是通过重复和平行对照才使得诗歌的词与词、句与句在诗歌结构整体中相互靠近、比照，从而升发出单个单位元素所不具备的深层含义，也只有在诗歌翻译中尽可能地保留重复和平行对照的形式特征，才能更好地凸显诗歌的语义和主题。

（6）结合前面两章的内容得出论点：诗歌译文是一个新的整体，而诗歌翻译就是把原诗的整体转化为译文这个新的整体。围绕这个论点具体论述诗歌整体应包括语义、句法、节奏、音韵、音调这五大层次。我们在翻译实践中应在此基础上努力做到内容和形式的统一，构建一个新的亦包含这五大层次的译文整体。

### 3. 本专著的研究方法

本专著首先阐述结构诗学的一些总的特点，与传统诗学理论相比优越性体现在哪些方面，然后再着重论述洛特曼结构诗学理论引入诗歌翻译研究的必要性和可行性，并分章节具体详细地论述超义子、语义对比丛以及重复、平行对照在诗歌翻译中的重要作用，在此基础上得出论点：诗歌译文是一个新的统一的整体。在论据上，采用译文对比的方法，运用结构诗学理论进行诗歌文本分析，判定译文对错和优劣。在论证上条分缕析、层层递进，既运用了演绎法和归纳法，又注意整体与局部相结合，让整本专著更具逻辑性。

## 第二节　研究的语料、新意、理论价值和实践价值

### 1. 本书的语料

本书的语料以俄罗斯诗歌汉译为主，主要原文包括普希金、布宁、勃洛克、阿赫玛托娃、茨维塔耶娃、马尔提诺夫、沃兹涅先斯基等著名俄苏诗人的作品。译文则包括了戈宝权、苏杭、张草韧、魏荒弩、汪剑钊、娄自良等一大批我国知名翻译家的译文，且都来源于国内著名出版社出版的正规书籍。每个原文都对应有两个或两个以上的译文，方便我们进行翻译对比研究。本专著在理论阐述方面包括形式主义、结构诗学、语义学、修辞学、文艺学、翻译学等相关学科理论以及国内外相关理论的专著和论文等。

### 2. 研究新意

从洛特曼结构诗学的角度来系统地研究俄汉诗歌翻译在我国国内俄语界尚属首次，在国内相关杂志上也鲜见这方面的文章。然而结构诗学的许多理论和观点可以借鉴到诗歌翻译研究中，显著提高诗歌翻译的质量，开拓诗歌翻译研究的新视野。本专著的研究新意表现在以下三大方面：第一，超义子、语义对比丛普遍存在于诗歌之中，具有层级性，从小到大依次为：超义子—语义链—语义丛—对比语义丛—主题。这些代表着语义，

是诗歌矛盾的统一体，也是诗歌赖以生存的基石，在翻译中是必须保留的，不能译错，否则译文就谈不上成为一个整体了。第二，重复、平行对照也是诗歌文本的普遍属性。正是由于它的存在，在诗歌整体结构的作用下音与音、节奏与节奏、词与词、句与句之间才能更加相互靠近，处于可比的位置，彼此映衬、互补、对照和对比，形成文本的聚合关系。而聚合关系正是诗歌文本区别于散文最根本的体现。因此，在保证诗歌语义正确的前提下，翻译的时候也要注意设法保留诗歌重复和平行对照这些形式特点，以使得译文也和原文一样具有聚合关系的形式美。第三，在前两个理论的基础之上，进一步提出新论点：诗歌译文是一个新的整体，这个整体虽然和原文整体不一样，但是也具有和原文一样鲜明的结构层级性，且都是建构在语义、句法、音韵、节奏、语调这五大层级基础之上。在诗歌结构的整体框架下，这五大层级之间相互作用、相互影响，共同构成诗歌整体。

### 3. 理论价值和实践价值

本书的理论价值在于将结构诗学的理论引入诗歌翻译研究，在内容上主要围绕超义子和语义对比丛，在形式上主要围绕重复与平行对照来探究诗歌翻译的本质特点和规律。专著的后半部分在结构诗学五大层次的基础上进一步提出"译文是一个新的整体"的论点，为俄汉诗歌翻译研究提供了一个新的视野。这不仅丰富了我国诗歌翻译的理论，而且对于翻译通论的研究也有一定的借鉴意义。

本专著的实践价值在于为诗歌翻译者从事俄汉诗歌翻译实践提供了一个有力的理论工具和崭新的学术视角。长期以来，我国俄汉诗歌翻译常常是实践多、理论少，理论研究的不足制约着俄汉诗歌翻译水平的提高。将结构诗学引入诗歌翻译研究在丰富诗歌翻译理论的同时，在一定程度上也可以指导我们进行翻译实践，更有效地判定译文的对错与优劣。此外，由于结构诗学理论是对诗歌进行语言学分析的有力武器，具有较强的操作性，因此在翻译教学中和在俄汉诗歌文本鉴赏方面也起着很大的作用。

# 第二章　俄汉文学及诗歌翻译的历史和回顾

俄汉诗歌翻译的历史源远流长，最早可以追溯到清末民初。晚清民国时期正是我国开眼看世界，西学东渐的重要历史阶段。俄罗斯作为横跨东西方的一个大国，拥有悠久的历史和灿烂的文化。特别是以诗歌为代表的俄国文学作品，随着这一股西学东渐之风传入中国，为身处半殖民地半封建社会的人民群众和先进知识分子们提供了丰富的精神养料。在中西方文化大交流的背景下，俄苏文学翻译，特别是诗歌的翻译是一个民族发展到一定的历史阶段对外来文化进行自觉的、集体的同时又是有选择的认同、接受和吸收的活动。这种翻译没有恒定的选择标准和一成不变的翻译原则，在它的发生、发展中起决定性作用的是中国特殊的社会现实和精神需求。因此，追踪俄汉诗歌翻译的历史变迁，描绘出它盛衰的历史轨迹，对俄国诗歌和其他文学作品在我国的译介提出展望是一个很重要的研究课题。可是遗憾的是，到目前为止，在这方面作出杰出贡献的学者并不多。本章就从俄汉文学翻译史、俄汉诗歌翻译史这两个视角出发，对俄国文学作品的汉译问题作出梳理，这对促进中俄两国之间的文化交流，推动两国翻译文学的发展都起到了积极作用。


## 第一节　俄苏文学在中国的译介和发展

俄苏文学在世界文学中占有重要的地位，是世界文学宝库中一颗璀璨的明珠。历经苦难的俄罗斯给一大批作家和诗人提供了珍贵的创作素材，这一大批伟大的作家和诗人就包括普希金、莱蒙托夫、果戈理、勃洛克、托尔斯泰，等等，他们用笔下的文字为人类留下了宝贵的精神财富。由于中俄地理位置毗邻，又有着相似的历史境遇和人文环境，因此俄苏文学非常容易在中国这块土地上引起共鸣，也正因为如此，从近代，特别是从"五四运动"以来，一大批俄苏文学作品如潮水般涌入中国，给中国的文学界和中国社会生活带来了巨大而深刻的影响，这是任何其他国家的文学所难以望其项背的。这些作品可以说直接影响了中国普通民众生活的方方面面，给整整几代人思想观念和行为方式都造成了深刻的影响。本节我们就对俄苏文学在中国的翻译历史作一些简要回顾，廓清它的全貌和发展历程，这有助于我们对俄苏文学翻译作出比较客观的认识，指导我们今后的文学翻译工作。

纵观 20 世纪俄苏文学翻译史，俄苏文学在中国的译介大致经历了五个高潮阶段：分别是 20 世纪 20 年代、30 年代末到 40 年代、50 年代、80 年代、90 年代至今。下面我们将以这五个时期为重点来梳理俄苏文学在中国的翻译史，具体论述俄苏文学在中国的译介情况。

### 一 "五四运动"以前的俄苏文学翻译

据考证，中俄两国最早在 19 世纪中叶就已经开始进行文学方面的交流，而且在文学交流的形式上又是以诗歌的交流为开端的。根据史料记载，传入中国的第一部俄国文学作品最早可以追溯到 1845 年。当时俄国公使送给中国一批文学作品，其中包括《克雷洛夫诗集》1 册，《德米特米耶夫诗集》1 册，《伊利瓦达诗集》1 册，还另外有《俄国名家文丛》16 册和《俄国文人百家传》2 册。然而，根据现有的资料来看，这些作品并没有得到翻译出版。但是这毕竟是中俄两国在文学交流上的第一次尝试，是第一批在中国出现的俄国文学作品。值得指出的是这第一批文学作品中诗歌占有很大的一部分，也可以说正是诗歌开启了中俄两国文学交流之先河。

翻译是文学交流的一种重要形式，也是本国吸收外来文化的一个基本途径。一般来说，翻译最早都是从宗教卷宗的翻译开始的，中国对俄国书籍的译介也不例外。回顾西方的古代翻译和中世纪翻译，最先翻译的都是宗教典籍。例如基督教的经典——《圣经》的翻译：首先是纪元前的

《七十子希腊文本圣经》，其次是 4—5 世纪的《通俗拉丁文本圣经》，然后是中世纪初期的各民族语的圣经文本（如古德语、古法语圣经等），宗教改革以后出现了圣经的近代译本（如路德的德译本，卡西欧多罗的西班牙译本，英国的《钦定圣经译本》，俄罗斯的尼康本），这些译本不仅承载着宗教的思想，更从一个侧面反映了人们在思想观念上的进步。可以说在每一次翻译思想史的转折时期人们都会对圣经进行不同的诠释，对《圣经》这些宗教典籍的翻译也反映出人们思想观念的变化。纵观整个西方翻译史，宗教翻译都贯穿始终，可以说宗教的翻译是整个西方翻译思想史的一个缩影。中国对俄国的翻译接受最早也是从宗教开始的。从 1715—1917 年的两百多年，俄国不断向中国派遣传教使团，这些东正教的传教士披着宗教的合法外衣，为沙俄向外殖民扩张充当了先锋，并在宗教思想和意识形态上笼络中国民众。为了更好地传播东正教的教宗和宗教思想，这些俄国来的传教士最先充当起了宗教典籍的翻译重任。1860 年以后，这些俄国的传教士先后翻译了一批东正教的宗教典籍，如《圣经》、《东教宗鉴》、《论正教的四大仪式》等。这些宗教典籍虽然俄国腔十足，但毕竟是最先一批在中国翻译并传播的俄国书籍，对于俄国文化在中国的传播和两国之间的文化交流都具有深远的历史意义。

那么，第一部在中国翻译的俄国文学作品是什么呢？据传说，第一部在中国翻译的俄国文学作品是 1872 年 8 月刊登在《中西闻见录》创刊号上的《俄人寓言》，译者为美国传教士丁韪良（Martin William Alexandel Parsosns，1827—1916），但可惜的是这一译本至今没有找到，无从查证。有据可考的第一部在中国翻译的俄国文学作品是 1899—1900 年在上海《万国公报》上刊载上海广学会校刊的《俄国政俗通考》一书的克雷洛夫的三则寓言《狗友篇》（《狗的友谊》）、《鲦鱼篇》（《梭子鱼》）和《狐鼠篇》（《狐狸和土拨鼠》），译者为美国传教士林乐知和中国合作者任廷旭，译文是由英文本转译过来的。由此看来，第一部有据可考的在中国翻译的俄国文学作品是克雷洛夫的三则寓言。

1900 年之后，俄国的文学作品开始在中国陆续得到翻译，虽然数量很少，但毕竟使得中国的普通民众能够有机会接触俄国的文学和思想。值得注意的是，最初俄国文学作品的翻译往往并不是直接从俄文原著直接翻译过来，而是从日文、英文、法文转译过来，呈现出"译胡为秦"①的特点。

"五四运动"以前，俄国文学作品翻译重演了"译胡为秦"的历史。由于中国长期实行闭关锁国的政策，俄语教育相对落后，国内自主培养的懂得俄文的翻译者数量非常少，愿意从事俄国文学翻译的人就更少了[1708 年清政府曾开办过中国历史上第一所俄文学校——"俄罗斯文馆"（后更名为同文馆），但实际上规模非常小，而且培养出的翻译人才也仅仅只是满足外交和商务上的需要]。因此那个时候在中国直接从俄国翻译过来的文学作品数量很少，而且这些译本基本上都是依据日文、英文和法文为蓝本来进行翻译的。这其中又分为两个阶段：前期俄国文学作品大多从日译本转译过来，这种情况基本上出现在辛亥革命以前。后期则主要从欧美国家（如英、法、美等国）的译本转译过来，这种情况大多出现在辛亥革命之后。

我们首先来看看近代俄国文学翻译前期的翻译情况。1868 年日本明治维新之后，政治和经济实力迅速发展，短短几十年的时间就发展成能与英法相抗衡的资本主义强国。而且日本全盘吸收西洋文化，实行"脱亚入欧"的外交政策，这表现在文化上就是大量吸收国外的先进科技和文化，翻译当然是吸收国外先进思想和文化的一个基本途径。日本仅仅是对俄国文学作品的翻译，数量就多得惊人。特别是到了 20 世纪初期，对俄国文学作品的年译作量平均在 150 种左右，这种对于国外文化的吸收热潮是大

---

① "译胡为秦"，简言之就是以胡本为蓝本来翻译佛经，而不从梵文直接翻译。公元 152 年以后，中国开始大规模地翻译佛经，从后汉到南北朝所翻译的佛经大多是借助"胡本"来进行翻译的，所谓的"胡本"就是阗、月氏、龟兹等西域的文本。大约到了隋代，佛教大为兴盛，一些梵文佛经开始逐渐传入中国，在这一时期出现了"胡文转译本"佛经和"梵文直译本"佛经同时并存的局面，一些文化程度较高的僧人发现两种译本之间有许多不同，"胡文转译本"的佛经甚至出现不少错误。在隋唐时期，佛教被定为国教，佛教的传播达到鼎盛。出于对佛教文化的巨大需求，人们迫切要求从梵文版的佛经直接翻译为汉文，于是唐代高僧玄奘西行求法取来了"真经"，并充当了梵文佛经的翻译工作，为宗教的传播作出了杰出的贡献。从梵文直接翻译过来的佛经更为准确，也便于人们更好地理解佛教的思想，为佛教思想在底层劳动人民中的广泛传播奠定了良好的基础。至此之后，人们对胡译版的佛经逐渐失去兴趣，"译胡为秦"的历史也由此宣告终结。

大高于同时期的中国的，大量的俄国文学作品日译本的涌现为后来从日文版本转译为中文版本准备了很好的物质基础。中国在甲午战争中的战败以及日本在明治维新后的迅速崛起在积贫积弱的中国社会引起了广泛影响，再加上日本与中国在地理位置上相毗邻，文化上又有相通性，因此大批的中国学生赴日留学，留日学生的急剧增多就为俄国文学作品的日译本转译过来提供了充足的译者。因此可以说清末俄国文学作品的译者很多就是留日的学生，不少译作发表或者出版于日本。

辛亥革命之后，这一情况就有所改观，大批的俄国文学作品都是由欧美译本转译过来的。1904—1905 年日俄战争之后，日本和俄国的关系急剧恶化，俄国文学作品在日本的出版量和翻译量都急剧萎缩，再加上赴日留学的热潮开始持续减退，因此辛亥革命之后，从日文版转译过来的俄国文学作品数量也急剧减少。与此同时，随着欧美等老牌资本主义国家的兴起，欧美等国在中国的影响与日俱增，而中国国内的俄语教育依然很落后，因此人们就摒弃了日译版，转而翻译英文版和法文版的俄国文学作品。"译胡为秦"的历史依然在上演。俄国的文学作品始终很难在中国进行大规模的直译。近代中国"译胡为秦"的负面影响是显而易见的：两种文字的直接翻译可以最大限度地保留原作的思想和含义，可是如果依赖第三种文字作为媒介来进行转译的话，必然会掺杂第三种文化的影响，而且在语义上也必然流失得更多，更加背离原作。造成近代中国"译胡为秦"的历史原因是多方面的：一方面是由于近代中国俄语教育的落后，俄文教育的机构很少，而且懂得俄语的翻译人才也不多，极少人愿意投身文学翻译；另一方面也是因为俄国当时只是一个保留浓厚封建残余的农奴制的帝国主义国家，国际地位不能与欧美和日本同日而语，中国的上层知识分子和普通民众并没有过多地去关注俄国，这就造成了当时的俄国文学在中国并没有得到重视，遭到冷遇。这一状况在"五四运动"之后才得到了根本性的改变。

除了以上所述的"译胡为秦"的典型特点以外，"五四运动"以前的俄国文学翻译还呈现出以下特点。

（1）"五四运动"之前的俄国文学翻译地位低下，无论是在数量上还是在质量上都处于绝对劣势，与同一时期日本、法国、英美文学的翻译相比，显得相形见绌。那个时候中国无论是上层知识分子还是底层民众都没有意识到俄国文学的重要性，对俄国文学持一种漠视的态度，造成了近代俄国文学翻译遭到冷遇。那个时候就像普希金、托尔斯泰这样一些文学巨擘的作品，如《战争与和平》、《安娜·卡列尼娜》也未能在中国引起强烈反响，反而欧美等国的作品如《茶花女》、《简爱》、《黑奴吁天录》等却风靡一时。从思想内容层面来说，我们不能说前者就低于后者，可是为何会出现后者在接受程度上大大超越前者的局面？究其原因可能有以下几个方面：首先，中国普通民众对于俄国文学还非常陌生，欧美国家以其强大的文化软实力为后盾，文学作品也随之最先登陆中国并占有一席之地，民众对于欧美国家的作品产生"先入为主"的美学接受。其次，"十月革命"之前的俄国尚处于封建农奴制的统治之下，经济落后，国力远不能与欧美列强相抗衡，这样中国第一批"开眼看世界"的人们并没有将目光投向遥远的俄国，而全都希望在西方发达国家身上找到"师夷长技以自强"的良药，欧美的文学作品作为社会意识形态的一个重要组成部分自然首先得到他们的青睐。这些人希望通过译介这些发达国家的文学作品来启迪国人的思想，加速中国现代化的进程。相比起来，处于封建农奴制的俄国文学作品在他们看来则无足轻重，这也是近代俄国文学翻译遭到冷遇的重要原因。直到俄国爆发"十月革命"，"五四运动"之后，在"以俄为师"的旗号下这一局面才逐渐改善，俄国的文学翻译也随之迎来独领风骚的时代。

（2）"五四运动"之前的俄国文学翻译的类型主要以小说为主，诗歌翻译遭到冷遇。清末民初之时，随着梁启超提倡文学革命以来，国内大众开始对小说情有独钟，特别是对侦探类、香艳类、神怪类小说很感兴趣。因此，大量的小说得以出版，而且小说翻译的实践活动也异常活跃。令人感到惊奇的是中国近代小说呈现出翻译量多于创作量的现象。据《晚清小说目》统计，1885 年至 1911 年创作小说为 479 种，而 1882 年至 1913 年的翻译小说达 628 种，翻译占有总量的 2/3。翻译小说最多的年份，如

1907 年可达 130 种以上。可见当时小说翻译的规模之大。[①] "虽说译作的质量良莠不齐，但无论是从翻译的选题、所译的语种、译著的印数来看，还是从译者的队伍、出版翻译小说的出版社数量来看，小说的翻译事业达到了前所未有的规模。"[②] 俄国文学翻译也是如此，在不多的译作中，小说的翻译占了绝大多数。例如普希金和莱蒙托夫都是伟大的小说家兼诗人，但是那个时代的中国译者们为了迎合当时读者的需要，全部都只译其小说，对他们的诗歌作品则视而不见。甚至人们在翻译屠格涅夫的散文诗的时候，基本上全部都将其译成散文体的文言小说，诗歌所特有的节奏、韵律都丧失殆尽，所用的语言都是旧体小说式的语言，这样诗歌所特有的形式美都不复存在，欣赏诗歌成了阅读小说了。这些都是当时译者片面适应本国读者口味的后果，结果造成中国对俄国诗歌的翻译一直处于停滞的状态，比欧美和日本等发达国家对俄国诗歌的翻译和研究晚了许多年。

（3）"五四运动"之前的俄国文学翻译在翻译的方法上以归化为主，译作大多呈现"适应中国口味"之风，在翻译理念上秉承"取我所熟，弃我所生；取我所用，弃我所废；取我所厚，弃我所薄"。纵观近代各国翻译史，"适应本国口味"之风都曾盛极一时。例如法国阿布朗古尔（Perrot d'Ablancourt）提倡"美而不忠的翻译"，在他的引领下法国一大批翻译家如图雷尔（Tourreil）、拉莫特（Lamotte）、拉普拉斯（Laplace）、弗朗索瓦·迪西（Francois Ducis）等都是"适应法国口味"的倡导者，这一风气在法国近代也盛极一时。"适应法国之风"吹到俄国后，一大批俄国的翻译家们也开始热衷于"适应俄国口味"，如古科夫斯基（Гуковский Г. А）、弗拉基米尔·伊格纳季耶维奇·卢金（Лукин，В. И.）、杰尔查文（Державин Г. Р.）、茹科夫斯基（Жуковский В. А.）等，近代"适应俄国之风"也曾风靡一时。让人感兴趣的是，这种"适应本国口味"之风在中国也上演了。例如在普希金《上尉的女儿》的中译本《俄国情史》[ 正文前有全称《俄国情史密斯士玛利传》，括弧注明《花心蝶梦录》，译者为

---

① 参见北京大学中文系：《中国小说史稿》，人民文学出版社 1960 年版。
② 郑敏宇：《叙事类型视角下的小说翻译研究》，上海外语教育出版社 2007 年版，第 1 页。

我国留日学生戢翼翚（？—1908，湖北房县人），1903 年由上海大宣书局出版发行（发行所为上海开明书店和文明书店）] 中，译者是根据俄文原著《上尉的女儿》日译本《露国奇闻：花心蝶梦录》以及后来再版的《露国情史：斯密士玛丽传》转译过来的，这是在中国出版的最早的单行本俄国文学作品，也是在中国发行的第一部普希金的作品。译者在译文中作了许多归化处理，对原作进行了大量的删减和改变。原作是以第一人称叙述的，可是这种叙述类型对于当时的中国读者十分陌生，因此译者作了归化处理，"改用第三人称的口吻重述，改成我国流行的章回体的才子佳人式的言情小说，字数也只有三万字，只及原文的三分之一"。①造成近代中国的俄国文学翻译"适应中国口味"之风的根源有多方面，主要归纳起来有两点：第一，随着中国近代洋务运动的发展，广大人民群众对于国外文化知识的渴求进一步促进了"适应本国口味"之风的盛行。因为只有取得了人民大众的支持，翻译文本更好地被接受，才能更好地促进翻译事业的发展。"适应本国口味"无疑更有利于迎合民众的需求。在中国许多先进的知识分子和思想家们本身也是翻译家，如刘半农、鲁迅、马君武等，他们通过"改写"国外的作品，在广大的人民群众中传播国外的先进思想和文化，通过"适应中国口味"来改造社会，启迪思想。

第二，也是更重要的原因在于翻译文学长期处于译语文学多元系统的边缘地位。多元系统理论的开创者埃文·佐哈指出："翻译文学地位的变化带来翻译规范、翻译行为和翻译政策的变化。"②当翻译文学取得中心地位时，翻译成为创新的重要力量，译者乐于打破本国的传统。这个时候翻译更加接近原文，更容易出现"异化"翻译；而当翻译文学占据边缘位置的时候，译者多倾向于模仿文学系统中已存在的模式，更有可能出现"归化"的翻译。在近代中国，出现的就是上述的第二种情况。在近代中国，翻译文学始终占据着文学多元系统的边缘地位，没有与本土文学相脱离，翻译文学仅作为本土文学的重要补充而进入译语文学多元系统之中。从事

① 戈宝权：《谈普希金的〈俄国情史〉》，载《世界文学》1962 年第 1—2 期，第 233 页。
② Itamar Even-Zohar. *The position of Translated Literature within the Literary Polysystem// The Translation Studies Reader*[C]. Newyork.: Rotledge, 2000 : 192—197.

文学翻译工作的人往往是很有名望的作家、诗人、文学家，他们常常维护旧有的文学规范，并热衷于将国外的作品翻译之后纳入本国的文学体系之中。这个时候翻译文学并没有取得独立的地位，而只是依附于本土文学，逐渐发展壮大起来。

（4）"五四运动"以前的俄国文学翻译在翻译作品的选择上偏重于选择名家名作，所翻译的题材和范围具有很大的局限性。正是由于"译胡为秦"，所以中国的俄国文学翻译在一开始就是嫁接在别国文学的基础上发展起来的。这样，转译者在最初的题材选择上就并不那么自由，只能在别人第一次选择的范围内作第二次选择。当时在欧美和日本，俄国文学的译介已有一定的历史积淀，许多俄国文学大家的名篇名作都已经广为流传，获得好评。因此，那个时候中国的许多翻译者们就采取"拿来主义"的办法，将好的俄国文学作品直接转译为中文，并没有考虑到国内的实际情况和当时读者的接受程度，结果这些俄国的文学作品与当时国内大众的审美情趣相去深远，而备受冷落。

以上就是"五四运动"之前俄国文学翻译的总的特点。这一时期的俄国文学翻译总体来说处于刚刚起步的阶段，相比其他国别的文学翻译显得落后，而且在国内的受众面也十分有限。但是毕竟这是第一批俄国文学作品在中国得到译介，中国的普通民众开始接触到来自这个陌生国度的文学气息，虽然还不太适应，不能完全接受，但是毕竟是第一次有益的尝试，具有开创性的意义。从宏观角度来看，俄国文学翻译作为中国近代翻译文学的一个有机组成部分，与其他国家的文学翻译一起开启了中国文学的现代化进程。"没有'五四'以前的俄国文学翻译，恐怕也就不会在'五四'时期出现俄国文学翻译独领风骚的局面。"① 俄国文学翻译从最初的冷遇到后来的热捧表面上看是民众对文学作品接受程度的变化，但在背后则影射出中国近代历史的变迁和民族文化交流的状态，这反过来也给俄国文学翻译史研究增添了许多丰富的内涵。

---

① 李定：《俄国文学翻译在中国》，载智量等：《俄国文学与中国》，华东师范大学出版社 1991 年版，第 303 页。

## 二 "五四运动"之后，20 世纪 20 年代的俄国文学翻译

"十月革命"的一声炮响给我们送来了马克思主义，"五四运动"也成了俄国文学翻译史上的转折点，掀起了中国俄苏文学翻译的热潮。在半殖民地半封建社会的中国，上层社会以及知识分子阶层长久以来都是以欧美和日本为师，希望效仿欧美和日本，为中国的社会政治的变革以及思想文化的解放找到一剂良药，所以大量的欧美和日本文学作品在中国得到译介，数量远远超过俄国的文学作品。相比之下，那个时候的人们并不看好还处于封建农奴制度下的俄国，而且俄国在一战前线的连连战败，也让人们看到俄国沙皇制度的落后和腐朽，没有人想到过以俄为师，更没有人会想到去吸收俄国的文学和文化。

可是这一局面在俄国爆发"十月革命"之后就完全改观了。在俄国，腐朽的沙皇专制制度被推翻，建立了世界上第一个无产阶级政权的国家。"十月革命"第一次把社会主义从理论变成活生生的现实，极大地鼓舞了中国人民，给正在苦苦寻求出路的中国先进分子带来了新的希望。过去人们一直效法欧美和日本，希望的是变革图强，"师夷长技以制夷"，甚至有些人寄希望于这些先进的帝国主义国家帮助中国人民走向独立富强之路。可是这一梦想却随着 20 世纪初帝国主义掀起瓜分中国的狂潮而彻底破灭。处于苦闷之中的中国知识分子和有识之士在"十月革命"的一声炮响之后将目光投向了俄国。"新生的苏维埃政府多次宣布放弃沙皇政府从中国掠取的满洲和其他地区，废弃俄国人在中国享有的一切特权。此举与帝国主义在华的一贯表现形成鲜明反差，令中国人民感到'十月革命'及苏维埃政府亲切可信。"[①]"十月革命"和世界革命高潮中不断爆发的大规模游行示威，同盟罢工和武装起义等群众斗争方式深深震撼了中国人民，使人们开始逐渐重视起俄国来。中俄两国有着相似的历史遭遇，也都遭受过残酷的阶级压迫，带有浓厚的封建残余，而此时俄国却摆脱了这种历史命运，走向了独立自主和民主富强的道路，这引起了中国知识分子的深深思考。1917 年 11 月 10 日，《民国日报》第 3 版以《突如其来之俄国大政变》

---

① 胡德坤，宋俭：《中国近现代史纲要》，武汉大学出版社、湖北人民出版社 2006 年版，第 104 页。

为标题登文——"俄国数千年之专制政府亦为提倡和平之列宁政府所推翻……中国似宜取以为法"。毛泽东也直接指出："走俄国人的路——这就是结论。"①文学作品作为社会意识形态的重要体现，也开始成为中国新兴知识分子所效法的样板，人们希望从俄国的文学作品中寻找到改革中国半殖民地半封建社会的良药。于是"俄国文学一跃成了中国新文学的导师，其译作在翻译文学中的地位同'五四'以前已不可同日而语"。②从那个时候起，俄苏文学作品开始对中国新文学从总体格局、理论批评到创作实践各个层面产生直接的影响。正如鲁迅先生也曾说过："俄国文学是我们的导师和朋友。"③

在新文化运动"德先生"和"赛先生"的感召下，大量的俄苏文学译作开始涌入中国。从下面这张表格中我们可以粗略了解到当时俄苏文学以及其他各国文学作品汉译的一些基本情况。

**民国时期各主要国家文学作品汉译出版情况表（1917——1949） 单位：册**

| 国别＼种数（册）＼年代 | 1917—1927 年 | 1928—1938 年 | 1939—1949 年 | 日期不明 | 合计 |
|---|---|---|---|---|---|
| 俄国 | 91 | 160 | 152 | 6 | 409 |
| 苏联 | 2 | 167 | 425 | 8 | 602 |
| 英国 | 124 | 222 | 220 | 11 | 577 |
| 法国 | 73 | 250 | 193 | 6 | 522 |
| 美国 | 28 | 164 | 256 | 4 | 452 |
| 德国 | 20 | 100 | 69 | 3 | 192 |
| 日本 | 21 | 138 | 38 | 2 | 199 |
| 其他 | 63 | 251 | 133 | 3 | 450 |
| 综合 | 22 | 91 | 86 | 6 | 205 |
| 国别不明 | 86 | 76 | 117 | 7 | 286 |
| 合计 | 530 | 1619 | 1689 | 56 | 3894 |

资料来源：根据贾植芳：转引自《中国现代文学总书目》（1917—1949），福建教育出版社1993年版整理而成。

---

① 《毛泽东著作选读》（下册），人民出版社1986年版，第677页。
② 李定，《俄国文学翻译在中国》，载智量等著《俄国文学与中国》，华东师范大学出版社1991年版，第303页。
③ 鲁迅，《祝中俄文字之交》，见《鲁迅全集》（第四卷），人民文学出版社2005年版，第460页。

据《中国现代文学总书目（1917—1949）》的不完全统计，1917年至1927年这十年间，中国翻译外国文学作品共530部，其中俄苏文学作品为93部，占总数的近1/5强，跃居世界第二。这种俄国文学译作的出版数量大幅增长的状况是出人意料的：1920年初版的新译作只有3种，可1921年猛增到19种，1922年10种，1923年13种，1924—1927年的初版新译作年均8种，这与"五四运动"之前译作量年均才1.2种的境况相比已经是天壤之别了。这是单行本的译介情况。

从1919年开始，一些创办较早的刊物也开始大量登载俄国文学作品，这些刊物包括《东方杂志》《新青年》《学生杂志》《太平洋》《少年中国》《解放与改造》《新社会》《曙光》《妇女评论》《新潮》《平民》《新的小说》《学艺》等。一些在民国时期非常有影响力的报纸如《觉悟》（《民国日报》副刊）、《学灯》（《时事新报》副刊）、《晨报副刊》《申报》《大公报》等也都着重介绍了俄国文学大家的一些作品。这些杂志和报纸都是中国"五四运动"和新文化运动的号角和阵地，俄国文学作品给新时代的中国青年提供了宝贵的精神食粮，为中国新民主主义革命的发展作出了杰出的贡献。

这一时期，俄国文学翻译除了在数量上有极大的增长外，还呈现出以下特点。

（1）这一时期出现了一个直接从俄文原文直译的译者群体，"译胡为秦"的局面大为改观。新文化运动如火如荼的发展给俄语译者的壮大和脱颖而出提供了一个宝贵的契机。瞿秋白、耿济之、耿式之、沈颖、安寿颐、杨明斋、曹靖华、赵诚之、韦素园等都是中国第一代直接从俄文翻译文学作品的译者。这些人大多是俄语科班出生，大部分人都有在俄苏留学或工作经历。扎实的俄语语言水平和丰富的翻译实践经验给这些俄语译者们直接从俄语原文来翻译文学作品提供了良好的基础。1920年7月，北京新中国杂志社出版了由瞿秋白、耿济之和沈颖合译的《俄罗斯名家短篇小说》（第一集），书中翻译了普希金的《驿站长》《暴风雪》、果戈理的《马车》、赫尔岑的《偷东西的喜鹊》、屠格涅夫的《浮士德》等9部作品。从现有的史料来看，这是中国第一本直接译自俄语的文学作品单行本，具有划时代的重要意义，这标志着中国近代一直以来的"译胡为秦"的局面开始出现变化。此外，这些译者还零零散散地在一些杂志上发表过一些译作，如瞿秋白于 1919 年在《新中国》杂志上发表托尔斯泰的《国谈》，后来还发表过托尔斯泰的《祈祷》和果戈理的《仆御室》等。耿济之则发表过托尔斯泰的《真幸福》、《阿撒哈顿的梦》、《旅客夜谭》，契诃夫的《唉，众人》、《熊》、《戏言》、《犯罪》、《赌胜》、《阴雨》等，沈颖则翻译过普希金的《别尔金小说集》和屠格涅夫的《失望》、《梦》、《霍尔与喀里奈奇》、《途中谈话》、《散文诗》等。这些作品在当时都产生了很大的影响。

我们仅以 1921 年为例，这一年是爆发"五四运动"之后的第二年，新文化运动正发展得如火如荼，因此俄国文学作品的译介在这一年达到一个高峰。在 19 种初次翻译出版的外国文学名著中，俄语的文学作品就占 10 种，其中有耿济之译奥斯特洛夫斯基的《雷雨》，安特列耶夫的《一桩事件》，屠格涅夫的《尺素书》，果戈理的《疯人日记》和契诃夫的《侯爵夫人》，沈颖译托尔斯泰的《教育之果》，耿式之译契诃夫的《伊万诺夫》、《万尼亚舅舅》、《樱桃园》。小说有安寿颐译普希金的《甲必丹之女》，沈颖译屠格涅夫的《前夜》，瞿秋白、耿济之合译的《托尔斯泰小说集》，还有瞿秋白译的兹拉托夫斯基的《痴子》和阿里鲍夫的《可怕的字》，等等。这么多的文学作品均从俄语原文直接译介过来，体裁广泛，思想内容丰富多彩，对新思想的传播和新文化运动的发展具有积极的意义。值得注意的是，很多影响深远的俄国文学名作都是在这一年首次翻译的，如奥斯特洛夫斯基的《雷雨》，契诃夫的《樱桃园》、《万尼亚舅舅》，屠格涅夫的《前夜》，还有《托尔斯泰小说集》等。这些文学作品都是俄国文学宝库中的璀璨明珠，现在经过这些翻译家们直译之后，都成了中国人民宝贵的精神食粮，影响了整整几代人。

由此可见，这一时期出现了一批直接从俄语原文直译的译者群体，这具有非常重要的意义。他们打破了"译胡为秦"一统天下的局面，将俄国的优秀文学作品直接从原著翻译为中文。由于是直接翻译，并没有第三种语言和文化的干预，因此这些译文更为接近原著，内容更加准确，对接受群体的影响也更加广泛。历史事实证明这些优秀的译文的确满足了当时新文化运动中普通民众对知识的渴求，深刻地影响了新兴知识分子的思想，对中国现当代文学，对近代中国人民抵御外侮，激发革命斗志都起到了积极的推动作用。特别是俄国那些批判现实主义的文学翻译作品，在当时那个风云激荡的革命年代（中国 20 世纪 20 年代正处于北洋军阀政府的统治时期）从另一个侧面揭示了旧中国的黑暗和腐败，极大地鼓舞了中国人们的革命斗志。近代史上许多优秀的革命家都深受这些直接翻译过来的俄国文学作品的影响，如周恩来、李大钊、陈独秀、瞿秋白、李立三等。这些人都为中国新民主主义革命和社会主义革命的伟大事业作出过卓越贡献。

（2）这一时期，俄国文学翻译的体裁发生变化，戏剧作品的翻译数量开始上升，打破了"小说一统天下的局面"。据统计，在 1921—1923 年这三年间共出版新译剧本 18 种，仅在 1921 年，共学社一下子推出了 6 个作家 10 种译作的俄国戏剧集。随着"五四运动"和新文化运动的发展，传统戏剧遭到批判，特别是京剧，被"全数打尽，尽情推翻"，人们都热衷于建立"西洋派的戏"。[①] 这样，在这一股热潮的涌动下，一大批国外的戏剧被翻译成中文并介绍了进来，其中也包括了俄国的戏剧文学。新文化运动的倡导者都十分重视翻译俄国的戏剧，因为戏剧比小说和诗歌更容易普及大众的思想，而且演出的形式更为灵活，集认知性和娱乐性为一体，极易被普通大众所接受。在小说、戏剧、诗歌这三大文学体裁中，"五四运动"以来，诗歌的翻译是最被冷落的，因为诗歌属于文学中的上层建筑，普通民众对诗歌的接受程度不如小说和戏剧高。在"五四运动"之后的十余年间，在中国几乎没有诞生过一部俄国的诗歌译本，而与此相对比的是小说和戏剧作品的翻译却发展得如火如荼。

（3）从 1927—1934 年，懂俄语的俄国文学翻译者青黄不接，但这一时期的俄国文学翻译仍然保持了较好的势头，只是直接从俄文翻译俄国文学作品的数量有所下降。这个情况可能跟当时的国内形势有关，当时国民政府已宣布北伐，国内大革命轰轰烈烈地发展，中国进入了军阀混战的历

---

① 李定：《俄国文学翻译在中国》，载智量等：《俄国文学与中国》，华东师范大学出版社 1991 年版，第 368 页。

史时期。同时日本帝国主义敌视中国,并在 1931 年悍然发动了震惊中外的"九·一八"事变。国内外政治形势的加剧以及严重的内忧外患使得旧中国的俄苏文学翻译工作都受到了严重的影响,许多译者的翻译工作无法有效展开,新的翻译者也没有跟上来,俄语译者的断层现象十分严重,这都造成了这一时期的俄国文学翻译的数量相对于前期有所下降,特别是直接从俄文翻译俄国文学作品的数量有所下降。然而,这一时期俄苏文学的翻译工作也取得了一些成绩,特别值得一提的是,1933 年在中国出版了第一本俄国的诗文集《零露集》(著者:温佩筠,1902—1967 年),其中收有普希金的 13 首抒情诗:《在冬天的路上》《给奶妈》《情歌》《一朵小花》《水神》《冬天的晚上》、《冬天的早晨》、《致大海》、《顿河》、《卡兹别克高峰》、《卡兹别克高峰上的庙宇》、《溺死者》、《关于奥列格的寓言之歌》、和莱蒙托夫的《铁列河的赠品》、《金黄色的禾田波动了》等。这是第一部俄国的诗文集在中国得到译介,相比前面提到的第一部俄国的小说集的翻译(普希金的《俄国情史》,1903 年)晚了整整 30 年,因此我们可以说在文学的三大体裁——小说、戏剧和诗歌中,俄国诗歌的翻译起步是相当晚的,而且一直以来都没有像小说和戏剧那样受到重视,这种情况一直持续到现在。

### 三 20 世纪 30 年代中期到 40 年代的俄苏文学翻译

从 20 世纪 30 年代中期开始,懂俄语的俄国文学翻译者青黄不接的局面开始改善,新的一大批懂俄语的译者又开始积极地从事俄苏文学的翻译工作,掀起了俄国文学翻译的第二次高潮。这些译者有不少是北平大学、西南联大以及桂林、重庆等俄语专科学校的毕业生或老师,还有上海时代出版社培养的一些专职的译者们。在那个战乱的年代,大半个中国都陷入战火之中,这些译者依然能够克服重重困难,坚持俄苏文学翻译,给战乱中的中国知识分子和革命青年带来精神上的鼓舞。

抗日战争时期(20 世纪 30 年代中期到抗战胜利之前)的俄苏文学翻译成果不少,具有代表性的有孟十还翻译的果戈理的《五月之夜》、《马车》、《魔地》,托尔斯泰的《祷告》,柯罗连科的《片刻》,普希金的《普式庚短篇小说集》等；耿济之译陀思妥耶夫斯基的《卡拉马佐夫兄弟》，郭沫若、高地译托尔斯泰的《战争与和平》，彭慧译契诃夫的《草原》，高植译托尔斯泰的《复活》，金人译契诃夫的《草原》，诗歌作品有瞿秋白译普希金的《茨冈》，吕荧译普希金的《欧也妮·奥涅金》，牛尖夫译《屠格涅夫散文诗选》，塞克译普希金的《茱莎》，余振译莱蒙托夫的《逃亡者》，戏剧作品有满涛译契诃夫的《樱桃园》，耿济之译果戈理的《巡按使及其他》，魏荒弩译果戈理的《结婚》等，这些均直接从俄文翻译过来，在抗战时期资料和工具书都极其匮乏，这些前辈学者们能够克服重重困难翻译出如此多的高质量的作品是难能可贵的。

　　抗战胜利之后，经历了漫长的 4 年的人民解放战争，虽然仍然是战火纷飞，但俄苏文学作品的翻译量较抗战期间还是有所增长。具有代表性的译自俄文的小说有耿济之译陀思妥耶夫斯基的《白痴》、《死屋手记》、《少年》；磊然译帕郭列尔斯基的《黑母鸡》和普希金的《村姑小姐》、水夫译普希金的《驿站长》、梁香译普希金的《暴风雪》；托尔斯泰的作品中有刘辽逸译的《哈泽·穆拉特》、蒋路译的《少年时代》、高植译的《安娜·卡列尼娜》；普希金的诗歌方面有余振译的《波尔塔瓦》、《普式庚诗选》，莱蒙托夫的诗歌作品有梁启迪译的《逃亡者》和余振译的《莱蒙托夫抒情诗选》；奥斯特洛夫斯基的戏剧作品有梁香译的《没有陪嫁的女人》，林陵译的《智者千虑必有一失》；果戈理的作品有梓江译的《樱桃园》，姜椿芳译的《赌棍》；戈宝权译普希金的《渔夫和金鱼的故事》、《牧师和他的工人巴尔达的故事》；林陵译的戏剧《波里斯·戈都诺夫》等。

　　以上只是对这些作品初步的梳理，挂一漏万之处在所难免。能在战乱期间涌现出那么多的俄苏文学翻译作品是令人惊叹的，这既说明当时译者们是多么刻苦努力，冒着极大的政治风险，克服种种困难去翻译俄苏文学作品，也说明当时的知识分子阶层和广大人民群众对俄苏文学作品的渴求。

　　这一时期俄苏文学的翻译特点有：

　　（1）在翻译工具和原则上有大的变化。自"五四运动"以来，翻译文学在反对封建文化，建立现代文化的进程中扮演了重要角色。20 世纪三四十年代更是在延续五四新文化传统方面起到了举足轻重的重要作用。20 年代的时候，已开始有译者"用白话"作各种文学，包括"译书"，但还是有译者用文言文，甚至是用半文不白的"洋泾腔"来翻译俄苏文学作品。而到了 20 世纪三四十年代则迎来了白话文翻译的鼎盛时期，这一时期用白话文翻译俄苏文学作品已成为大家普遍所认同的方式，这样一来就一改近代用文言翻译的局面，使得"白话翻译"成为文学翻译的正宗。翻译工具的变化使得文学更加接近民众，更有利于俄苏文学在广大底层劳动人民群众中的传播，大大加快了革命形势的发展，也有利于现代白话文学的迅速发展。"五四运动"是一个破旧立新的时代，五四所倡导的文学革命是要根除一切中国的传统旧文学，创造一个新的文学形式。这样在破旧立新之间就会出现一段文学的真空地带，刚好舶来的翻译文学就填补了这个空白和真空，将中国的现当代文学推向一个新的高度。这一时期，随着大量国外文学的涌入，在翻译原则上也有了新的变化。在 20 年代，特别是在"五四运动"之前，许多译者都秉承"适应本国口味"的翻译原则，对译文作大量的增删，在翻译的过程中由于对俄语词语或语法的不理解，对文化的不熟悉而导致误译的现象屡见不鲜。这一现象到了 20 世纪三四十年代有了很大的改观。例如，当时发表苏联文学作品的很重要的一个平台——《苏联文艺》就直接指出："严格按照原文句式、格调，不减不增，忠实翻译，宁信不雅。"[①] 这等于给翻译苏联文学作品的译者指定了翻译所遵循的思想和原则。而且"许多五四革命论者赋予翻译协助译入语文学建立新文学的作用，决定了翻译文学必须接近原著，即直译原则。只有如此，才能最大限度地把原著中的新元素带进译入语新文化和新文学的构成之中"。[②] 这一时期有名的译者如周作人、郑振铎、耿济之、沈泽民、瞿秋白、蒋光慈等都具有很高的文学修养，这些人拥有开阔的视野，具备现代审美观念，精通俄语，而且同时掌握白话语言工具。他们对俄罗斯文学的准确翻译，顺应了中国思想启蒙的内在需要，推动了人生派文学思潮

---

① 姜椿芳：《〈苏联文艺〉的始末》，载《苏联文学》，1980 年第 2 期。
② 李今：《三四十年代苏俄汉译文学论》，人民文学出版社 2006 年版，第 6 页。

的兴起，对中国现代文学产生了深远影响。

（2）大量苏联的革命文学作品翻译并出版，这成为当时俄苏文学作品翻译最鲜明的特点。20世纪的近代中国文学，按主题意蕴的不同，可以划分为三大类别：一是具有西欧启蒙思想内涵的新文化运动文学；二是在西方形形色色非理性主义哲理影响下的现代派文学；三是以马克思主义思想为指导的革命现实主义文学。其中以第三种文学形式发展得最为壮大，因为它迎合了当时的国内形势，而且直接服务于当时革命的需要，而这一文学形式就来源于苏联文学。以鲁迅和中国左翼作家为代表，将翻译苏联文学看作是"窃火"，树立为革命而文学的目标，于是大量苏联的革命文学作品被不断译介到中国。1928年，创造社和由共产党员组成的太阳社开始倡导"革命文学"，将"五四运动"时期所倡导的文学革命推向了"革命文学"的阶段。1930年中国左翼作家联盟成立，开始以文学作为武器，把文学作为阶级和社会运动的观念，提出"建设中国的革命文学"的任务。左翼作家构成了翻译苏联文学的主力，如鲁迅、瞿秋白、冯雪峰、夏衍、周扬、郭沫若、茅盾、钱杏邨、杨骚、蒋光慈、周立波、董秋芳、柔石、贺非、韩侍桁、董秋斯、戴望舒、苏汶、洪灵菲、姚蓬子、楼适夷、穆木天、戴平万、周文、丽尼、林淡秋、巴金、邹韬奋、曹靖华、芳信、罗稷南、胡明等都翻译过重要的苏联文学作品。这些无产阶级革命文学的倡导者们学习"拉普"①，赋予翻译以协助译入语建立革命文学、发挥武器作用的功能，把翻译马克思主义文艺理论和苏联的文艺政策，世界无产阶级革命文学名著，尤其是苏联反映"十月革命"、国内战争、"五年计划"的名著摆在首位的工作方针。于是左联的五十余种报刊及外围刊物大部分都以翻译和传播苏联文艺理论和批评、苏联文学以及相关信息为己任。在解放区，特别是"延安整风"运动后，更占有着几乎是"清一色"的优势。革命与战争的20世纪三四十年代造成了苏联文学翻译的繁荣，

---

① "拉普"，即 РАПП 是 Российская ассоциация пролетарных писателей（俄罗斯无产阶级联合会）的缩写和简称，是20世纪二三十年代苏联最大的文学团体，一般来说包括1922年成立的十月文学小组，1923年成立的莫斯科无产阶级作家联合会，1925年成立的全俄无产阶级作家联合会，以及1930年上述团体联合组成的全苏无产阶级作家联合会联盟。

使其成为中国革命和革命文学建设的有机组成部分。

从"革命文学"论到 1931 年引进"拉普"的"辩证唯物主义创作方法",再到 1933 年"左联"对"辩证唯物主义创作方法"进行清算,确立起在苏联刚提出的"社会主义现实主义"的创作方法的主导地位,一直到毛泽东 1942 年在延安发表《在延安文艺座谈会上的讲话》,规定了解放区文学的发展方向,这整个过程是中国社会主义现实主义文艺思想体系渐趋成熟和社会主义文学成长发展的重要时期。

当然,这些苏联的革命文学作品在传播上也经历了一些波折。在 1937 年抗战之前,这些苏联革命文学的翻译作品仅仅在解放区内大量传播,而在国统区内几乎陷于停滞。因为国统区内的新闻审查制度非常严密,国民党当局是禁止这些革命文学翻译作品流通的。1937 年"卢沟桥事变"之后,中日全面战争爆发,此时国共结束了十年对峙的局面,进行了第二次合作,联合抗日,而且苏联当时与国民党又签订了《中苏互不侵犯条约》,成为蒋介石谋求国外援助的重要盟友,苏联也与国民党结束了长达十几年的紧张关系。在国统区内,国民党当局为了缓和与共产党和苏联的紧张关系,以利于抗日合作的大局,将原来明令禁止苏联的赤色翻译文学传播改为"暗禁明不禁",使得苏联的革命文学作品得到了更为广泛的传播,国统区的这一状态一直延续到抗战胜利,国民党败走台湾。所以尽管当时战火纷飞,可是苏联革命文学作品的出版量却不减反增。特别是 1941 年苏德战争爆发,中苏两国具有相似的抵御外侮、反抗法西斯侵略的经历,这给两国文学的交流提供了良好的背景和基础。这一时期出版了许多苏联卫国战争时期的文学作品,具有代表性的有:茅盾翻译的《复仇的火焰》(巴甫林科著)、《人民是不朽的》(格罗斯曼著);曹靖华译的《虹》(瓦西列夫斯卡著)、《侵略》(里昂诺夫著)、《望穿秋水》(西蒙诺夫著);葛一虹译的《新时代的黎明》(左琴柯著)、《苏联卫国战争诗选》;等等,这些苏联的卫国战争文学给正处抗战最艰难时期的中国人民最直接的精神力量。

为了配合全国抗日民族统一战线,1936 年中国左翼作家联盟自动解散,许多苏联文学的翻译家都陆续分散到国统区、敌占区和解放区,继续翻译着苏联的革命文学，许多刊物如《中苏文化》、《苏联文艺》、《译文》、《当代苏联文艺》、《俄苏文学》等都大量登载苏联的革命文学作品，如：曹靖华译的《我是劳动人民的儿子》（卡达耶夫著），桴鸣译的《俄罗斯人》（西蒙诺夫著），陈冰夷译的《试炼》（毕尔文采夫著），曹靖华译的《保卫察里津》（阿·托尔斯泰著），姜椿芳译的《苏维埃人群像》（铁霍诺夫著）和《战线》（科尔纳楚克著），许磊然译的《日日夜夜》（西蒙诺夫著），叶水夫译的《不屈的人们》（戈尔巴朵夫著）和《青年近卫军》（法捷耶夫著）等，这些翻译作品极大地鼓励了中国人民的抗日热情，为中国人民抗日战争的胜利作出了巨大的贡献。抗战时期苏联文学的快速发展也造就了一大批的俄苏文学翻译家，许多日后为大家所耳熟能详的俄文翻译大师都是在这一时期成长起来的，如姜椿芳、陈冰夷、叶水夫、徐磊然、戈宝权、包文棣、陈君实、汤弗之、孙绳武、曹婴、蒋路等。他们为俄苏文学在中国的传播，中俄两国人民的文化交流都作出了卓越的贡献。

苏联革命文学作品的翻译是 20 世纪三四十年代的一个很特殊的翻译现象，它从一诞生起就被赋予了特殊的使命，成为中国革命和抗日斗争的重要组成部分。据民国时期总书目（1911—1949）中的"外国文学卷"和"文学理论卷"的部分统计，从 1927 年至 1949 年中有关苏联革命文学的翻译出版多达 963 种，而同一时期俄国古典文学作品的翻译只有 436 种。据《中国现代文学总书目（1917—1949）》记载，在这一时期外国文学作品（包括英、美、法、德、日等）的翻译总量有 3300 多种。也就是说苏联革命文学占中国全部外国文学翻译总量的 30%，位列第一，这不得不说明苏联革命文学在中国近现代外国文学翻译史上占有重要地位，对中国现当代文学造成了巨大的影响。苏联革命文学的翻译是近代历史发展的一个特殊现象，它独霸中国译坛是与政党的领导和支持分不开的，具有其他国家文学翻译所无法比拟的优势。茅盾就曾说过："在中国革命文艺发展的过程中，具有非常重大的历史意义的，第一是伟大的苏维埃"十月革命"以及苏维埃文学对于中国革命文学的影响；第二是十几年前毛泽东主席的

《在延安文艺座谈会上的讲话》。"①可见，苏联文学翻译对于中国革命文艺和现当代文学的影响是多么巨大，这也是20世纪三四十年代中苏两国文化交流的重要里程碑。

（3）20世纪三四十年代的俄国古典文学的翻译量也有较大增长，许多名家的作品都得到译介，给中国的知识青年和现当代文学的发展产生了深厚的影响。据《中国现代文学总书目（1917—1949）》统计，1928—1937年十年所出版的俄国文学新译作140种，年均14种。1937—1945年抗战时期，尽管条件十分艰苦，可是许多译者仍然投入到俄国古典文学作品的翻译中，在陪都重庆、桂林、昆明、武汉和沦为"孤岛"的上海等地所出版的俄国作家作品达88种，年均11种，从1945—1949年的人民解放战争期间，新译作数量近50种，年均12种，而且由于人民对新生的社会主义政权充满了憧憬，所以很渴望能够阅读到来自俄国的文学作品，因此俄国文学作品出版的规模更为空前，而且大受欢迎，出版盛况甚至超过新中国成立初期。将20世纪三四十年代的这些数字与20年代年均翻译量8.4种，"五四运动"之前年均1.2种相比，已经是天壤之别了。我们再拿新译作数量的几个高峰年份作一对比：上文提到过俄国文学作品在"五四运动"之后迎来第一个高潮：1921年19种，1922年10种，1923年13种，1924—1927年的初版新译作年均8种；而第二个高潮时期：1928年13种，1929年15种，1930年22种，1943—1949年年均超过12种，其中1943年、1944年年均20种，1949年年均18种。对这些数量的统计数据都不包括苏联文学，单单就是俄国古典文学作品的第二次高潮都大大超过第一次高潮。如果把俄国文学作品的初版版次数量都算进去的话，规模更为空前，可以说是独霸中国的译坛和文坛。

这一时期俄国古典文学翻译除了在数量上的绝对优势之外，从翻译家所选择的对象来看，着重翻译俄国文学中"为人生"的写实主义的文学大家。20世纪三四十年代，中国译坛上的翻译家们将俄国文学与西欧文学相区别开来，更为注重俄国文学对于人生和社会的表现与解释，将俄国文

① 茅盾：《新中国的文艺运动——为苏联〈文学报〉作》，载《茅盾全集》（第24卷），人民文学出版社1996年版，第236页。

学作为中国新文学的发展方向和未来。例如有革命文学领袖和导师之称的高尔基作品的翻译，高尔基的《海燕》家喻户晓，而且表达了对人生、革命理想的追求，还有奥斯特洛夫斯基的《钢铁是怎样炼成的》，鼓舞着人们为共产主义的事业奋斗终生，这些作品甚至影响了整整几代人。特别是当时国内掀起了一股"高尔基热"，这一时期有关他的研究专著或者译本不少于 23 种，仅仅是他的戏剧、小说、散文翻译集都有 130 多种。那个时候"抢译高尔基，成为风尚"（茅盾语）。除了高尔基之外，这一时期汉译最多的还有以下这四位俄国文学大师：托尔斯泰（作品出版、初版的数量分别为 94/44 种），屠格涅夫（作品出版、初版的数量分别为 159/46 种），陀思妥耶夫斯基（作品出版、初版的数量分别为 73/27 种），契诃夫（作品出版、初版的数量分别为 81/41 种），这些作家都是对人生、对社会生活有敏锐洞察力的作家，他们的作品都是写实作品，对于塑造中国人的精神品格，中国现当代文学的发展都起到了重要作用。

由此可见，俄罗斯文学翻译在中国获得了古今中外文学都不能比拟的深入人心的程度。"三四十年代的中国是通过这个时期的译作认识和了解俄国文学的，奥涅金、毕巧林、罗亭、巴扎罗夫、奥勃洛摩夫等一大批文学形象事实上已经融入中国现代思想文化的建构之中，俄国文学对于现代中国特别是现代文学所产生的深厚影响是任何一个国家或语种，甚至包括苏联文学都无法相比的。"①

## 四　20 世纪 50 年代的俄苏文学翻译

从 1949 年中华人民共和国成立到 1960 年初期中苏关系的全面破裂是俄苏文学翻译的又一个高潮时期，被称为第三次高潮，这标志着俄苏文学对中国文学的影响进入了一个全新的阶段。

1949 年新中国成立以后，西方帝国主义国家对新生的人民政权在经济上封锁，军事上包围，政治上敌视，外交上孤立。只有来自社会主义阵营的国家与中国有着相同的意识形态，而且积极地与新中国建立良好的外

---

① 李今：《三四十年代苏俄汉译文学论》，人民文学出版社 2006 年版，第 188 页。

交关系。苏联作为社会主义阵营的领袖，是第一个与新中国建立外交关系的国家，在新中国成立初期给中国提供了大量的援助，新中国以此为契机与苏联建立了"中苏友好同盟"，在各方面都大力引进、积极学习苏联的经验，在政治、经济和文化上实行"一边倒"的政策。这表现在翻译上就是大力译介俄苏文学作品。此时，国民党时代的对苏联文学的封锁与禁止也已结束，中国读者长期受到苏联文学中革命英雄主义和乐观主义精神的熏陶，确立起了马克思主义的世界观和人生理想，在精神上迫切需求更多的俄苏文学作品。1954 年召开了全国文学翻译工作会议，郭沫若、茅盾、周扬等全国知名的翻译家们齐聚一堂，并发表了重要讲话，指出大力开展翻译介绍外国文学工作的重要性。在这样的背景下，在外国文学当中，俄苏文学作品受到特别推崇和高度重视，而且始终占有重要地位。在第三次高潮期间，"仅从 1949 年 10 月到 1958 年 12 月，我国出版的俄苏文学作品 3526 种，占这个时期翻译出版的外国文学作品总种数的 65.8%；总印数 8200.5 万册，占整个外国文学译本总印数的 74.4% 强"①。仅以 1956 年为例，据有关部门统计，中国向苏联输出的书籍达 10 万册以上，翻译出版了我国许多文学作品，发行量达 1000 多万册。中国从苏联进口的书籍 11500 多种，总计 290 万册，翻译出版了 2400 多种苏联书籍，发行量达 2630 多万册。翻译和发行的数量之大让人惊叹。而且，这个时期我国开始比较完整、系统地译介俄苏文学作品，包括大量重印、修订或重译、补译俄苏文学作家的作品。如普希金的《叶普盖尼·奥涅金》，屠格涅夫的《猎人笔记》，列夫·托尔斯泰的《战争与和平》等都得到了重译或补译，新译之后的作品内容更为准确，更加贴近原著，且出版量大增。而且这一时期还较为全面地译介了许多不同俄苏作家的大量各种体裁的文学作品：除了以前我们所熟知的像普希金、陀思妥耶夫斯基、高尔基等俄国大师级的作家外，还有冯维辛、冈察洛夫、涅克拉索夫、别林斯基、车尔尼雪夫斯基、马雅可夫斯基、爱森斯坦、杜甫仁科、盖达尔、比安基、诺索夫等一些知名作家的作品也得到翻译。翻译的文学作品涵盖各种体裁，如

---

① 卞之琳等：《十年来外国文学翻译和研究工作》，载《文学评论》1959 年第 5 期。

诗歌、小说、戏剧、散文、文艺理论、电影、儿童文学等。而且，往往同一部作品有许多不同的译本。可见，这一时期对俄苏文学作品译介的深度和广度真可谓是空前的。

除了体裁广泛、数量上占绝对优势，质量上有很大提高之外，俄苏文学作品的翻译还呈现出以下一些特点。

（1）俄苏文学作品逐步实现了从俄文直接翻译，"译胡为秦"的局面渐渐消失。由于文学要服从政治的需要，在新中国"一边倒"政策的引领下，为了迎合国内人们学习苏联的热情，满足人们对俄苏文学的迫切需要，其他语种的译者都被迫中断翻译的计划，甚至放弃自己所学的语种来学习俄语，以便直接从俄文翻译作品，完成俄苏文学的翻译任务，服从国家的需要。这个时候从德语、日语、英语、世界语转译俄国文学作品的译者越来越少。到1956年基本上销声匿迹了。正如著名翻译史研究专家李定指出："俄国文学'译胡为秦'的历史到1956年算是结束了。"为了更好地说明，我们以汉译俄国的小说为例，梳理出"译胡为秦"从鼎盛走向衰落的历程。请看下表：

初版汉译俄国小说　　　　　　　单位：册

| 年份 | 1919—1926 | 1927—1938 | 1939—1949 | 1950—1955 | 1956—1979 |
|------|-----------|-----------|-----------|-----------|-----------|
| 俄语 | 13 | 5 | 16 | 36 | 31 |
| 英语 | 12 | 88 | 40 | 59 | 4 |
| 日语 | — | 3 | 4 | 3 | — |
| 法语 | 1 | 2 | 3 | — | — |
| 德语 | 2 | 3 | 2 | — | — |
| 世界语 | — | 2 | 1 | — | — |
| 其他 | 15 | 29 | 21 | 21 | — |
| 合计 | 43 | 133 | 87 | 119 | 35 |

资料来源：转引自李定：《俄国文学翻译在中国》，见智量等：《俄国文学与中国》，华东师范大学出版社1991年版，第374页。

从这张表我们可以看出，在 1956 年之前基本上每 3.5—6 本的小说译本中才有 1 本是从俄语直接翻译过来的，特别是在 1927—1938 年从俄语直译的小说数量与所译小说总量的比例更是惊人地达到了 1 : 26.6，可在 1956 年之后，这种情况得到了根本改善，基本上作到了 90% 的小说都从俄语原文直接翻译过来。所以 1956 年在中国的俄苏文学翻译史上是一个非常重要的时间节点，从这个时候开始，中国"译胡为秦"的历史才算真正结束。半个多世纪以来，转译者在中国文学交流中担任主角，他们开阔了中国读者的眼界，给后来的译者们积累了丰富而宝贵的经验，对五四文学和中国现当代文学的发展都起过重要的促进作用。这些人当中有很多都是中国近现代文学史上的名人，如从德语本转译的译者有鲁迅、郭沫若、绮纹、刘盛亚等；从法语转译的有世弥（罗淑）、李藻、马耳（叶君健）、陈学昭、马宗融、李林、黎烈文、盛成、陈占元、段若青等；从日语转译的有鲁迅、夏衍、黄源、金溟茗、楼适夷、蒲风、叶可根、杨骚等；从世界语转译的有胡愈之、鲁彦、融毅、蒙沙、甦夫等。从德语、法语、日语、世界语转译俄国作品的历史到 20 世纪 40 年代末基本上已告结束，然而从英语转译的数量最多，延续时间也最长，这些知名的转译者有：周作人、刘半农、胡适、沈雁冰、郑振铎、孙伏园、邓演存、宋春舫、唐小圃、王统照、周建人、沈泽民、胡仲持、张闻天、李霁野、张友松、赵景深、戴望舒、效洵、潘漠华、刘大杰、姚蓬子、伍光健、徐懋庸、周立波、徐蔚南、韩侍桁、巴金、丽尼、陆蠡、楚图南、陈西滢、韦丛芜、邵荃麟、丰子恺、汝龙、陈伯吹等。这些转译者在中国俄苏文学翻译史上都作出过杰出的贡献，为后来从俄语直译，以及现当代俄语翻译事业的发展都起到了很好的铺垫作用。新中国成立以后，在俄苏文学翻译的浪潮下又成长出一批新的翻译家，他们有：蒋路（1920—2002）、金人（1901—1971），李霁野（1904—1996）、丰子恺（1898—1975）、茅盾（1896—1981）、黄裳（1919—  ）、草婴（1923—  ）、陈冰夷（1916—2008）、陈君实（1916—1980）、董秋斯（1899—1969）、高植（1910—1960）、丽尼（1909—1968）、楼适夷（1905—2001）、吕荧（1915—1969）、梦海（1916—1980）、梅益

（1914—2003）、汤真（1927—　）、谢素台（1925—　）、萧珊（1921—1972）、徐成时（1922—　）、萧三（1896—1982）、周扬（1908—1989）、周立波（1908—1979）、叶群（1914—　）、叶水夫（1920—2002）、张铁弦（1913—1984）、朱雯（1911—1995）、朱海观（1908—1985），等等。①这些新的翻译家们适应时代要求，翻译除了许多受广大人民群众所需要的俄苏文学作品，许多人都成为日后享誉中国文坛的巨匠。

（2）俄罗斯古典文学作品的翻译与苏联革命文学的翻译数量在比例上大大失调。新中国成立以后，由于受意识形态和"一边倒"政策的影响，"新译出的苏联文学作品似潮水般地涌入中国，苏联文学译作占全部俄苏文学的九成以上"。这一比例与解放之前相比是惊人的，因为解放之前二者之间的比例还算是平衡，苏联文学作品的翻译数量略高于俄罗斯古典文学译作的数量。可是新中国成立之后，这种比例不协调的局面就已经非常明显了。虽然在苏联文学的影响下，有一批新生代的作家成长起来，但是这些作家在实力、影响力和总体成就上远不及受俄罗斯古典文学影响的作家。

在近当代中国的作家群体中，鲁迅、巴金、老舍、曹禺、茅盾等都是受到俄罗斯古典文学影响进行创作，而不是受苏联革命文学的影响。茅盾在 1946 年就曾指出：中国新文学现实主义方法的确立，重要原因之一是得力于俄罗斯文学，这一文学是靠屠格涅夫、陀思妥耶夫斯基、托尔斯泰、契诃夫和高尔基等作家来发扬光大的。这句话表明了 19 世纪的俄罗斯古典文学对中国新文学的创作确实造成了富有成效的影响，作出了巨大贡献。相比之下，苏联革命文学对中国的影响主要是在文艺指导思想、文艺政策和批评这个层面，而不是在创作领域。因此，新中国成立初期，这种片面强调苏联文学，冷落俄罗斯古典文学的局面从某种程度上来说并不利于中国现当代文学的发展。一方面，俄语译者，甚至是许多其他语种的作家都被迫中断或者放弃原来的翻译计划来从事苏联文学的翻译，结果是造成许多作品有大量不同的译本，有的译本质量低下，而且还翻译了许多

① 曾思艺：《俄苏文学及翻译研究》，中国社会科学出版社 2011 年版，第 154 页。

公式化、概念化、片面颂扬革命英雄主义乃至粉饰太平的平庸之作，耗费了大量的人力、物力和财力；另一方面，许多俄罗斯古典文学的名家名作都未能得到及时翻译，而这些经历了时间筛选和历史沉淀的俄罗斯古典文学作品恰恰都是一些精品，能够真正给国人带来精神上的震撼和启迪。在文论方面，由于受"左"的思潮的影响，许多不合当时时代潮流的作家和流派在中国都没有能够得到介绍，如费特、丘特切夫、叶赛宁、勃洛克、茨维塔耶娃等，现代文学流派中的象征主义、阿克梅主义、未来派等都未能引介到中国来，造成了现当代中国文论发展的滞后。

（3）苏联"解冻"文学的译介及其影响。1954 年，爱伦堡的小说《解冻》的发表，标志着一个新的文学流派——"解冻文学"诞生了。"解冻文学"要求重视人、呼唤人性的回归，要求文学站在"人性本位"的高度来重新发掘文学的现实主义传统，批判历史和现实的种种弊端。特别是"苏共二十大"、"波匈事件"后，"解冻文学"的思潮在苏联逐渐蔓延开来，直到 1957 年苏联当局收紧"解冻"的闸门，对文艺界的"不健康倾向"进行批判，"解冻思想"才逐渐停止。当苏联的"解冻"之风吹到中国来后，相关的文章被及时地译介，一些留苏的学者有机会与这些作品的作者直接交谈。这些苏联作家的一些谈话以及苏联作家第二次代表大会的发言和讨论都被及时地译介到我国来，给我国的文坛造成了一定的影响。在全盘接受苏联革命文学的 20 世纪 50 年代，受苏联"解冻文学"的影响仍然也涌现出了一些批判教条主义、敢于揭露现实，真实反映现实生活矛盾，展现"人性"的作品，如王蒙的《组织部新来的年轻人》、高缨的《达吉和她的父亲》、宗璞的《红豆》等。可是好景不长，由于中央对中共八大（1956 年召开）的路线并没有很好地贯彻，在经历了"解冻文学"短暂的早春之后，极"左"的思潮又迅速占据上风，这些关于现实主义和人性问题的作品都被划为右派，很多"解冻文学"的译者和作家都被打成右派，在日后的岁月里经历了许多磨难。紧接着就是三面红旗："社会主义建设总路线""大跃进"和"人民公社化"运动，以及后来的三年自然灾害和"文化大革命"，在文艺界吹起的这一股"解冻"之风也就戛然而止了。之后直到 70 年代末"文化大革命"结束，基本上再没有"解冻文学"的著作被翻译到中国来了。

## 五　20 世纪 60—70 年代"文化大革命"时期的俄苏文学翻译

1960 年中苏关系全面破灭之后，中苏之间文化上的交流基本上处于停滞状态。这一时期几乎没有俄苏文学的作品被翻译并且出版，而且过去出版的许多俄苏文学作家的作品都被禁读。特别是在"文化大革命"时期，俄苏文学被一概称为"苏修文学"而全部加以批判，所有俄苏文学作品和书刊都被没收，只有极少数作品的译文被作为"批判材料"得以在"内部发行"。爱伦堡、西蒙罗夫、肖霍诺夫等许多苏联当代作家都被当成"苏修文学"的大头目受到全面批判。许多俄苏文学作品的翻译者被禁译，而且遭到严厉批斗，身心备受摧残。俄苏文学的翻译进入了长达十几年的全面停滞时期。这一时期，只有为数不多的中国读者从民间渠道对俄苏文学进行"地下接受"，偷偷阅读 20 世纪四五十年代出版的还没被查处的俄苏文学作品，一旦被发现会受到非常严厉的惩罚。

总体来说，这一时期是俄苏文学作品在中国全面禁止的时期，而且中国民众对俄苏文学作品的接受也基本上处于同样的状态。

## 六　20 世纪 70 年代末和 80 年代的俄苏文学翻译

20 世纪 70 年代末，我国结束了十年动乱的局面，迎来了社会主义建设的新时期。特别是 1978 年十一届三中全会的召开，中国人民开始了改革开放与中国特色社会主义现代化建设的伟大征程。随后文艺界也开始拨乱反正，老一辈俄苏文学翻译家的贡献不仅得到了肯定，而且他们中的一大批冤假错案得以平反。这一时期中国出现了类似于苏联"解冻文学"的"伤痕文学"、"反思文学"，现实主义、人道主义的思潮开始涌动，俄苏文学翻译开始迎来了新的春天，出现了俄苏文学翻译史上的第四个小高潮。

首先就是对于 20 世纪六七十年代以来，特别是"文化大革命"停滞时期的苏联作品进行补充译介，以及对当代苏联文学新作的翻译。80 年代，我国共有 70 多家出版社出版过俄苏文学作品，从 60 年代开始出现的译介空白很快得到了填补。原来在苏联遭禁的如蒲宁、叶赛宁、勃留索夫、布尔加科夫等作家的作品都得到翻译。还有在苏联停滞时代的作家的作品，如瓦西里耶夫、拉斯普京、舒克申、阿斯塔菲耶夫等人的作品也陆续和中国的读者见面。这些新的作品给中国的当代文学产生了巨大的影响。

20世纪80年代中后期，在苏联"回归文学"开始出现，一大批长久以来被禁、被批判的作家的作品在苏联国内发表，这些作家包括白银时代的别雷、勃洛克、古米廖夫、曼德尔斯塔姆，还有流亡作家蒲宁、茨维塔耶娃、索尔仁尼琴、布罗茨基，等等。这些长久以来与世隔绝的作品一经发表便深深震撼了苏联国内的读者。在我国，这些作家的作品在过去很不受重视，甚至曾经一度遭到否定，但在这一时期"拨乱反正"之后的宽松的政治氛围中，这些作家的作品也很快也得到翻译，并在我国的作家和读者中流传开来。对这些"回归文学"作品的译介，成为当时翻译的主流。值得一提的是在这一时期还翻译了一批当代作家反思本民族20世纪的历史，特别是讽刺个人崇拜和集权主义的一些"反思文学"的作品，如拉斯普京的《火灾》、阿斯塔菲耶夫的《悲伤的侦探故事》、艾特玛托夫的《死刑台》、别洛夫的《一切都在前面》等。对这些作品的译介从另一个侧面也反映出我国对"文化大革命"时期的一种反思，在当时中国读者群体中引起不小的共鸣。

然而20世纪80年代的这一股小高潮（第四个高潮）已不能和过去相比，中俄（苏）文学关系的"蜜月期"显然已经过去了。它只是在中苏文化交流被长久压抑之后的一种释放，是中国文化领域对外开放的一种历史的必然。在长期遭到"左"的思潮影响下的中国翻译文学需要开辟一条新的道路，来满足国内人们对于异域文化知识的渴求。改革开放以后，我国的翻译界开始以一种全方位的姿态来迎接全世界的优秀文学作品，这种译介是全面的、包容的、视野更为广阔的翻译行为，而不仅仅是像过去那样出现俄苏文学"独霸"中国译坛的局面。因此，这个时期的俄苏文学的翻译作品已经不可能像过去那样很强烈地影响中国的作家和读者，这种影响力已经大不如从前了。作家王蒙在谈到80年代的苏联文学时说："苏联文学在中国的影响，特别是对于当代中国作家的影响，呈急剧衰落的趋势。"①"回归文学"毕竟只是一种回归，苏俄文学昔日的辉煌已经不可能再重演了，留给当代中国译坛的是一个更为广阔的翻译空间，是对全世界优秀作品的接纳和包容。中国当代作家和读者对俄苏文学作品的接受也变得更为理性、更为科学。

## 七　20 世纪 90 年代以来新时期的俄苏文学翻译

1991 年发生了举世震惊的事件——苏联的解体。苏联解体所带来的巨大影响力不仅仅局限于政治和国际关系领域，而且也波及文艺界和翻译界。随着东欧的巨变，苏联的解体，俄罗斯国内的紧张的政治氛围在"民主化""公开性""新思维"的冲击下变得缓和了许多，意识形态的解禁使得文学界也随之真正"解冻"了。很多过去遭受批判的作家作品得以公开出版，许多流亡作家都回到了自己的祖国，并积极发表自己的作品，"苏联文学"已成为历史，那些苏联时期的"地下文学"开始转入地上，变得公开，并在俄罗斯国内广为传播。

在这种宽松的政治氛围下，我国翻译了许多在过去重视不够甚至以"左"的观念加以否定的俄罗斯古典作家及当代作家的作品。在苏联时代，白银时代和象征主义的作家往往受到排斥，苏联解体之后他们的作品纷纷得以出版，在我国也得到了翻译，出现了一个小高潮，如"白银时代俄国文丛"（郑体武主编，学林出版社，1998 年），"俄罗斯白银时代精品文库"（余一中、周启超主编，中国文联出版公司，1998 年），"俄罗斯白银时代文化丛书"（叶水夫、吴元迈、刘文飞主编，云南人民出版社，1998 年），"白银时代丛书"（严永兴主编，作家出版社，1998 年），还有象征主义诗人勃留索夫的《燃烧的天使》（周启超、刘开华译，哈尔滨出版社，1999 年）和别雷的《彼得堡》（靳戈、杨光译，广州出版社，1996 年）、《信鸽》（李政文等译，云南人民出版社，1998 年）。还有一些反映宗教体裁的作品，如陀思妥耶夫斯基的《群魔》（南江译，人民文学

---

① 王蒙：《苏联文学的光明梦》，载《读书》1993 年第 7 期。

出版社，1983 年），列斯科夫的《大堂神父》（陈馥译，外国文学出版社，1984 年），安德烈耶夫的《撒旦日记》（何桥译，新星出版社，2006 年），阿尔志跋绥夫的《萨宁》（王之译，辽宁教育出版社，2003 年）、《绝境》（王谢堂译，新星出版社，2006 年）、《基督和反基督者三部曲》（刁绍华、赵静男译，北方文艺出版社，2002 年），这些宗教类的小说在苏联时代是禁止流通的，在过去我国也是没有得到译介的。此外在苏联时代遭到批判的一些流亡作家的流亡文学和侨民文学的作品也得到了大量翻译，如《致一百年以后的你——茨维塔耶娃诗选》（苏杭译，外国文学出版社，1991 年）、《二十世纪俄罗斯流亡诗选》（汪剑钊译，河北教育出版社，2004 年）、《波普拉夫斯基诗选》（汪剑钊译，河北教育出版社，2002 年）、《蒲宁文集》（戴骢、娄自良，安徽文艺出版社，2005 年），2002 年黑龙江教育出版社和北方文艺出版社还一起编撰出版了"中国俄罗斯侨民文学丛书"，内容丰富，涵盖了许多在中国的俄罗斯侨民文学作品。另外，值得一提的是，跨越千年后，我国还大量出版了许多俄罗斯当代大量的科幻、警匪和魔幻类的小说作品，这些在 20 世纪都是从未有过的，如 2001 年工人出版社推出的布雷切夫的银河系警察科幻小说系列：《两个地球的角斗》《飞龙失踪案》等，还有 2001 年北方文艺出版社出版的甘雨泽主编，苏霍夫著的"俄罗斯黑手党与政权系列小说"：《犯罪权威》、《死亡游戏》、《狱中教父》，还有学林出版社出版的《柯南道尔和杀人魔王杰克》、《浴血宝藏》、《神秘失踪》等。[①] 这类作品在 90 年代之前几乎是没有的。但随着时代的发展，人们审美意识的提高，越来越多的人们开始争相阅读这类的小说，因此未来这些类作品的译作会越来越多，它也将开启一个全新的翻译时代。

新时期的俄苏文学翻译数量之多、规模之大、范围之广、内容之丰富在百年俄苏文学翻译史中都是空前的，已经出现了"百花齐放"的局面，因此新的世纪开启的是俄苏文学翻译的第五次高潮。这一时期的俄苏文学翻译已经进入成熟的时期，涌现出一大批的俄苏文学翻译家，而且他们辛

---

① 曾思艺：《俄苏文学及翻译研究》，中国社会科学出版社 2011 年版，第 191 页。

勤的劳动成果得到了国家和社会的尊重和认同，不少人还因此获得了普希金奖章和俄罗斯最高国家荣誉奖。这些现当代的俄苏文学翻译家有：白嗣宏（1937— ）、草婴（1923— ）、程文（1929— ）、戴骢（1933— ）、冯岳麟（1914— ）、冯南江（1931— ）、冯春（1934— ）、冯增义（1931— ）、顾蕴璞（1931— ）、蓝曼（1922— ）、力冈（1926— ）、倪蕊琴（1931— ）、潘安荣（1934— ）、钱诚（1922— ）、荣如德（1934— ）、石枕川（1931—2004）、童道明（1937— ）、王金陵（1927— ）、乌兰汗（1926— ）、吴克礼（1931— ）、吴元迈（1934— ）、魏荒弩（1918—2006）、辛未艾（1920—2002）、徐振亚（1943— ）、徐磊然（1918—2009）、张草纫（1928— ）、张孟恢（1922— ）、赵洵（1917—1988）、智量（1928— ）、张铁夫（1938— ）、臧仲伦（1931— ），等等。

　　虽然在思想观念多元化的今天，有着如此众多的翻译家辛勤的耕作，但是遗憾的是还是有一些俄罗斯文学史上颇有影响的作家未能得到很好的翻译，如杰尔查文、维坚斯基、巴尔蒙特等。在现有的翻译作品中，也有一些已有的译本有些错误，需要及时更新。这也需要我们新一代的俄苏文学翻译工作者在前辈的基础上继续努力，不断将俄苏文学的翻译事业推向前进。

　　纵观百年的俄苏文学翻译史，从 1900 年有据可考的第一部俄国文学作品（《万国公报》上登载的克雷洛夫的三则寓言）到如今已有 113 年的历史，一路走来，坎坎坷坷，有高潮也有低谷，有激奋也有叹息。特别是五次高潮带给中国人的影响几乎是其他任何其他国家所难以企及的。不同时期的俄苏文学作品带给中国人的都是不同的美学接受和思想观念。"以任何一种单一的品性与特色来对俄罗斯文学进行概括的尝试都将是徒劳无益的，接受史上的每一次转换都在我们面前打开了一片新的文学天地。"[1]俄苏文学在每一次高潮都以其特殊的魅力吸引着中国读者，塑造着中国人

---

① 汪介之：《文学接受与当代解读——20 世纪中国文学语境中的俄罗斯文学》，北京师范大学出版社 2010 年版，第 27 页。

的灵魂和心灵。以上只是对俄苏文学翻译百年历史的简单回顾和总结，但可窥见其整个的发展脉络，为我们研究俄苏文学在中国的接受提供参考，也可为今后我们从事俄苏文学翻译指明方向。

## 第二节　俄苏诗歌在中国的译介和发展

综观世界诗歌宝库中，俄苏诗歌占有重要的地位。许多诗人，像普希金、莱蒙托夫、丘特切夫、勃洛克、阿赫玛托娃、马雅可夫斯基等一大批著名的俄苏诗人让中国人耳熟能详，他们的作品也深受大家喜爱。可是对这些俄苏诗歌的译介却经历了不平凡的历程。本节就对俄苏诗歌在中国的翻译进行梳理，以有限的史料廓清其总体的发展面貌，使我们对俄苏诗歌的翻译史有一个全面的了解。

上一节我们已经谈到，第一批出现在中国的俄国文学作品是 1845 年俄国公使送给中国的《克雷洛夫诗集》、《德米特米耶夫诗集》和《伊利瓦达诗集》。这既是第一批出现在中国的俄国诗集，也是第一批在中国出现的俄国文学作品。它成为中俄两国文化交流的第一次尝试。从这个意义上来说，正是诗歌开启了中俄两国文学交流之先河。

可是真正意义上的俄苏诗歌翻译却晚了许多。据考证，在中国翻译出版的第一本俄国的诗文集是 1933 年温佩筠编著并自费出版的《零露集》，其中收有普希金的 13 首抒情诗：《在冬天的路上》、《给奶妈》、《情歌》、《一朵小花》、《水神》、《冬天的晚上》、《冬天的早晨》、《致大海》、《顿河》、《卡兹别克高峰》、《卡兹别克高峰上的庙宇》、《溺死者》、《关于奥列格的寓言之歌》，还有莱蒙托夫的《铁列河的赠品》、《金黄色的禾田波动了》，等等。这是第一部俄国的诗文集在中国得到译介，比第一部俄国小说集的翻译（普希金的《俄国情史》（花心蝶梦录），戢翼翚著，1903 年）晚了整整 30 年。在文学的三大体裁小说、戏剧和诗歌中，俄国诗歌的翻译起步是相当晚的，而且一直以来都没有像小说和戏剧那样受到重视，这种情况一直持续到现在。李定在《俄国文学翻译与中国》一文中指出：

"从 1903—1987 年的 85 年中,我国初版俄国文学译作共出了 754 种,年均近 9 种,其中 3/4 为小说(包括寓言、童话、故事等),1/7 为戏剧作品,1/10 为诗歌作品(包括寓言诗、散文诗、诗体小说)。"① 可见,比起诗歌起来,人们更乐于翻译小说和戏剧。

纵观整个俄苏诗歌翻译史(从 1933 年至今)才短短 80 年,其中可以分为三个诗歌翻译的高潮时期,分别是:从 20 世纪 40 年代中期到 50 年代末;20 世纪 70 年代末和整个 80 年代;20 世纪 90 年代至今。下面我们就以这三个时期为重点来梳理俄苏诗歌在我国翻译的历史。

## 一 20 世纪 30—40 年代俄苏诗歌在我国的译介

上一节我们已经提到,在 30 年代以前,我国对俄苏文学作品的译介主要是以小说为主,诗歌的翻译尚未起步。到了三四十年代,虽然诗歌、戏剧、散文等体裁的翻译逐渐增加,但是仍然是小说翻译"独霸天下"的局面。我们可以看下表:

民国时期(1919—1949)各主要国家文学作品译介情况表 (单位:册)

| | 小说 | 戏剧 | 诗歌 | 散文 | 总计 |
|---|---|---|---|---|---|
| 俄苏 | 743 | 153 | 40 | 79 | 1015 |
| 英国 | 540 | 147 | 19 | 32 | 738 |
| 法国 | 413 | 111 | 9 | 33 | 566 |
| 美国 | 400 | 32 | 8 | 101 | 541 |
| 总计 | 2096 | 443 | 76 | 245 | 2860 |

资料来源:转引自《民国时期总书目》(外国文学部分)(1919—1949)。

这是 1919—1949 年苏、英、法、美这四个大国对小说、戏剧、诗歌、散文的译介情况。我们可以看出:这一时期我国对俄苏文学作品的译介量是最多的,约占这四国文学翻译总量的 36%,而且在小说、诗歌、戏剧、

---

① 李定:《俄国文学翻译在中国》,载智量等:《俄国文学与中国》,华东师范大学出版社 1991 年版,第 337 页。

散文这四种体裁的翻译量都分别超过其他几个国家，这说明受俄国"十月革命"和新文化运动的影响，我国对俄苏文学作品的翻译是相当重视的。在俄苏文学作品的翻译中又以小说的翻译量最多，占俄苏文学翻译总量的73.2%，而俄苏诗歌的翻译是最少的，占俄苏文学翻译总量还不到4%。可见当时我国对俄苏诗歌的翻译确实是极为不重视的。究其原因有以下几点。

第一，小说相对于诗歌来说更贴近人们的生活，语言通俗易懂，带有情节性，更易被普通民众所接受，在那个革命的年代里文学作为宣传思想的工具更需要服务于政治，所以小说的翻译更为兴盛，它可以直接激励民众的革命精神，而诗歌由于过于"阳春白雪""曲高和寡"则一直处于被忽视的地位。

第二，社会对小说的重视是超过诗歌的，许多人对俄苏诗歌缺乏了解。自晚清维新派人士梁启超等人大力鼓吹"小说界革命"，倡导小说的创作和翻译以来，社会上就一直流行着小说之风，在翻译界也是如此。"30年代以后，很多译者追求与主流意识形态靠拢而放弃了自己的文学追求，因此在翻译择取上尽量挑选贴近时代主题的作品。从译介的热情和翻译出版的数量上看，与社会现实紧密相关的作品、特别是俄苏小说的翻译，逐渐占据了主导地位。"① 而且在中国近代历史的特殊时期，中国文人对富有人道主义色彩的俄国现实主义小说作品情有独钟，而对浪漫主义诗歌则不屑一顾，甚至加以抨击。因此，译者在俄苏文学作品的翻译过程中一直偏好译介俄国的小说，始终不愿触及诗歌翻译。

第三，译诗比译小说难度要大得多。诗歌作为文学艺术的最高形式是音、形、义和意象的有机统一，要想译出形神兼备并达到同等美学接受效果的作品是非常困难的。在战乱的旧中国，翻译界在总体上尚不具备这样的实力。

因此在中国俄苏诗歌的翻译比小说的翻译起步晚了30年，而且发展的后劲也始终不如小说翻译足。

---

① 谢天振：《翻译研究新视野》，青岛出版社2006年版，第163—164页。

　　值得注意的是，到了 1945 年之后，俄苏诗歌翻译才迎来了一个小的高潮。在 1945 年以前，俄苏诗歌翻译作品的出版数量差不多一年只有 1—2 本，可是到了抗日战争胜利之后，这一情况有了一个质的飞跃。其中 1945 年出版 4 本（其中初版数 3 本），1946 年 3 本（其中初版数 2 本），1947 年 4 本（其中初版数 1 本），1948 年 5 本（其中初版数 1 本），1949 年 7 本（其中初版数 2 本）。[①] 这其中又以苏联革命诗歌的翻译为主。

　　之所以出现俄苏诗歌翻译小高潮与当时的政治形势有密切关系。1945 年之前，处于战火之中，中国大多数地方都是"国统区"，半壁江山都被日寇占领，解放区的范围十分有限。而带有革命色彩的俄苏诗歌在日占区属于禁书，在"国统区"也并不鼓励出版（1937 年第二次国共合作之前也被列为禁书），所以出版和传播的范围极为有限，因此只能在革命根据地零星地出版，在小范围内得以流传。再加上诗歌的理解确实需要很高的知识文化水平，抗战时期普通国民教育落后，在战火的硝烟中普通民众无法通过文字去感受诗歌的美，因此诗歌翻译的发展受到很大的局限。

　　这种状况在 1945 年抗战胜利之后获得了极大的改观。自人民解放军占领东北后，解放区的势力范围不断扩大，直到解放全中国，将国民政府赶到台湾。这一时期苏联革命诗歌作为革命宣传的有力武器在不断扩大的解放区内被大量地翻译。苏联当时已经完成了工业化，崛起为一个强大的社会主义国家。广大人民群众对新生的革命政权也充满着希望，憧憬着效仿苏联也建立一个自由、平等、美好的社会主义新中国。因此，人民解放战争期间苏联的文学作品如潮水一般涌入中国，这其中自然包括俄苏诗歌作品的翻译。类似于《苏联卫国战争诗选》（时代出版社，1946 年）等一大批革命诗歌为了满足人民解放战争的革命需要而大量传入中国，因此这一时期俄苏诗歌作品的翻译有一个井喷式的发展。而且事实证明，这些苏联革命诗歌确实在人民解放战争中发挥了不可磨灭的作用，它给战争中的

---

① 李定：《俄国文学翻译在中国》，载智量等：《俄国文学与中国》，华东师范大学出版社 1991 年版，第 345 页。

人民最直接的精神力量，它鼓舞着革命战士与一切反动势力作斗争，为新中国的解放和新民主主义革命的胜利献身。

值得一提的是，尽管这一时期俄苏诗歌翻译获得了很大的发展，但仍以苏联革命诗歌的翻译为主，而对俄罗斯古典诗歌的翻译则较少，而且仅仅局限于几个非常有名的经典俄国诗人的作品。如普希金的诗歌作品有余振译的《波尔塔瓦》（1946）、《普式庚诗选》（1949），还有1947年翻译出版的《普希金文集》（内收入戈宝权翻译的40首短诗）；莱蒙托夫的诗歌作品有梁启迪译的《逃亡者》（1946）和余振译的《莱蒙托夫抒情诗选》（1949）；还有戈宝权译的勃洛克的《十二个》（时代书报出版社，1948年）；等等。这显然是远远不够的。但是在那个硝烟弥漫的革命年代，仍然有这样一些俄罗斯古典诗歌的翻译作品问世，确实是难能可贵的。而且通过研究我们发现，这些俄罗斯古典诗歌也大多透露出"革命"的气息。如普希金的抒情短诗中，译得最多的是《致西伯利亚的囚徒》、《致恰达耶夫》、《纪念碑》、《阿里昂》、《自由颂》、《致大海》等这些反暴政、争取自由的"革命"诗篇。翻译的选择显然受到当时国内革命大环境的影响，译者希望通过翻译这些类型的俄国古典诗歌作品来推动当时的国内革命的斗争。

因此，在20世纪三四十年代，俄苏诗歌翻译经历了一个从无到有，从弱小到逐渐壮大的过程。这其中有政治环境的影响，也与我国诗歌翻译水平不断提高，翻译界的队伍不断壮大有很大的关系。这一状况一直持续到50年代。

## 二 20世纪50年代俄苏诗歌在我国的译介和发展

新中国的成立为俄苏文学作品在我国的翻译和发展提供了良好的环境。以英、美国为首的西方国家对中国采取敌视的政策，而苏联却是第一个承认新中国的国家，而且给了中国人民以无私的援助，再加上中苏两国有着共同的社会主义意识形态，同属于社会主义阵营，这就使两国的文学走得更近了。因此，大量的俄苏文学作品以更加迅猛的方式涌入中国，这其中自然也包括诗歌的翻译。因此，从20世纪40年代中期到50年代末形成了俄苏诗歌翻译史上的第一个高潮。据统计，这一时期在我国俄苏诗歌作品的出版数量如下：1950 年 7 本（其中初版数 3 本），1951 年 5 本（其中初版数 4 本），1953 年 4 本（其中初版数 2 本），1954 年 8 本（其中初版数 6 本），1955 年 4 本（其中初版数 2 本），1956 年 3 本（其中初版数 2 本），1957 年 8 本（其中初版数 3 本），1958 年 2 本（其中初版数 0 本），1959 年 4 本（其中初版数 1 本）。[①] 细细分析这些数据，我们可以发现俄苏诗歌翻译作品数量在 1954 年和 1957 年达到两个高峰之后就逐渐递减，特别是在 1958 年，初版数为 0。这跟当时的政治时局，以及中苏两国之间的关系有着紧密的联系。苏共二十大和"波匈事件"后，毛泽东与赫鲁晓夫在对待西方的问题上产生了根本的分歧，赫鲁晓夫倡导"和平过渡""和平竞争"，主张与西方国家改善关系，还成为第一个访问美国的苏联元首。1958 年中国已开始高举"三面红旗"，进行轰轰烈烈的"大跃进"和"人民公社化"运动，而赫鲁晓夫对此横加指责，并批评毛泽东是"好斗的公鸡"。毛泽东则公开批评赫鲁晓夫不懂政治，而且在国内的主要报刊上发表文章指责赫鲁晓夫是在搞"修正主义"，希望中苏两国一道共同遏制以美国为首的西方国家。两国之间意识形态的分歧越走越远，国内对苏强硬的政治形势也日趋紧张。因此在这种情况下，从 1958 年开始，诗歌等俄苏文学翻译作品开始逐年下降。这一时期的俄苏诗歌翻译有如下特点。

（1）这一时期一些非常有名的传统经典俄国作家的作品都得到了重新翻译，有的作品甚至有多种版本。如查良铮译的普希金的《青铜骑士》（平明出版社，1954—1955 年；新文艺出版社，1957—1958 年新 1 版，包括《青铜骑士》、《努林伯爵》和《强盗兄弟》3 篇叙事诗），《波尔塔瓦》（平明出版社，1954—1955 年；新文艺出版社，1958 年新 1 版），《高加索的俘虏》（平明出版社，1954—1955 年；新文艺出版社，1958 年新 1 版，包括《巴奇萨拉的喷泉》），《加甫利颂》（平明出版社，1955 年；新文艺出

---

① 李定：《俄国文学翻译在中国》，载智量等：《俄国文学与中国》，华东师范大学出版社 1991 年版，第 345 页。

版社，1958 年新 1 版，包括《塔西特》、《科隆那的小房子》），《普希金抒情诗一集》（平明出版社，1955 年；新文艺出版社，1957—1958 年新 1 版，内含 160 首诗），《普希金抒情诗二集》（新文艺出版社，1957—1958 年新 1 版，内含 240 首诗），《欧根·奥涅金》（平明出版社，1954—1955 年；文化生活出版社，1956 年新 1 版；新文艺出版社，1957—1958 年新 1 版）。还有余振译的《莱蒙托夫诗选》（时代出版社，1951—1955 年）等。

（2）许多其他诗人的作品也得到了翻译，不少诗人的作品都是初次出版，令中国人耳目一新。如戈宝权、乌兰汗合译的《唐克诗选》（人民文学出版社，1958 年，内含 50 首诗），还有戈宝权等译的《马雅可夫斯基诗选》（人民文学出版社，1959 年，内含 39 首诗），飞白译的特瓦尔多夫斯基的长诗《瓦西里·焦尔金》；余振译的西蒙诺夫的长诗《远在东方》（晨光出版公司，1950 年），武尔贡的长诗《黑人说》（文光书店，1952年），《吉洪诺夫诗集》（人民文学出版社，1952 年），阿丽盖尔的长诗《卓娅》（中国青年出版社，1954 年），马雅可夫斯基的长诗《列宁》（人民文学出版社，1956 年），《好》（人民文学出版社，1955 年），《一亿五千万》（人民文学出版社，1957 年）；魏荒弩翻译的《伊戈尔远征记》（人民文学出版社，1957 年），涅克拉索夫的《严寒，通红的鼻子》（作家出版社，1956 年），瓦西连科的《绿宝箱》（晨光出版社，1950 年）；等等。当时许多中国人对普希金、莱蒙托夫等经典俄国诗人耳熟能详，可是对这些诗人的名字还感到十分陌生。这些诗人的作品通过戈宝权、余振等名家译介到中国来之后，逐渐被大家认识，并迅速得到传播，在当时受到了广泛的好评，鼓舞了不少中国人充满热情地积极投身社会主义建设事业，为中苏两国之间的友谊搭起了一座文化交流的桥梁。

（3）诗歌翻译的水平在总体上较解放之前有了很大提高，不少诗歌译本得到修订或重译后又重新出版，使得新出版的译作较之前在质量上有很大提升。新中国成立之前，国内战火连连，缺乏稳定的国内环境，日占区和"国统区"内翻译和阅读俄语文学作品是遭到禁止的，在加上俄语工具书的普遍缺乏，这些都限制着俄语翻译者水平的发挥。不少俄语诗歌作品甚至都是从别的语种转译过来，因此很多译本都有一些错误。新中国成

立以后，这种情况大为改观。1950 年《中苏友好同盟互助条约》的签订
为两国之间文化上的正常交流提供了保障。新成立的的中央人民政府大力
倡导俄苏文学作品的翻译，为俄苏诗歌翻译提供了良好的环境。这时国内
充斥着"一边倒"的政治倾向，弥漫着学习苏联的热情，许多学习其他语
种的译者都纷纷放弃自己语种的翻译，改学俄语，壮大了俄语翻译者的队
伍。大量苏联文学作品涌入中国，俄语工具书开始普及，这都为俄苏诗歌
的翻译创造了有力的条件。因此，这一时期，俄语诗歌的翻译水平总体来
说比原来有了较大程度的提高。

　　我们以普希金的叙事体长诗《Евгений Онегин》为例，"窥一斑而见
全豹"：1942 年桂林丝文出版社出版了由翻译家甦夫翻译的普希金的长诗
《欧根·奥尼金》。甦夫是根据 1931 年出版社的涅克拉索夫的世界语版本
翻译的，只译了 8 章，而且译本中存在不少错误。著名文学翻译家吕荧指
出：甦夫的译文"文字苦涩而且粗率，很多地方与原文出入很大"，甚至
把德国大诗人席勒误译成了英国诗人雪莱。甦夫在翻译的时候还参考了日
本翻译家米川正夫的日译本，采用了日译本的一些标题，如《奥尼金的烦
闷》、《诗人的初会》、《少女之恋》、《绝望》、《恶梦——命名日》、《决斗》、
《莫斯科》、《夜会女王》等，"译胡为秦"的痕迹非常明显。后来吕荧又根
据普希金的《Евгений Онегин》俄文原版作了重新翻译，并将译本命名为
《叶普盖尼·奥涅金》。该译本于 1954 年 12 月由人民文学出版社出版，内
容准确完整，文笔流畅，受到广泛好评，以至于这一译本名称一直沿用至
现在。该译本对以前甦夫译本的不少错误作了修正，补译了普希金从正文
中抽出去的诗节、草稿、别稿等作为附录，使之成为研究普希金的珍贵史
料。同年 10 月，上海平明出版社也翻译出版了著名文学翻译家查良铮翻
译的《欧根·奥涅金》。在 20 世纪 50 年代，查良铮是翻译普希金诗歌作
品最得力的人。[1] 据查良铮自己回忆，他在翻译《欧根·奥涅金》时，以
俄文为依据，同时参考了巴贝特·多伊奇的英译本和苏联外文出版社的特
奥多尔·科米肖的德译本，并翻译了斯洛尼姆斯基写的《关于欧根·奥涅

---

[1]　戈宝权：《叶普盖尼·奥涅金在中国》，见《戈宝权集》，中国社会科学出版社 2009 年版，第 232 页。

金》，并附上多幅插图。这一译本也比解放之前在质量上有很大提高，成为《Евгений Онегин》的经典译本之一，至今鲜有人超越。

类似《Евгений Онегин》的例子不胜枚举，在 20 世纪 50 年代许多俄苏作家的作品都得到了重新翻译，译本的质量都较新中国成立之前都有很大的提高。这些高质量的译本给新中国的人民群众提供了宝贵的精神食粮，给投身社会主义建设的人们注入了无穷的精神力量。

### 三　20 世纪 60—70 年代俄苏诗歌在我国的翻译

1960 年中苏关系全面破裂，苏联开始撤走全部在华专家，俄苏文学翻译也随之突然陷入低谷。本来为数不多的俄苏诗歌翻译量更是直接跌为零，陷入了长达 20 年的停滞状态。从数据表中我们可以看到，1959 年的时候还出版了 4 本俄苏诗歌翻译作品（其中 1 本是初版），可到了 1960 年连一本俄苏诗歌的翻译作品都没有。[1] 随之而来的是"文化大革命"动乱的十年，一切阅读和翻译俄苏文学作品的人都被冠以"苏修"等罪名，加以批斗，那些曾经在俄苏诗歌翻译颇有建树的翻译家们遭到残酷迫害，译稿被没收，所有关于俄苏诗歌方面的书籍都遭到销毁。这样一来，整个 20 世纪六七十年代基本上没有一本俄苏诗歌翻译作品在中国问世，既没有人翻译俄苏诗歌，也没人敢公开阅读俄苏诗歌作品，俄苏诗歌在我国的译介陷入了长达近 20 年的停滞时期。

### 四　20 世纪 80 年代俄苏诗歌在我国的译介和发展

从 1979 年到 20 世纪 80 年代末是俄苏诗歌翻译的第二个高潮，而且这一次高潮比第一次高潮更为全面、系统，翻译量也更多一些。这一时期随着"文化大革命"的结束和党内外的"拨乱反正"，中国历史进入了一个新的历史时期。许多在"文化大革命"时期遭到迫害的老一辈俄语翻译家得到平反，开始继续投身俄苏诗歌的翻译工作。在改革开放的指引下，

---

[1]　李定：《俄国文学翻译在中国》，载智量等：《俄国文学与中国》，华东师范大学出版社 1991 年版，第 345 页。

思想得到了解放，西方文学尤其是现代主义文学在中国产生了较大影响，俄苏诗歌作品随着这一股"欧风美雨"也传到了中国，并引起了大家的关注。在这种情形下，俄苏诗歌翻译迎来了新的春天。从 1979 年开始，一些俄苏诗歌译集开始陆陆续续出版，数量逐年增加，逐渐填补了"文化大革命"时期的翻译空白。而且整个 80 年代是一个诗歌盛行的年代，许多青年人热衷于写诗、读诗，涌现出像海子、食指、麦芒、顾城、北岛、舒婷、席慕容、余光中等一大批诗人。他们的诗作在广大人民群众中引起强烈反响，使人们认识到诗歌作为一种特殊的艺术形式独具魅力。这种浓厚的诗歌氛围为俄苏诗歌翻译的发展提供了良好的群众基础。在经历了停滞的 20 年后，人们终于又开始渴望去阅读俄苏诗歌作品了。

为了满足人们阅读诗歌的需要，一大批俄苏文学翻译家又开始积极投身诗歌的翻译工作。从 1979—1982 年中国出版的俄苏诗歌翻译作品年均 3 本，可是到了 1983 年出版量则增为 6 本，到了 1985 年则陡增为 14 本，达到了顶点，创下了有史以来俄苏诗歌翻译作品年出版数量的最高纪录。[①] 这一数字比 20 世纪 40 年代中期到 50 年代末的任何一年都要高。足见 80 年代俄苏诗歌翻译的浪潮有多么迅猛。更重要的是这种译介并没有如新中国成立初期一样带有"一边倒"的政治性，完全是自发的、没有国家意识形态干预的翻译，因此具有深远的意义。

1985 年戈尔巴乔夫上台以后，大力倡导"民主化"、"公开性"、"新思维"，苏联在意识形态领域开始"解冻"。许多先锋派的诗歌作品，以及过去遭到否定、批判的诗人的作品开始在苏联国内悄悄传播起来，如流亡诗人蒲宁、茨维塔耶娃、波普拉夫斯基、布鲁茨基的作品，阿克梅主义诗人阿赫玛托娃、古米廖夫、曼德尔斯塔姆的作品，田园派诗人叶赛宁的作品，象征主义诗人丘特切夫、勃洛克、勃留索夫、吉皮乌斯的作品，等等。这些诗人的作品在 20 世纪 80 年代以前的苏联都是禁止流通的，在 80 年代后期，特别是在苏联解体之后则开始迅速传播。随着这些诗歌作

---

① 参见李定：《俄国文学翻译在中国》，载智量等：《俄国文学与中国》，华东师范大学出版社 1991 年版，第 345 页。

品在苏联国内的传播，这一股苏联的"回归文学"热也对我国产生了巨大的影响。我国的一大批俄苏文学翻译家便开始渐渐将它们译介到中国来，这类诗歌作品的数量在我国国内猛增。这些作品有：《叶赛宁抒情诗选》（刘湛秋、茹香雪译，上海译文出版社，1982 年），《叶赛宁诗选》（蓝曼等译，漓江出版社，1983 年），《叶赛宁评介及诗选》（顾蕴璞等译，北京大学出版社，1983 年），《阿赫玛托娃诗选》（戴骢译，四川文艺出版社，1985 年），《苏联三大女诗人（阿赫玛托娃、茨维塔耶娃、英培尔）选集》（陈耀球译，湖南人民出版社，1985 年），蒲宁的《夏夜集：蒲宁抒情诗选》（赁洵译，四川文艺出版社，1985 年），《丘特切夫诗选》（查良铮译，外国文学出版社，1985 年），《阿赫玛托娃诗选》（王守仁、黎华译，漓江出版社，1987 年），勃洛克的《献给美人的诗》（清容译，北岳文艺出版社，1988 年），《蒲宁抒情诗选》（葛崇岳译，安徽文艺出版社，1989 年），《象征主义诗人勃留索夫诗选》（方圆译，中国文联出版公司，1989 年），《跨世纪抒情——俄苏先锋诗选》（荀红军译，工人出版社，1989 年），帕斯捷尔纳克的《含泪的圆舞曲——获诺贝尔文学奖诗人帕斯捷尔纳克诗选》（力冈、吴迪译，浙江文艺出版社，1988 年），等等。

与此同时，俄罗斯古典诗人和经典诗人的作品也得到了大规模的翻译。这一时期的翻译规模比解放之初更大，译作的质量也更高，有许多诗人的作品都是第一次得到翻译。如戈宝权译的《戈宝权译文集——普希金诗集》（北京出版社，1987 年），普希金的长诗《叶普盖尼·奥涅金》（冯春译，上海译文出版社，1982—1986 年），《普希金抒情诗选》（冯春译，安徽文艺出版社，1985 年），《普希金童话诗》（冯春、梦海，上海译文出版社，1982—1984 年），《普希金抒情诗选》（查良铮译，江苏人民出版社，1982 年），《普希金叙事诗选集》（查良铮译，四川文艺出版社，1985 年），《莱蒙托夫抒情诗选》（顾蕴璞译，外语教学与研究出版社，1982 年），《莱蒙托夫诗选》（顾蕴璞译，湖南人民出版社，1985 年），《莱蒙托夫诗选》（余振译，上海译文出版社，1980 年），《莱蒙托夫抒情诗集》（余振译，浙江人民出版社，1985 年），《俄罗斯抒情诗白首》（张草纫、李锡胤译，黑龙江人民出版社，1983 年），《俄国诗选》（魏荒弩译，湖南人民出版社，

1988 年),《苏联当代诗选》(乌兰汗选编,外国文学出版社,1984 年),《苏联抒情诗选》(王守仁译,湖南人民出版社,1984 年),《涅克拉索夫诗选》(魏荒弩译,上海译文出版社,1980—1985 年),《马雅可夫斯基诗选》(飞白译,上海译文出版社,1981 年),《马雅可夫斯基选集》(诗歌卷)(余振主编,人民文学出版社,1984 年),《丘特切夫诗选》(查良铮译,外国文学出版社,1985 年),《谢甫琴科诗选》(戈宝权译,上海译文出版社,1983 年),《十二个睡美人——茹科夫斯基诗选》,《十二月党人诗选》(魏荒弩译,上海译文出版社,1985 年,里面包含格林卡、卡杰宁、雷别耶夫等 207 首诗),《俄诗精粹》(李家午、林彬译,安徽文艺出版社,1987 年),《谢甫琴科诗选》(蓝曼译,湖南人民出版社,1985 年),等等。这些诗人当中,茹科夫斯基的诗歌作品因有强烈的宗教色彩过去常常不受重视,现在开始得到翻译了。过去遭受冷遇的像丘特切夫、谢甫琴科的诗歌作品集这一时期也第一次得到了系统的翻译。其中需要特别提到的是被誉为"普希金完整形象传达者"的翻译家——冯春。他是 20 世纪 80 年代对普希金作品翻译最权威的人之一。他借鉴了意大利的彼特拉克体和英国的莎士比亚体等十四行诗的结构,创造性地翻译了《叶普盖尼·奥涅金》。译作不仅内容准确,而且韵律和谐,忠实而完整地为中国读者传达了原诗的意境和韵味。冯春翻译的《叶普盖尼·奥涅金》堪称一绝,译作水平比上文提到的吕荧和查良铮的译本更胜一筹,深受读者喜爱,"出版量加起来远远超过了三十万册"[①]。

这些都说明我国的俄苏诗歌翻译水平较之前都有很大的提高。之所以出现这样的进步不仅与当时宽松的国内政治环境有密切关系,而且得益于翻译工具书的增多,整个国家俄语教学和翻译水平的提高,翻译界和翻译家总体实力的增强。

## 五　20 世纪 90 年代以来新时期的俄苏诗歌翻译

20 世纪 90 年代至今是俄苏诗歌翻译的第三次高潮,这一时期俄苏诗

---

① 吴华荔,林木椿:《笔耕不辍,传译诗魂——记普希金文学翻译家冯春先生》,载《中国翻译》2002年第 2 期。

歌得到最系统而且全面的翻译。1991 年苏联正式宣布解体，苏联共产党结束了 70 年的执政统治，社会主义的意识形态在解体后的俄罗斯迅速地淡化，随之而来的是思想上的全面解禁和意识形态从单一化走向多元化。在这样的政治背景下，苏联的文学领域也开始迎来了多元化的发展时代。许多在苏联时代遭到否定和禁止的作家作品开始公开大量地出版，对这些作家作品的整理和研究工作也在解体之后的俄罗斯大规模地开展起来。这些作家作品的数量比 80 年代更多，规模也更大。特别是那些白银时代先锋派作家和诗人的作品，如象征主义、阿克梅主义、未来主义、意识流、超现实主义的诗歌作品大量得以翻译，这在苏联时代是不可想象的。在诗歌领域更是如此，现代主义诗歌在俄罗斯进入了全面发展的时期。

1992 年我国社会主义市场经济体制确立之后，实行了全方位地对外开放政策。思想多元化，价值多样化，我国的社会主义文化也进入了大发展、大繁荣的时代。随着俄罗斯对现代主义诗歌研究的深入发展，我国对现代主义诗歌也进入了全面译介的时期。其中最具特点的表现就是各种流派诗人的译作竞相出现，而且往往同一个诗人的作品会有许多不同的译本，种类和数量大大高于以前。如田园派诗人叶赛宁的诗歌就有 6 个不同的译者翻译并由不同的出版社出版：《叶赛宁诗选》( 顾蕴璞译，译林出版社，1999 年 )，《叶赛宁抒情诗选》( 丁鲁译，湖南文艺出版社，1991 年 )，《白桦——叶赛宁诗选》( 郑铮译，外国文学出版社，1991 年 )，《叶赛宁诗选》( 王志刚译，春风文艺出版社，1994 年 )，《叶赛宁书画集》( 黎华译，四川人民出版社，2006 年 )，《勃洛克、叶赛宁诗选》( 郑体武、郑铮译，人民文学出版社，1998 年 )。

例如阿克梅主义诗人阿赫玛托娃作品的翻译有《阿赫玛托娃诗选》( 戴骢译，四川文艺出版社，1985 年 )，《爱——阿赫玛托娃诗选》( 乌兰汗译，外国文学出版社，1991 年 )，《阿赫玛托娃诗文集》( 马海甸、徐振亚译，安徽文艺出版社，1999 年 )，《安魂曲——苏联探索诗选》( 王守仁等译，漓江出版社，1992 年 )，《回忆与诗》( 马海甸译，花城出版社，2001 年 )，同是阿克梅主义的领导者——她的丈夫古米廖夫的诗集也被积极地翻译并且出版：《当今的世界——古米廖夫诗选》( 李海译，外国文学出版社，1991 年），《心灵的园圃——古米廖夫诗选》（黎华译，上海译文出版社，1996 年）。还有阿克梅主义的杰出代表曼德尔施塔姆的作品也有好几个译本：《贝壳——曼德尔施塔姆诗选》（智量译，外国文学出版社，1991 年），《曼德尔施塔姆诗选》（杨子译，河北教育出版社，2003 年），《曼杰什坦姆全集》（汪剑钊译，东方出版社，2008 年），《曼德尔什坦姆诗全集》（汪剑钊译，东方出版社，2008 年）。其中古米廖夫和曼德尔施塔姆的作品在 90 年代之前在我国基本上从来都没有译介过，在新时期也得到了全面的翻译。

再例如流亡诗人茨维塔耶娃作品也有几种不同的译本：《温柔的幻影——茨维塔耶娃诗选》（娄自良译，上海译文出版社，1990 年）、《致一百年后的你——茨维塔耶娃诗选》（苏杭译，外国文学出版社，1991 年），《茨维塔耶娃文集·诗歌》（汪剑钊译，东方出版社，2003 年）；再例如流亡诗人蒲宁的作品，也得到了较为全面的译介：《蒲宁精选集》（顾蕴璞译，北京燕山出版社，2005 年），《蒲宁文集·诗歌卷》（戴骢、娄自良译，安徽文艺出版社，2005 年），《布宁文集》（陈馥译，人民文学出版社，2009 年）。汪剑钊翻译并编写的《二十世纪俄罗斯流亡诗选》（上、下）（河北教育出版社，2004 年）系统而且较为全面地翻译了俄罗斯具有代表性的一些流亡诗人的代表作，产生了很大的影响。

这一时期关于俄国象征派诗人作品的译作有：《俄国象征派诗选》（黎皓智译，浙江文艺出版社，1996 年），勃洛克的《青春·爱情·畅想》（王意强、李四海译，陕西人民出版社，1990 年），《勃洛克抒情诗选》（汪剑钊译，河北教育出版社，2003 年），《勃洛克诗歌精选》（丁人译，北岳文艺出版社，2000 年），勃留索夫的《燃烧的天使》（周启超、刘开华译，哈尔滨出版社，1999 年）、《吉皮乌斯诗选》（汪剑钊译，河北教育出版社，2003 年），别雷的《彼得堡》（靳戈、杨光译，广州出版社，1996 年）、《信鸽》（李政文等译，云南人民出版社，1998 年）、《订婚的玫瑰——俄国象征派诗选》（汪剑钊译，中国文联出版公司，1992 年）。

从以上可以看出，在 20 世纪 90 年代我国出现了俄国白银时代作品译介的小高潮。除了这些单一作家的作品集之外，许多出版社纷纷推出了白银时代诗人作品的丛书集，如"白银时代俄国文丛"（郑体武主编，学林出版社，1998年），"俄罗斯白银时代精品文库"（余一中、周启超主编，中国文联出版公司，1998年），"俄罗斯白银时代文化丛书"（叶水夫、吴元迈、刘文飞主编，云南人民出版社，1998年），"白银时代丛书"（严永兴主编，作家出版社，1998年），《俄罗斯白银时代诗选》（顾蕴璞编，花城出版社，2000年），等等。这些系列丛书更为系统而且全面地译介了俄罗斯白银时代的诗歌，使俄罗斯现代主义诗歌在我国得到了更为广泛的传播，促进了俄苏诗歌在我国的译介和发展。但是令人遗憾的是，仍然有些白银时代很有名的诗人的作品没有得到很好的译介，如维·伊万诺夫、别雷、巴尔蒙特、梅列日科夫斯基、索洛古勃、赫列勃尼科夫等，至今仍然没有他们的诗歌作品集问世。也有一些流派的诗歌作品鲜有问世，如未来主义、后现代主义、意识流诗歌等。而且目前我国对跨入21世纪以来的现代俄罗斯的诗歌作品关注度仍然不高，这类诗歌作品的翻译数量极其有限。这就需要我们新一代的俄苏诗歌翻译家迎难而上，更加努力，为我们提供更多更好的俄苏诗歌翻译作品。

需要指出的是，除了俄国现代主义诗歌之外，俄国古典黄金时代诗人的作品也得到了全方位的翻译，很多有名的诗人都出版了全集，译介得十分系统和全面。在经历了20世纪90年代之前的译介之后，普希金、莱蒙托夫等黄金时代诗人的作品很多都已经得到了翻译，因此这一时期就是以大部头的全集或文集的形式来系统而全面地收录他们的诗歌。如普希金的诗歌，基本上都收录到他的全集中。《普希金抒情诗全集》（戈宝权等，浙江文艺出版社，1994年），《普希金文集》（1—10卷）（冯春译，上海译文出版社，1999年，其中抒情诗三卷，叙事诗一卷，《叶普盖尼·奥涅金》一卷），《普希金文集》（1—7卷）（卢永编，人民文学出版社，1995年），《普希金全集》（1—8卷）（肖马、吴迪译，浙江文艺出版社，1997年），《普希金全集》（1—10卷）（刘文飞主编，河北教育出版社，1999年），还有莱蒙托夫的诗歌，也收录在他的文集中，《莱蒙托夫全集》（1—5卷）（顾蕴璞主编，河北教育出版社，1996年），《莱蒙托夫抒情诗全集》（余振译，浙江文艺出版社，1994年），《莱蒙托夫文集》（1—7卷）（余振等译，上海译文出版社，1998 年），《俄罗斯抒情诗选》（张草纫译，上海译文出版社，1992 年），等等。这些诗人的作品文集全面而系统地总结了他们的作品，让人们更为全面地去了解这些黄金时代诗人们的思想，为今后人们查阅和研究他们的作品提供了翔实的资料，具有深远的意义。

　　由此可见，无论是俄国的古典诗歌还是现代主义诗歌在我国都出现了"百花齐放"的局面，这在历史上是从未有过的。随着中俄两国战略协作伙伴关系的建立，中俄两国友好关系的深入发展，两国之间文化交流的持续开展，我国对俄苏诗歌的译介会更为全面和深入。这些都说明新时期的俄苏诗歌翻译处于一个非常好的发展阶段，相信经过新一代的俄苏文学翻译家的努力，今后会有更多更好的俄苏诗人的作品被译介到中国来，促进我国俄苏诗歌翻译事业的繁荣和发展，为我国社会主义文化事业的发展作出更大的贡献。

　　纵观我国 20 世纪 80 年的俄苏诗歌翻译史，虽不像俄苏文学翻译史经历了那么大的起起伏伏，但一路走来也充满着曲折。特别值得一提的是俄苏诗歌翻译的三次高潮，正是这三次高潮极大地促进了俄苏诗歌在我国的译介和发展，为俄苏诗歌在我国的传播起到了巨大的推动作用。如今我们正处于俄苏翻译的第三个高潮时期，其力度为历史之最，所以我们新一代的俄苏文学翻译者更应该珍惜时代赋予我们的机遇和使命，将俄苏诗歌的翻译事业不断推向前进，为广大的人民群众奉献出更多优秀的俄苏诗歌翻译作品。

# 第三章　结构诗学的内容和主要特点

　　法国象征主义诗人瓦莱里有一个很有名的比喻：如果把散文比作走路，那么诗歌则是舞蹈。[①] 走路有一定的目标，以达到目的地而获得意义，然而舞蹈只是一个或一系列动作，舞蹈强调的是过程和形式，它的目的和意义在于它本身。瓦莱里的话形象地揭示出形式主义者和结构主义者研究诗歌文本的方式和特点。在此之前，文学研究包括诗歌研究是没有确切的研究领域和界限的，如文化历史学派以及各种文艺学中的主观心理学派一般都没有自己特定的研究对象。那是一个文学大杂烩的时代，对诗歌文本的阐释普遍带有主观任意性，研究范围仅限于分析诗人的生平、世界观、心理因素等。诗歌翻译的实践也带有主观随意性，所谓的诗歌翻译理论也就是译者在翻译的过程中或者翻译后发表的一些随感，谈不上对原文或译文进行系统而深刻的语言学分析或者结构分析。

　　直到 20 世纪 20 年代形式主义学派的代表人物什克洛夫斯基提出"陌生化"（остранение）的概念以来，人们才慢慢将目光从文本外转移到文本以内，更加重视文本。紧接着结构主义继承了形式主义的衣钵，并将其发扬光大，开创了结构诗学，最终结束了文学上的"混沌期"，使得诗歌文本的语言学分析走向正轨，并为符号学的产生与发展开辟了道路。

　　本章首先从结构主义总的历史、基本内容和方法出发，然后具体结合洛特曼结构诗学的主要内容和特点，找出结构诗学与诗歌翻译研究的契合点，论述结构诗学引入诗歌翻译研究的必要性与可行性，为后文系统地展开论述作好铺垫。

---

① 瓦莱里：《诗与散文》，曹葆华译，见杨匡汉、刘福春主编：《西方现代诗论》，花城出版社 1998 年版，第 208 页。

# 第一节　结构诗学概述

结构诗学是 20 世纪 60 年代初到 70 年代末的一个重要文艺学流派。其理论来源一方面是索绪尔的结构语言学，另一方面是 20 世纪 20 年代俄国的形式主义。

从地域上结构诗学可划分为三个主要的地域中心：巴黎、塔尔图和莫斯科。法国的结构诗学流派代表人物有列维—斯特劳斯、罗兰—巴特等。法国的结构诗学在研究方法上更注重从哲学的角度出发，然而很快转变为后结构主义。

与法国的结构诗学流派不同，俄罗斯的莫斯科学派和塔尔图学派在方法论上有着鲜明的特色，并且在密切联系中向前发展，因而并称为莫斯科—塔尔图结构诗学派。莫斯科学派领军人物是 Б.А. 乌斯宾斯基，代表人物有维亚切斯拉夫·伊万诺夫、В.Н. 托波罗夫、彼亚基戈尔斯基等；塔尔图的领军人物是 Ю.М. 洛特曼，代表人物有 З.Г. 明茨、Б.М. 加斯帕罗夫、П.А. 鲁德涅夫等。洛特曼是两大学派公认的领袖。

结构诗学与符号学紧密相关，在俄罗斯，结构诗学在某种意义上甚至与符号学相等同。以洛特曼为代表的这些学者不仅研究结构诗学，而且还广泛涉足符号学、语言学、文艺学和文化学等领域。结构诗学为推动符号学进一步发展铺平了道路，因此，在俄国结构诗学也被称之为结构符号文艺学（структурально-семиотическое литературоведение）①，这一学派在广义上也被叫作莫斯科—塔尔图结构主义符号学派。在 60—70 年代，苏联的结构诗学十分流行，在国内外学术界曾引起巨大反响。莫斯科—塔尔图学派以其鲜明的学术思想，独特的分析方法，崭新的学术视角使整个人文科学深受影响，推动了众多学科领域的发展。80 年代，在解构主义的冲击下，结构诗学经历了短暂的沉寂。到了 90 年代，随着"柏

---

① Ю. М. Лотман., Анализ поэтического текста, СПб., 1996г., стр.30.

林墙"的倒塌，东西方"冷战"的消融，西方的新思想开始传入俄罗斯，结构诗学作为曾产生过世界影响的历史遗产也重新受到人们重视。这一股新鲜的空气使得结构诗学在学术界得以复苏，又形成了一个小高潮。如许多洛特曼的专著和论文都得以再版，《Сборник статей к 70-летию проф. Ю. М. Лотмана》（《纪念洛特曼教授诞辰 70 周年论文集》，塔尔图大学出版社，塔尔图，1992 年），《Избранные статьи в трех томах》（《洛特曼三卷本论文选集》，"亚历山大"出版社，塔林，1993 年），《Структура художественного текста》（《艺术文本的结构》，艺术出版社，圣彼得堡，1998 年），《Анализ поэтического текста》（《诗歌文本的分析》，艺术出版社，圣彼得堡，1998 年），《Жизнь и творчество Ю. М. Лотман》（《洛特曼的生平与创作》，新文学观察出版社，莫斯科，1999 年），等等。这足以说明结构诗学在学术史上的影响有多么巨大。

结构诗学的主要纲领是把文本看作一个系统整体，这个整体大于其组成部分的机械之和。各组成部分之间，各组成部分与整体之间相互影响，相互制约，统一为一个有机的结构整体。结构性、系统性、层级性则是文本的根本属性和最主要的特点。有的结构主义学者甚至将文本视作晶体结构，试图从晶体学研究中找到文本分析的途径。

依据文本结构的系统性和层级性，不同的研究学者有不同的划分方法，在划分的种类、数量和顺序上也有所区别。把这些研究综合起来，诗歌文本结构总体上可以划分为七个层次：语音、节奏、诗节、词汇、句法、语法、语义（如果是散文文本研究那么就去掉其中的语音、节奏和诗行层次，且加上情节、题材、时间和空间层次）。如何去划分文本结构层次的种类、数量和顺序并不重要，重要的是在僵化的勃列日涅夫统治时期的苏联，结构主义的研究方法重塑了文学作品的文学性和艺术性，让我们更清楚地看到了诗歌的结构特点和本质奥秘，并取得了举世瞩目的成就，给整个人文科学的研究范式带来了革命性的影响。

结构主义诗学研究者可以分为两派，一派是整体结构主义者，主张艺术文本是在整体结构的基础上划分为若干层次，应将结构的整体和部分相结合来进行研究，如洛特曼的《Лекции по структурной поэтике》（《结构诗学讲义》，塔尔图大学出版社，塔尔图，1964 年）等；另一派则是分析结构主义者，主张应将各层次单独拿出来加以详细地研究，常常是专攻某一个层次，如加斯帕罗夫的《Современный русский стих：Метрика и ритмика》（《现代俄语诗歌：韵律与节奏》，科学出版社，莫斯科，1974 年）等。

尽管结构诗学的研究方法有两派之分，但是它们也有着共同的特点，例如它们都提出一样的口号：结构诗学应注重运用统计学、信息学、逻辑学的理论来保证研究的准确性。也正是在这一点上，如果过分追求准确性，没有把握好"度"，那么会导致结构诗学的研究陷入怪圈，以及"右倾化"十分严重的境地。例如 1978 年在伏龙芝（现比什凯克）出版了一本方法论教材《Методическое пособие для математического анализа поэтических текстов》（《诗歌文本的数学分析》），书中将诗歌的所有结构层次和单位都进行数学研究，造成了形式化过于严重的后果。然而，绝大部分的结构诗学专著和论文还是比较实事求是，恰如其分地使用了结构主义的研究方法来分析诗歌，并取得了丰硕的成果。例如洛特曼的《Лекции по структурной поэтике》（《结构诗学讲义》，1964 年），《Структура художественного текста》（《艺术文本的结构》，1970 年），《Анализ поэтического текста》（《诗歌文本的分析》，1972 年）；佐梁的《Семантическая структура слова в поэтической речи》（《诗章中词的语义结构》，1981 年），《О принципах композиционной организации поэтического текста》（《诗歌组织的结构原则》，1983 年）；巴普洛维奇的《Образование поэтических парадигм》（《诗歌聚合体的构成》，1983 年）；加斯帕罗夫的《Проблемы теории стиха》（《诗歌理论问题》，1984 年）；等等。

众多的学术成果极大地丰富了结构诗学的内容，帮助人们更深刻地分析和理解诗歌。不仅如此，结构诗学的内容、方法和成就为其他学科的发展开辟了新的道路，如结构诗学理论开启了巴赫金的世界（狂欢化诗学、对话理论和复调小说理论），为符号学的发展铺平了道路，人们开始用结构主义的分析方法来研究罗马历史、人脑半球的功能对称，分析音乐的和谐规律和人体肖像，等等。直到今天，结构诗学的研究方法在众多学术领域仍发挥着重要作用，给人们探索新的学术空间带来许多宝贵的启示。

## 第二节　洛特曼结构诗学的主要内容和研究方法

上节提到俄国的结构诗学学派也被称为是莫斯科—塔尔图结构主义符号学派。虽然莫斯科学派和塔尔图学派在紧密联系中向前推进，在研究方法上也有许多共同之处（如都起源于俄国的形式主义，都注重对符号体系的研究等），但是它们也有很大的区别。塔尔图符号学派以诗学的探索为目的，坚持从文艺学家的视角来从事艺术符号学的研究，把语言看作是文学文本的载体；莫斯科符号学派则以文化追溯为根本，从语言学的视角来探讨文化现象，努力建立独特的文化符号学体系，在乌斯宾斯基看来，文化是语言赖以存在的基本环境，脱离文化系统的语言是不存在的，应当将文艺学问题置于整个文化体系来进行研究。简言之，洛特曼等人的研究对象是文学文本、艺术的语言和艺术的符号系统，而乌斯宾斯基为代表的莫斯科学派的研究对象是文化符号体系。这正是塔尔图结构主义符号学派与莫斯科结构主义符号学派的根本区别。因此，从俄汉诗歌翻译的语言学研究角度来看，显然以洛特曼为代表的塔尔图学派的结构诗学理论更符合我们进行诗歌翻译研究的方法论基础。

尤里·米哈伊洛维奇·洛特曼（1922—1993）是蜚声世界的著名文艺理论家和符号学家，塔尔图结构主义符号学派的领军人物。20 世纪 50 年代，随着自然科学的蓬勃发展，信息论、系统论、控制论等大量自然科学的理论被广泛应用于人文科学的研究中。洛特曼利用系统论等自然科学的研究成果，吸收了形式主义的经验和教训，建立了结构诗学、结构主义符号学等理论，对西方文论产生了深远的影响。奠定洛特曼结构诗学理论的代表著作有三本：《结构诗学讲义》（塔尔图，1964 年）、《艺术文本的结构》（莫斯科，1970 年）、《诗歌文本的分析》（列宁格勒，1972 年）。这三本著作的内容有许多相类似，其中最重要的是《诗歌文本的分析》，它是论述洛特曼结构诗学理论最为详尽的著作，也代表了苏联的文艺研究由结构主义发展到符号学—信息论的最高成就。总的来说，洛特曼结构诗学大致归纳起来有如下内容。

首先，洛特曼提出第一性语言和第二性语言的划分。第一性语言是自然语言，在此基础上形成的非艺术文本只能依靠能指与所指的一一对应来解读；第二性语言是文学艺术语言，在文学艺术文本中符号是带有自我指涉性的，任何一个符号都是符号结构整体中的一个部分，意义可以则通过内部重新编码来实现。文学艺术语言和自然语言的区别就在于它们分属不同的符号系统，有着不同的结构原则，形成意义的途径不相同。文学艺术语言上置于自然语言，且拥有更为丰富的信息量。例如简单作个比喻：A=B+C，要确定 A 的意义是如何产生的，在自然语言为基础的非艺术文本中我们也许只需要将符号 A 与外部的意义相对应就可以了，依靠符号的能指和所指相吻合来形成意义，但是在艺术文本，特别是诗歌文本中，A 的意义也许不仅是能指与所指的简单对应，而且更是一种复杂的联系，这种联系既包括它与该系统其他成分的联系，还包括它与结构整体的联系，即 A 的意义是 B+C。这说明在艺术语言为基础的文本里，信息的载体除了语言本身外，还有结构，结构本身就是一种潜在的信息，而在其他类型的文本中，结构都不是信息的载体。正如洛特曼指出的：“如果仅仅限于语言交流的层次来理解艺术文本的内容，那就等于忽略由艺术文本自身的结构所形成的极为复杂的意义系统。”[①]

洛特曼在强调艺术文本结构和形式承载信息的同时，紧接着又指出决不能忽视作品的内容。洛特曼认为艺术文本是由内容和形式两个部分有机结合而构成的，而并非只是艺术形式或创作手法的简单组合。“艺术文本结构的变化直接决定着艺术作品的内容和意义，并与之不可分割。”[②] 显然，洛特曼不再从传统二元对立的角度把艺术内容与艺术形式割裂开来，而是在结构诗学理论框架下非常成功地把它们有机结合到一起，把文本当作形式和内容的统一体。文本不只属于纯艺术形式的范畴，而且还是艺术

---

① Ю.М.Лотман., Структура художественного текста, СПб., 1998г., стр48.

② Ю.М.Лотман., Анализ поэтического текста, СПб., 1996г., стр47.

内容的符号。这正是洛特曼结构诗学比形式主义更为高明的地方。也正是因为这一点，洛特曼才能在文本层级性结构的基础上发现超义子、语义对比丛与诗歌主题内容的关系，把形式主义的诗学理论向前大大推进了一步。

超义子、语义对比丛是洛特曼结构诗学中一个很重要的内容。洛特曼在诗歌研究中引入了语义学的概念，并结合了系统论和信息论的思想，提出这一理论观点。诗歌中词与词之间由于聚合关系而处于相互对照的位置，这样词语的共同因子就是超义子，而诗歌的语义就是建立在超义子层次之上。超义子作为相互对比的核心揭示出对比的内容，并形成语义链，进而汇成语义丛和对比语义丛，最后形成文本语义场，最终揭示诗歌主题。关于这一方面的内容本书的第四章会有详细的论述。

洛特曼还继承了雅可布逊的"二轴说"和形式主义的诗学理论，提出在诗歌中纵向聚合轴的意义被极大地加强了，而这种聚合性表现在诗歌文本以内就是指形式上各个层次上的重复和平行对照现象，包括语音、韵律、语法、句法、诗行等单位的重复和平行对照，它们共同服务于诗歌的语义，并构成了诗歌文本的重要组织原则。在这一理论的支撑下，洛特曼在书中结合了普希金、莱蒙托夫、马雅可夫斯基等诗人的例子来进行文本分析。无论这些分析让人觉得多么不可思议，但经过洛特曼分析后，我们回过头再来读这些诗作，的确会有许多新的发现，对诗歌语义的理解也会更为深刻。关于这一方面的内容本书的第五章会有详细的论述。

整体性、系统性和层级性的结构主义研究方法是洛特曼结构诗学理论的一个最重要特征，也正是在这一点上洛特曼开辟了符号学的道路，具有深远的意义。洛特曼指出："诗歌是一个系统整体，是建立在语义、语音、节奏、句法和音调五大层次上的统一体。"[1]他还进一步指出："诗歌作为一个结构统一体绝不等于各组成成分的机械总和，其中任何一个词语的含义都是在与其他词语和诗歌结构整体互动中激发而产生。"[2]关于这一点列

---

① Ю.М.Лотман., Анализ поэтического текста, СПб., 1996г., стр97

② Ю.М.Лотман., Анализ поэтического текста, СПб., 1996г., стр97.

维·斯特劳斯也说过："文本的结构具有系统性，其中各组成元素相互对应，改变其中一个元素必然会带来其它元素的改变。"[①] 这些都说明诗歌文本作为一个符号系统具有鲜明的整体性、系统性和层级性。洛特曼认为构成文艺作品文本的语言是一个由各种层次组成的多等级结构体系，如韵律层、词汇层、语法层等，每个大层次还可以细分为许多小层次，各个层次之间相互联系、相互影响，牵一发而动全身。正是依靠这种整体性、系统性和层级性，短小精悍的诗歌才能在有限的结构篇幅内表现出多义性，产生不同的诠释，正所谓"诗无达诂"，"言有尽而意无穷"。在《诗歌文本的分析》中，洛特曼把诗歌文本诸要素及其相互关系概括地分为：

第一，音素与词的关系，在此基础上又可分为获得一定词汇意义的音素单体之间的关系；

第二，词素与词的关系以及已获得词汇意义的语法范畴之间的关系；

第三，词与作为整体的诗行的关系以及诗中词与词之间的关系；

第四，诗行与作为一定完整内容标记的韵脚的关系以及诗行与诗行的关系；

第五，韵脚与各结构部分的关系以及韵脚与韵脚之间的关系；

第六，文本各结构部分与文本整体的关系以及各结构部分相互之间的关系；

第七，文本结构与非文本结构的关系，其中非文本结构包括文本以外的文化、时代、国家、历史等，在此基础上进一步提出"同一美学"和"对立美学"的范畴。

第八，一部作品与高层次艺术整体（如"系列作品""普希金的创作""基辅罗斯的文学""文学"等）的关系以及构成这一庞大整体的各个单体之间的关系。

上述这八点中每一点包含两种关系，并至少包含四种相互排斥的（对立的、矛盾的）可能性。每个层次上都是含有符号或符号要素的各种关系，而且各层次符号要素本身之间的关系以及一个层次的符号同另一层

---

① Levi-strauss C., Anthropologie structurale. Plon, 1958, p.306.

次的符号要素之间的关系也非常复杂。因此，这种整体性、系统性和层级性的结构主义研究方法又被洛特曼称为结构符号学的研究方法。[①]更为重要的是，洛特曼运用结构主义的研究方法对诗歌语言、节奏、声韵、语义、诗歌的本质、诗歌的结构原则、诗歌文本与非文本的联系等一系列问题展开论述为诗歌结构分析与评价提供了可资借鉴的艺术方法论。当然，我们在诗歌翻译研究中也可以借鉴这种重要的结构诗学思想。这在本书的第六章会详细论述。

综合洛特曼结构诗学的主要内容和研究方法，我们不难发现他的理论具有如下特点：第一，在区分自然语言和艺术语言意义生成机制的区别上提出结构是重要的信息载体，强调了艺术文本的结构性，在这一点上洛特曼继承了结构主义语言学和形式主义诗学的理论；第二，重视诗歌作品的形式与结构不等于忽视其意义和内容，洛特曼的结构诗学打破了俄国形式主义者从索绪尔那里继承来的"一分为二，强调一点"的研究方法，将文艺批评模式由二元对立转向二元或者多元共存，在洛特曼的结构诗学理论和具体的诗篇分析中，我们看到作品的形式与内容并不是水火不容，而是水乳交融，共存共生；第三，洛特曼的结构诗学不是一个封闭的体系，并不拘泥于文本本身，而是将艺术文本的结构与文本以外的结构有机地结合起来进行研究，也正是在这一点上洛特曼实现了"语言符号学"向"文化符号学"的转向，并与莫斯科符号学派的研究殊途同归，在这一点上洛特曼的理论比西方的"文化哲学转向"要早了几十年；第四，也是最重要的一点，结构诗学的研究方法是系统性、整体性和层级性的结构主义研究方法，正是运用了结构主义的研究方法，洛特曼才能发现诗篇中超义子、语义对比丛和作品主题内容的关系，才能将作品的韵脚、音素、词、节奏、语义、诗行、文本整体联系起来加以研究，揭示出诗歌作品"牵一发而动全身"的特点；第五，洛特曼继承了雅可布逊的"二轴说"，在此基础上提出了诗歌文本结构的独特性特征主要表现在结构上的重复和平行对照，它把各种异质同构的诗歌元素组合起来形成聚合关系，在超义子的作用下

---

[①]  Ю.М.Лотман., Анализ поэтического текста, СПб., 1996г., стр28.

往往形成语义对比丛和文本语义场，进而揭示内容和主题，这是诗歌研究形式和内容相结合的典范，也是一个非常独到的发现，它使得我们对诗歌文本的分析和理解更为深刻。

## 第三节 洛特曼结构诗学区别于传统诗学研究的特点和优越性

在 20 世纪以前，俄国的经院派文艺学占据主流地位，它包括实证主义、神话学派、主观心理学派、文化—历史学派等各个研究派别，由于研究对象的范围没有界定，诗歌的研究过于泛化，越来越处于混乱无序的状态。虽然各个学派都想将诗学当作特定的对象来进行研究，但是都不知不觉地陷入了大杂烩的困境之中，有的分析诗人的生平、世界观或心理因素，有的侧重分析诗歌的社会政治因素，有的将诗歌纳入神话学分析，这种包罗万象的诗歌研究情况正如雅可布逊所形象地描绘成"大多数文学家（当然也包括诗歌研究者）依然像警察一样，他要拘捕某某人时，就会不问青红皂白把所有在屋子里的人，甚至附近大街上偶然路过的人都统统抓起来"。[①] 这种研究对象的模糊性必然导致诗歌理论研究依附于其他学科，无法深入挖掘诗歌的真正本质特点。

这种情况一直持续到 20 世纪初。莫斯科语言小组的成立（1914 年）和彼得堡诗歌语言研究会（奥波亚兹）的成立（1916 年）标志着形式主义的诞生，这在俄苏文学界，乃至世界文学理论界都掀起了一阵巨大波澜。形式主义学派聚集了当时颇具影响力的一批语言学家，如罗曼·雅可布逊、维·什克洛夫斯基、艾亨鲍姆、特尼扬诺夫、日尔蒙斯基、托马舍夫斯基，等等。形式主义者们都强调文学的独立自主性，从作品本身入手，研究文艺本身的内部规律，正如什克洛夫斯基在《散文理论》中所言："在文学理论中我从事的是其内部规律的研究。如果拿工厂生产来类

---

① Якобсон.Р.О., Работы по поэтике, Прогресс, М., 1987г, стр89.

比的话，则我关心的不是世界棉布市场的形势，不是各托拉斯的政策，而是面纱的标号及其纺纱方法。"[①] 这段话形象地说明形式主义者正力图摆脱传统的艺术与社会的关系问题，一方面摒弃艺术外部关系因素的研究；另一方面强调艺术的内部构成因素的研究，将目光投向文本本身。

形式主义者们要求廓清文学的研究范围、规范文学研究对象的主张在当时的文艺理论界如一声惊雷，一扫文艺理论界的颓废之风。这表现在诗歌研究领域，就是形式主义的诗学理论对传统诗学理论的巨大革新，给后来的结构诗学带来巨大的影响。J. 布洛克曼指出："在俄国形式主义里可以找到结构主义思想的根源。"[②] 结构诗学的理论也正是建构在形式主义诗学的基础之上，吸取了形式主义诗学研究的优点和长处，扬长避短，最终形成了一套较为先进和完善的理论体系。其特点和优越性具体说来，有以下几点：

第一，形式主义者们在批驳社会功用说、模仿说、工具论（模仿工具、认识工具和思维工具）的基础上，提出日常生活实用语与诗语这两大系统的区别。如雅库宾斯基认为实用语服从于交际目的，充当实用工具，而诗语的实用目的则居次要地位，它是为艺术的表达服务的，而不是为其他目的而服务的工具。如什克洛夫斯基等人提出实用语追求模式化、习惯方式，遵循"省力原则"，而诗语本身具有十分重要的审美信息，遵循"阻缓原则"，走创新之路，以自己"陌生化"的面目去让人感觉和体会。正是在形式主义者区分实用语和诗语的基础上，洛特曼才进一步提出第一性语言（自然语言）和第二性语言（艺术语言）的划分，为结构诗学理论的论述作好铺垫。对比洛特曼结构诗学的划分和形式主义的划分，我们可以看出：洛特曼结构诗学在对这个问题的研究比形式主义更加深入。这不仅表现在结构诗学比形式主义更加重视诗歌的结构及其内部各要素之间的关系，而且还表现在结构诗学从内部和外部两种重新编码机制去阐释诗歌意义的生成，真正将诗歌的形式结构和意义内容相结合起来进行研究。

---

① ［俄］什克洛夫斯基：《散文理论》，刘宗次译，百花文艺出版社 1999 年版，第 3 页。

② ［比］布洛克曼：《结构主义》，商务印书馆 1986 年版，第 33 页。

第二，结构诗学和形式主义诗学一样，比传统诗学更加重视诗歌的形式和结构。日尔蒙斯基认为诗学的任务就是"从绝无争议的材料出发，不受有关艺术体验的本质问题的牵制，去研究审美对象的结构，具体到文本就是研究艺术语言作品的结构"。[①]形式主义以前的诗学多是从语文学的角度去进行研究，这样的诗歌研究方法不是关于文学作品本身的研究，对诗歌文本的阐释也是主观随意的。在形式主义者看来，这些诗学研究都是"非文学性"，而真正的诗学研究应该是"文学性"的，即"作为手法的艺术"。这个总是被形式主义者所热衷提及的"手法"就是诗歌的形式和结构。正是站在形式主义者们的肩膀之上，洛特曼才会提出"诗篇的结构也携带有重要的审美信息"[②]，并深入到诗歌文本的结构中去，从语音、韵律、句法等不同的角度去探讨诗歌的系统性、层级性，以及重复与平行对照的特点。结构诗学把形式主义诗学对形式和结构的认识更向前推进了一步，即看到了诗歌结构各要素相互联系，相互映衬，牵一发而动全身，共同组成诗篇整体，并产生出高于各组成要素机械结合的意义。这一理论创新也是得益于20世纪50—60年代系统论和信息论等科学的发展，正是借用了更先进的理论武器洛特曼发现了形式主义研究者们尚未发现的奥秘。

第三，雅可布逊提出对等原则是诗歌的基本特征，是诗篇的重要组织原则。雅可布逊说："诗功能将对等原则从选择轴投射到组合轴，对等于是成为句段的连接手段。"[③]雅可布逊继承并发展了索绪尔的"二轴说"，提出在散文中是以相邻性（смежность）为基础的组合关系，在诗歌中，相似性（сходство）则成为支配原则。而这种相似性正是对等原则（эквивалентность），成为诗歌结构的基本特征。雅可布逊看到了诗歌中某些因素的对等，如语音的对等，语法结构的对等，虽然较为零散且还不够深入，但毕竟找到了一处通向诗歌结构迷宫的正确入口。后来洛特曼则沿着这个入口向前深入，把雅可布逊的诗学理论向前推进了一大步，让

---

① ［苏］日尔蒙斯基：《诗学的任务》，方珊等译，转引自《俄国形式主义文论选》，生活·读书·新知三联书店1989年版，第219页。

② Лотман. Ю. М. Структура художественного текста, Искусство, М., 1970г., стр362.

③ Якобсон Р.О., Работы по поэтике., Прогресс., М., 1987г., стр204.

人们更加清楚地了解诗歌的结构。洛特曼运用和发展了雅可布逊"对等原则"理论，从结构诗学的角度出发去研究诗歌文本，取得了丰硕的成果。他发现在诗歌中各个层次都存在着不同程度的重复和平行对照，如语音层、语法层、韵律层、句法层、语义层，等等，既可以表现为同中有异的部分重复，也可以表现为相互的完全对立，而且各对等层次间彼此相互关联、相互影响，使得在自然语中相互孤立的词语在诗章结构中处于相互比较的位置，形成映衬、互补、对照和对比等各种聚合关系，最终服务于诗歌的语义和主题。洛特曼的结构诗学在诗歌的聚合关系的研究上，无论是从研究对象的范围广度，还是在研究深入的程度上都远远超过雅可布逊的诗学理论，对于我们探索诗歌结构的本质特征以及诗歌翻译研究具有深远意义。

第四，洛特曼结构诗学更重视探究诗歌的语义，并将文本结构和非文本结构相结合起来进行研究。这两点是形式主义诗学研究者难以与之媲美的。在形式主义那里，结构是不包括内容和意义的，他们尝试从脱离开内容和意义的各种"形式结构"中获得审美效果。而结构诗学则十分重视对诗歌语义和内容的探讨，因此洛特曼才会将重复、平行对照和超义子、语义对比丛相结合起来进行研究，这堪称结构诗学中形式与意义相结合研究的典范。此外，结构诗学认为文学作品（当然也包括诗歌）的研究客体由文本结构（或称文本内部结构）和非文本结构（或称文本外部结构）共同组成。洛特曼指出，形式主义不等同于结构主义，也不是结构主义的全部来源，结构主义的不少研究者是形式主义者的对立派，研究文本以外更广阔的空间：文化、时代、国家历史等，他们对结构主义的发展起到了无可争议的作用。[①]洛特曼还进一步提出非文本结构说，认为"非文本结构作为一定层次的结构要素构成艺术作品的有机组成部分"[②]。这也就是说，非文本体系是作为一定层次的结构而进入艺术作品之中的，这里充分蕴含着结构主义的色彩。在洛特曼看来，艺术作品是文本和非文本的统一体，二

① Ю.М.Лотман., Анализ поэтического текста, СПб., 1996г., стр30.
② Ю.М.Лотман., Лекции по структуральной поэтике, Тарту, 1964г., стр164.

者处于密切联系之中。文本并不是一个封闭的机构体系，而是只有在非文本体系的广阔背景中才能被正确理解与评价。这也是结构诗学比形式主义诗学更为高明的地方，形式主义诗学的研究只囿于封闭的文本结构，而结构诗学在重视形式和结构自给性的同时将目光投向了文本以外的非文本结构，这样研究才更符合客观实际。

纵观俄国 19 世纪中叶到 20 世纪中后期近一个世纪的诗学研究，大致经历了从经院派诗学（传统诗学），形式主义诗学到结构诗学的历程。经院派诗学仅仅把诗学当作社会生活的反映或作家精神和心理的表现，没有将诗歌文本作为对象独立起来进行研究，由于研究方法和研究对象过于泛化，文学作品最终沦为其他学科的附庸。到了 20 世纪上半叶，形式主义诗学在经院派诗学的包围中异军突起，对传统诗学进行了尖锐的批判，认为诗学研究要回归文本本身，并提出了"文学性""陌生化"等一系列理论概念，这些全新的观点在当时是具有重大意义的，然而形式主义诗学却将自己的观点极端化，将诗学与手法画上了等号，在片面强调形式的同时忽视了作品的内容和意义，对文本以外的非文本结构更是只字未提，对诗歌文本结构的认识也远没有后来的结构诗学那么清晰和深入。在 20 世纪六七十年代，结构诗学则以全新的面貌出现了。结构诗学系统总结传统诗学和形式主义诗学研究的经验和长处，同时积极利用新出现的系统论和信息论等先进研究成果，提出了一些颇具价值的理论新观点，把诗歌的形式结构和语义内容结合起来分析，把诗歌的文本结构和非文本结构统一起来进行研究，将诗学研究推进到了一个新的高度，也让人们对诗歌结构的本质和特点产生了更为深刻的认识。

## 第四节　洛特曼结构诗学在我国的译介与研究

我国在 20 世纪 80 年代以来，哲学界、文艺理论界和语言学界开始介绍西方的符号学理论，并将它们应用到具体实践之中，对洛特曼结构诗学的译介和研究也是从这个时候开始的。我们可以将其大致分为两个时期：

从 80 年代中期开始至 90 年代初期为初步译介阶段；从 90 年代中期至今为深入研究阶段。

## 一 初步研究阶段

20 世纪 80 年代开始，我国开始大量翻译和介绍国外各种文艺理论，对洛特曼结构诗学的引介也是在这样的背景下展开的。1987 年 3 月，中国人民大学中国语言文学系编撰出版《文艺学方法论讲演集》。该书收录了吴元迈的文章《苏联文艺学的历史功能研究和结构符号探讨》，作者对洛特曼的理论思想作了长篇介绍，并对结构诗学进行了阐述。这是我国接受和研究洛特曼结构诗学的第一篇重要文章。

同年，花城出版社出版了《外国方法纵览》①一书，该书最后一章"文学密码的破译——符号学"，以专节"洛特曼与苏联符号学"介绍了洛特曼的结构诗学理论。书中指出俄国形式主义、捷克结构主义和苏联结构诗学是一脉相承的，洛特曼结构诗学的产生得益于苏联文艺界 50 年代末期的"解冻"和控制论、信息论、系统论等大量新方法的引进。作者还介绍了洛特曼的两部代表性的结构诗学著作《艺术文本的结构》和《诗歌文本分析》，并指出洛特曼结构诗学与法国的结构诗学相比具有新的开拓意义。书中还介绍了 60 年代苏联的一场"结构—符号学文艺学问题的争论"。由此可见，作者对洛特曼结构诗学已经有了较为全面的认识。

1988 年《外国文学报道》第 1 期在"当代文论"专栏中登载了五篇有关洛特曼理论的文章，其中有三篇涉及他的结构诗学理论。一篇是论施用勤的论文《文艺结构符号的探索者——尤·米·洛特曼及其文艺学思想》，另外两篇是洛特曼论文的翻译：《论艺术文本中"结尾"和"开端"的模式意义》、《〈我们已经分手，但你的小影……〉结构分析》。这时可以看出洛特曼的结构诗学理论已经开始受到学术界的重视。同年，三联书店出版了由林书武等翻译的《二十世纪文学理论》②，书中对洛特曼的理论

---

① 班澜，王晓秦：《外国方法纵览》，花城出版社 1987 年版。
② ［荷］佛克马，易布思：《二十世纪西方文学理论》，林书武等译，三联书店 1998 年版。

作了全面的研究，并比较了与俄国形式主义学派的不同。同年，中国社会科学出版社出版了《当代西方文学理论》①，对洛特曼的《艺术原文的结构》和《诗原文之分析》作了详细介绍，并对他的结构诗学作了深入的论述。

1989 年胡经之、张首映主编的《西方二十世纪文论选》②收录了洛特曼的结构诗学著作《艺术文本的结构》，该章节较为翔实地介绍了洛特曼的结构诗学理论，并将洛特曼结构诗学理论列为 20 世纪有影响的西方文论之一，这标志着我国学术界已将洛特曼结构诗学理论提高到了一个重要的地位。

1990 年凌继尧出版了专著《美学和文化学——记苏联著名的 16 位美学家》③，其中对洛特曼及其相关的理论作了介绍。

1991 年张冰在《苏联文学联刊》第 2 期上发表的《苏联结构诗学》，全面介绍了苏联的机构诗学研究，较为详细地介绍了洛特曼的结构诗学理论。

纵观这一时期的研究史，我们可以发现我国学者对洛特曼结构诗学理论还只停留在简单的介绍阶段，尚缺乏全面的研究。但是，毕竟学界已经开始重视洛特曼结构诗学理论，并对《艺术文本的结构》和《诗歌文本分析》这两部代表性的结构诗学著作进行了关注，这些都为后来的全面研究奠定了扎实的基础。

## 二　深入研究阶段

随着洛特曼于 1993 年逝世，俄罗斯学术界和我国学术界对其理论遗产更为重视起来，对结构诗学的研究也开始逐渐走向深入。国家社科规划基金委员会分别于 1997 年和 2001 年对洛特曼的理论进行立项研究。④这

---

① 特里·伊格尔顿：《当代西方文学理论》，王逢振译，中国社会科学出版社 1988 年版。
② 胡经之，张首映：《西方二十世纪文论选》，中国社会科学出版社 1989 年版。
③ 凌继尧：《美学和文化学——记苏联著名的 16 位美学家》，上海人民出版社 1990 年版。
④ 1997 年项目：《洛特曼及其艺术符号学研究》，张杰，南京师范大学；2001 年项目：《洛特曼符号学理论的研究》，白春仁，北京外国语大学。

说明我国对洛特曼的结构诗学研究已经相当重视。

这一时期，众多学者在初步译介的基础上继续对结构诗学进行深入的研究。1994 年第 1 期《外国文学评论》上登载《尤·米·洛特曼和他的结构诗学》一文。作者在前期《苏联结构诗学》的成果基础上更为详细地介绍了洛特曼结构诗学的理论创新，以及洛特曼运用其理论在诗歌研究方面的成就，为我们进行诗歌研究提供了一个新的角度。

1994 年第 2 期《国外文学》刊登了孙静云的《高尔基的小说〈忏悔〉艺术本文结构分析》一文。作者运用洛特曼结构诗学的分析方法深刻剖析了高尔基的小说《忏悔》，本文也成为洛特曼结构诗学运用于小说分析的成功典范。

1995 年第 4 期《文艺理论研究》登载了王坤的《艺术文本的意义及其产生与确定》，探索了艺术文本结构的意义所在，为我们探索诗歌的含义打开了新的视野。

1996 年，北京外国语大学的黄玫在第 4 期的《中国俄语教学》上发表了《论诗章的语义建构》一文，对诗歌语义与结构的关系，诗歌含义的生成作了系统而详细的论述，这是对洛特曼结构诗学研究的又一重大贡献。

1999 年北京大学的彭克巽教授编写了《苏联文艺学派》①一书，书中开辟专章《洛特曼的结构文艺学》，对洛特曼的结构诗学理论作了详细的介绍和深入的研究，为我们进行结构诗学理论的研究提供了详细的资料。

1999 年第 1 期《内蒙古社会科学》（汉文版）刊登了斑澜的《诗歌语言的张力结构》，成功地运用洛特曼的结构诗学理论来进行诗歌研究。

2000 年，黄玫在前期成果的基础上继续在《中国俄语教学》上发表论文《洛特曼的结构主义诗学观》，探讨了"篇幅短小的诗何以会有如此丰富的信息"，并将洛特曼定义为"俄国结构主义"的领军人物。作者在文中指出，洛特曼结构诗学不仅探讨了诗歌结构层次与语义之间的关系，而且还注意到篇章以外的因素，使得大家认识到洛特曼结构诗学的独特之处。

---

① 彭克巽：《苏联文艺学派》，北京大学出版社 1999 年版。第 278—309 页。

2002 年南京师范大学康澄的硕士学位论文《洛特曼的结构文艺符号学研究》，该文在洛特曼《结构诗学讲义》和《艺术文本的机构》这两本结构诗学的著作基础上对结构诗学的理论进行了阐释和分析。2004 年，张杰、康澄在此基础上进一步深化，写成专著《结构文艺符号学》[1]，这是我国学者在这一领域的又一重要专著。

2003 年，王希悦、赵晓彬在《俄罗斯文艺》上发表了 М. Л. 加斯帕罗夫的《苏联 60 至 90 年代的结构主义诗学研究——关于洛特曼的〈诗歌文本分析〉一书》，文章指出了洛特曼结构诗学不同于其他结构主义试验的显著特点：结构性，动态性，历史性，科学性，对洛特曼结构诗学作了系统的论述。

2005 年，黄玫在博士论文的基础上出版了专著《韵律与意义：20 世纪俄罗斯诗学理论研究》，书中上篇详细介绍了俄国形式主义诗学、雅可布逊诗学、洛特曼结构诗学、维拉格拉多夫文学修辞角度诗学、加斯帕罗夫的诗律学、佐梁的语义诗学；下篇则运用结构诗学的理论，将诗章分为韵律、句法、形象、语义和作者五个层次来进行研究，是利用结构诗学进行诗歌文本分析的重要专著。

2005 年，北京师范大学的张冰教授出版了专著《陌生化诗学——俄国形式主义研究》[2]一书。书中不仅介绍了俄国形式主义的发展，而且还对结构诗学理论进行了系统的阐述，使得读者可以清晰地窥见俄国结构诗学与形式主义一脉相承的联系，书中的许多理论和观点都是对洛特曼结构诗学的深化和发展，并有例子加以说明。在 2006 年第 1 期的《解放军外国语学院学报》上，张冰教授专门发表文章《他山之石：俄国结构诗学》，提出文本是动态的结构，并由相对立的两极构成，还指出俄国结构诗学的方法对于中国传统文论诗论的现代化转型具有很大的借鉴意义。这些都更进一步推动了结构诗学在我国的译介和发展。

2006 年第 3 期《中国俄语教学》上登载了北京外国语大学的白春仁

---

① 张杰等：《结构文艺符号学》，外语教学与研究出版社 2004 年版。
② 张冰：《陌生化诗学——俄国形式主义研究》，北京师范大学出版社 2005 年版。

教授的《开拓结构与符号之路——洛特曼》。论文对洛特曼的结构主义符号学派给予了高度评价，并认为这是苏联时期唯一得以形成并享誉国外的文论学派。作为国内德高望重的研究洛特曼理论的专家，白春仁教授指出其结构符号学理论是篇未完稿，还有待发展，但已对文论乃至整个人文科学产生了重大的影响。

2007 年第 5 期《河南大学学报》（社会科学版）上刊登了周瑞敏副教授的论文《论诗歌翻译的平行对照》，认为平行对照作为诗篇建构的基本原则不仅对诗歌的结构分析、诗歌含义的探索作用甚大，而且对诗歌翻译同样能起到很好的方法论指导作用。论文运用结构诗学的理论对杜牧《清明》这首诗及其俄译和英译进行分析，深刻入里，是洛特曼结构诗学在翻译学领域的成功运用。2007 年第 3 期《中国俄语教学》上刊登了周瑞敏的《诗学等价原则的认知探析》，文中提出等价原则是俄罗斯语言学诗学中的一个重要概念，里面涉及洛特曼的结构诗学问题。2009 年，周瑞敏出版专著《诗歌含义生成的语言学研究》。该书以诗歌的含义为研究中心，分析和阐发了诗歌含义生成的陌生化手法、等价原则、平行对照原则、语义翻译原理，指出洛特曼的重复、平行对照原则是对雅可布逊诗学等价原则的继承和发展，对洛特曼结构诗学中的这一原则进行了详细的论述，进一步推动了该理论的发展。

2012 年，笔者在《中国俄语教学》第 2 期上发表《超义子、语义对比丛与俄汉诗歌翻译》一文，从结构诗学中超义子和语义对比丛的理论角度出发来探讨俄汉诗歌的互译问题。本文也成为将结构诗学运用于翻译研究之中的论文。

2013 年，笔者在《中国俄语教学》第 2 期上发表《重复、平行对照与俄汉诗歌翻译》一文，从诗歌的语义聚合关系、重复和平行对照的理论角度出发来探讨俄汉诗歌互译的问题。

由此可见，这一时期的洛特曼结构诗学研究呈现出了与初期不同的特点：第一，研究的程度更加深入。如果说前期只是对洛特曼结构诗学的简单引介，那么这一阶段我们对其理论的接受与研究已经到达了一定的高度。我们不仅清晰地看到结构诗学理论的全貌、主要特点，而且还摸清了它与形式主义诗学一脉相承的关系。使人们得以窥见诗歌各结构层次和语义的内在联系，并使大家认识到结构诗学是诗歌文本分析的有力武器。第二，研究的范围更加广泛。这一时期我们对洛特曼结构诗学理论从简单的译介逐渐转入消化吸收。许多学者将洛特曼结构诗学理论运用于多个学科领域的研究之中，如诗歌文本分析、小说研究、中国传统诗论、翻译研究等。这不仅拓宽了理论研究的新视野，而且对其他学科的发展也起到了促进作用。洛特曼结构诗学理论、诗歌翻译理论都得到了丰富和发展。第三，研究的连续性较好。这一时期的研究已摆脱了前期对洛特曼结构诗学散论、杂感式的研究，研究的体系性更强。不少学者如张杰、张冰、黄玫、周瑞敏等学者都在发表众多论文的基础之上出版相关的专著，使得自身研究的体系性更加完备，连续性更好，理论深度也更高。

今后，我国学者将在此基础上更加努力，将洛特曼的结构诗学理论研究推向一个新的高度。这不仅表现在研究的深度上，更表现在研究的广度上。如将洛特曼结构诗学运用于小说、戏剧文本分析、叙事学"篇章"概念的阐释、翻译学、文学理论、语言诗学，等等。在众多的学科领域中，洛特曼结构诗学都大有可为，我们期待着有更多的相关研究成果问世。

## 第五节　洛特曼结构诗学和俄汉诗歌翻译研究的契合点

我国对俄罗斯诗歌的翻译活动源远流长，最早的历史可以追溯到清末京师同文馆的设立，一批洋务运动的有识之士开始开眼看世界，零散地将一些优秀的俄罗斯诗歌作品译介到当时还较为封闭的中国。直至五四新文化运动以来，我国才开始大规模地译介俄国的诗歌，一些著名的俄罗斯诗人作品的汉译本都陆续出版。特别是近几十年来，译本数量与日俱增，呈现出百花齐放的局面。然而这些译文的质量大都良莠不齐，有的译文甚至出现不少的错误。造成这一现象的重要原因就是大家在大量翻译俄罗斯诗歌的同时，却忽视了对俄汉诗歌翻译的理论研究。在我国学术界，关于俄汉诗歌翻译研究的论文和专著寥寥无几，如曹文学的《诗歌的翻译和教学》(载《中国俄语教学》,1985 年第 6 期》),张草纫的《俄语诗歌翻译探索》(载《上海外国语学院建院三十周年科学报告会论文选编》,1979年)等,这显然是远远不够的。这种重实践而轻理论的做法不利于我国俄诗汉译水平的整体提高,因为对于任何一个学科来说,实践若缺乏强大的理论作为支撑便难以为继。因此我们有必要加强俄汉诗歌翻译的理论研究,运用有效的理论工具来指导我们的俄汉诗歌翻译,为人民群众奉献出更多更加优秀的俄罗斯诗歌作品。

另一方面,在我国学术界,对洛特曼结构诗学理论的研究也还有待加强。洛特曼的《Лекции по структуральной поэтике》、《Структура художественного текста》、《Анализ поэтического текста》这三本奠定了结构诗学理论的代表作至今尚未有公开的汉译本问世,仅有少数的专家学者对洛特曼的结构诗学理论观点作了简要的介绍,尚缺乏系统而深入的研究。在国内尚缺乏结构诗学理论与俄汉诗歌翻译实践进行有机的结合的相关专著和论文。

针对以上这些情况,我们认为有必要将洛特曼的结构诗学理论与俄汉诗歌翻译实践相结合起来,找到二者研究的契合点,以一个新的视角来进行俄汉诗歌翻译的研究。这不仅对于洛特曼结构诗学理论是一种丰富和发展,而且有利于提高俄诗汉译的实践水平,对于诗歌文本鉴赏和诗歌翻译教学也具有积极的意义。我认为二者研究的契合点如下。

第一,洛特曼结构诗学重视诗歌的形式和结构,认为诗歌文本由语义、语音、韵律、词汇等各个层级组成,各层级相互联系,相互影响,共同构成诗歌整体。换句话说,诗歌文本具有整体性、系统性和层级性的特征。然而传统的诗歌翻译理论研究一般都是从诗歌的情感或意象的角度出发的。如曹文学指出:"我们翻译时,重神似而不重形似。神是诗之魂,诗之根。它蕴含着诗人的全部爱憎,凝结着诗人奔放情感,既有喜怒哀乐,又有悲欢离合。"[①] 又如童丹博士认为:"诗歌的翻译归根结底是意象

---

① 曹文学:《诗歌的翻译和教学》,载《中国俄语教学》1985 年第 6 期。

的转换。"① 他们在进行诗歌翻译研究时，受"诗言志""诗者：根情，苗言，华声，实义"②"神与诗者妙合无垠"③ 等中国传统诗论的影响，重视"情感""神似"或者"意象"，却很少顾及诗歌的形式和结构。不同于中国文论，西方文论特别是俄国的诗学理论由于受形式主义的影响，更加关注形式和结构的特点。如洛特曼的结构诗学便是运用结构主义的研究方法来进行诗歌的语言学分析，让我们观察到了诗歌呈现出不同于传统诗论的一些新的特点，给我们的俄汉诗歌翻译研究带来许多宝贵的启示：译文应该也和原文一样是一个多层级的结构整体，这个整体也具有整体性、系统性和层级性的特征。然而这个整体却不同于原文的那个整体，而是一个新的整体，其组成元素之间也是相互联系，相互影响，"牵一发而动全身"。译者在翻译诗歌的时候就是要创造出一个新的整体，使之在语义、句法、语音、节奏、重音等各个层次上尽可能地再现原文，使得新的译文整体具有和原文整体一样的美。

第二，洛特曼的结构诗学认为诗歌语义的结构性主要体现在超义子和语义对比丛之上。由于诗歌的词句主要呈现出聚合关系，超义子作为聚合性词语的共同因子构成整个语义聚合结构大厦的基础，超义子构成语义链，继而构成语义丛，然后形成语义对比丛，最终汇成文本语义场，揭示出诗歌的主题。这个理论在诗歌翻译中具有很强的借鉴意义：首先，在诗歌翻译中，语义是根本，是诗歌翻译的精髓。如果语义都翻译错误的话，其他的形式因素、情感、"神似"等根本无从谈起，"意象"翻得再好也是"徒劳"。其次，译文也应该和原文一样，词句具有聚合性特征，在语义结构上呈现出"超义子—语义链—语义丛—语义对比丛—文本语义场"这样的结构模式。译者在俄汉诗歌翻译的时候要注意把握原文这样的语义结构，防止超义子译错、语义链或语义丛错误或者缺失等情况（关于这些情况会本专著第四章中结合译例来进行详细说明），使得译文的超义子、语义对比丛、文本语义场与原文的超义子、语义对比丛、文本语义场相对

---

① 童丹：《意象转换视域下的中国古典诗词俄译研究》，人民出版社 2011 年版，第 37 页。

② 白居易：《与元九书》，见《白香山集》（卷二）。

③ 王夫之：《古诗评选》（卷五）。

应，这样才能保证在翻译中语义转换的正确性。

第三，在形式上，洛特曼结构诗学把重复和平行对照看作是诗歌文本的重要组织原则。这种重复和平行对照表现在诗歌的任何一个层次，语音的（包括韵脚）、节奏的、语法的、词汇的、句式的，等等，且表现形式不一，既可以是同中有异的部分重复，又可以是相互的完全对立。它在形式上使自然语中相互孤立的词句在诗歌结构中相互发生关联，形成聚合关系，最终服务于语义结构。不仅俄语诗歌，在汉语诗歌中往往也呈现出这样的特点。因此，在翻译中如果我们在保持语义不变的前提下能尽量再现原文各个层次的重复和平行对照的话，那么不仅可以保持原文的原汁原味，给人以形式上的美感，而且还有利于译文的语义内容脱颖而出。由于俄汉两种语言的差异较大，语音、节奏上的重复和平行对照也许很难再现[①]，但是语法、词汇、句式等方面的重复和平行对照经过努力却是不难做到的。译者如果在不损害语义的前提下尽可能地保持原诗的重复和平行对照，就可以和原诗一样在译文的诗歌结构中将各种异质同构的诗歌元素组合起来，形成聚合关系，在强调自身重复部分的语义同时，也强调不重复的部分，通过各种形式的对举深化诗歌译文中各词句的语义关系，有利于在译文中形成与原文相对应的语义对比丛和文本语义场，最终深化诗歌的主题。

第四，洛特曼在《结构诗学讲义》中提出诗歌结构是建立在语义、句法、语音、节奏、语调五个层次上的统一体。这五大层次相互联系，相互影响，统一于诗歌结构整体之中。在这五大层次之中，语义是最为重要的，它代表着诗歌的内容，而句法、语音、节奏和语调则构成诗歌的形式，其重要程度依次递减。因此，我们在进行俄诗汉译的过程中首先要紧紧抓住语义不动摇，而这就要求我们必须保证译文的超义子、语义对比丛和文本语义场与原文的相一致。然后，我们在形式上要尽量再现原诗的结

---

① 语音方面，对于有的诗仍可以通过调音、设格等方式加以部分再现或补偿；在格律上，俄语诗歌主要表现为诗步，汉语诗歌主要表现为平仄，有的学者已经尝试着用汉语的某些手段去部分复制原诗的格律，相关论文参见张草纫：《俄语诗歌翻译探索》（载《上海外国语大学建院三十周年科学报告会论文选编》，1979 年），王宗琥：《俄汉古典诗歌韵律之对比研究》（载《中国俄语教学》1998 年第 1 期）等。

构美，而这就要求在译文中要尽可能地保留原文在词汇、句法、语音等各个层次上的重复和平行对照。总的说来，译者的努力方向就是使得译文尽可能地在这五大层次的基础之上与原文相一致（虽然在理论上完全还原这五大层次非常困难，但是这并不妨碍我们尽可能地去接近这一目标）。诗歌译文在这五大层次之上与原诗契合得越好，那么译文也就更加成功。这是本论文的一个基本的观点。

第五，洛特曼的结构诗学不同于形式主义诗学，在研究文本结构的同时，也注重非文本结构的研究。在洛特曼看来，艺术作品（当然也包括诗歌）就是文本与非文本结构既相互对立又相互依存的统一整体，作家所创作的艺术文本只有进入复杂的非文本联系的系统中，才能够具有意义。这个非文本结构体系包含着文本产生和读者接受时的现实生活、文化背景、民族心理、文学观念等一切社会历史文化的代码总和。这个观点启示我们诗歌翻译也不应仅仅拘泥于文本结构之中，而是应该向非文本结构敞开。我们在进行俄汉诗歌翻译时，要特别注意俄汉两国文化背景、民族心理、社会历史文化的差别，避免因民族文化背景的缺失而导致的误译，正确处理好归化与异化的关系和程度，在符合汉语习惯的同时，也要注意保留原诗的异国风味与情调，这样才能得出优秀的、让读者接受的译文。否则，如果仅仅囿于文本结构之中，没有从文本与非文本结构整体观的角度去考察诗歌翻译的话，就会让译者只见树木不见森林，最终导致误译的发生。这也正是结构主义诗学比形式主义诗学更有效、更正确地指导诗歌翻译的关键所在。

综上所述，在梳理了我国俄汉诗歌翻译研究现状和洛特曼结构诗学的研究情况之后，我们从上述五个方面考察了洛特曼结构诗学与俄汉诗歌翻译研究的契合点。由此可见，洛特曼的结构诗学是提高俄汉诗歌翻译水平的有力武器，使得译者在抓住诗歌语义的同时，能够兼顾诗歌形式的传达，综合考虑文本结构和非文本结构的因素，为创造性地译出一首好诗提供必要的条件。因此，我们有信心以结构诗学作为俄诗汉译研究的切入点，是可以达到本书的研究目的和任务的。

# 第四章　超义子、语义对比丛与俄汉诗歌翻译

本章首先从语义学和结构诗学两个角度分别阐释超义子、词汇、语义群、语义对比丛、语义场、文本语义场等概念的内涵，廓清它们的联系与区别，紧接着结合典型例子来说明俄语诗篇中普遍存在"超义子—语义链—语义丛—对比语义丛—文本语义场"这样的语义模式，然后重点论述译者在俄汉诗歌翻译中如能正确处理超义子、语义对比丛，保证译文与原文语义模式的一致则可以避免误译等情况的发生，保证译文语义的正确性，并提高俄汉诗歌翻译的水平，最后一节我们结合一些具体的实例来论证上述观点，阐述结构诗学的超义子、语义对比丛、文本语义场引入诗歌翻译的积极意义。

## 第一节　超义子、语义对比丛的概念和内涵

要想弄清超义子的具体含义，我们还得先从语义学意义上的义子开始讲起。

义子结构是词的微观语义结构，因为义子不是词义的基本单位，在语言和言语体系中都不能直接观察到，只有借助语义成素分析的方法才能把它从义素中分解出来。在词典里义素表现为个别的义项（最小的意义单位），而义子只是相应释义的组成成分。

义子结构本身是具有层级性的，按语义层次划分可分为语法义子和词汇义子。语法义子（граммема）是表示语法性一般意义的义子，语义概括性最大、最抽象。它可以概括整个词类或其中的一大部分词。

语法义子分为两类，可以概括整个词类的语法义子称作范畴性语法

义子（категориально-грамматическая сема），如名词的"事物性"义子、动词的"动作或行为"义子和形容词的"事物特征"义子。这类语法义子通过另一类概括性较小的语法义子——词汇—语法义子（лексико-грамматическая сема）得到加确。如名词中加确"事物性"意义的"动物/非动物性"义子，动词中加确"动作或行为"意义的"及物/不及物性"义子等。

语法义子大多是由一定的形式手段来表示（如名词、形容词词尾或后缀），而词汇义子多半是隐含的、潜在的。两者相互依存、不可分割。

词汇义子（лексема）分为三类：范畴性词汇义子、区别性义子和潜在义子。范畴性词汇义子（категориально-лексическая сема）也就是超义子（архисема），是存在于一个词群之中并重复出现于该词群中各个词的词义结构中的共同义子，是各个词所共有的一般特征。按诺维科夫（Л. А. Новиков）的说法，"超义子就是反映一定单位类别的一般特征的义子"[1]。超义子反映的是词语之间的聚合关系，表示同一语义词群的词所共有的最一般的概念，具有较强的概括性。如 идти（走）、ехать（行驶）、плыть（游）、лететь（飞）、приходить（来）、прыгать（跳）、вести（带领）、ползти（爬）等动词词群中具有超义子 перемещение（移动）；再如 молоко（牛奶）、квас（克瓦斯）、вода（水）、микстура（药水）、пиво（啤酒）、вино（酒）、лимонад（柠檬汽水）等名词词群中具有超义子 жидкость（液体）；还如 горький（苦的）、острый（辣的）、сладкий（甜的）、кислый（酸的）等形容词词群中具有超义子 вкус（味道）。然而需要指出的是超义子的概括程度因词群的语义疏密关系不一而各不相同。语义结构接近的词，超义子概括性小；语义差异大的词，超义子的概括性大。一个概括性大的词群往往可包容若干个概括性小的词群，形成鲜明的层级性。如上述的 лимонад、пиво、вино、квас 可以组成以 напиток（饮料）为超义子的词群。напиток 又可与 микстура、вода 等在概括性更强的超义子 жидкость 基础上形成更大的词群。

---

[1]　Новиков Л.А.., Семантика русского языка., М., 1982., стр117.

关于超义子这个问题，加克（В. Г. Гак）的观点提出得较早，且颇具代表性。他把语言的词汇语义结构划分为四个层级：全部词汇（Словарь в целом）、词汇语义群（лексико-семантическая группа）、单个词（отдельное слово）和词的单个意义（отдельное взятое значение слова）[1]，即

Словарь → лексико-семантическая группа→отдельное слово→отдельное взятое значение слова

加克认为它们是从大到小依次构成的层级关系。其中在 Словарь → лексико-семантическая группа 中，全部的词汇 словарь 可以依据分属不同范畴的超义子划分出多个词汇语义群（лексико-семантическая группа），且每个词汇语义群都是具有相同超义子的词的综合。"超义子成为构成词汇分类中的核心环节"[2]，"任何词群最终均可归结为此种义子，而词群的语义分解也到此结束"。[3]

顺便指出的是，超义子用以加确语法义子，使词的意义具体化，但同时又被更具体的区别性义子和潜在义子（库兹涅佐娃的用语）所加确，正是因为有区分义子和潜在义子的存在才使得词的意义更加具体化，把词与词之间的含义相区别开来。如在分析 лимонад 与 пиво 这两个词时，两者的超义子是 напиток，而 лимонад 的区分义子是用柠檬汁作成且不含酒精，пиво 的区分义子是用麦芽作成且含酒精。

总之，正如库兹涅佐娃所指出的那样："词的词义中的基本概念结构是一个义子综合体，内中包括语法义子、词汇—语法义子、范畴词汇义子（亦即超义子），区别性义子和潜在义子，它们以加确关系彼此连接在一起。"[4] 它们的关系如下图所示：

---

① Гак. В. Г., Сопоставительная лексикология, М, Международное отношение, 1977г., стр154.

② Гак. В. Г., Проблемы структурной лингвистики., 1971г., М., стр371.

③ 倪波，顾柏林主编：《俄语语义学》，上海外语教育出版社 1995 年版，第 87 页。

④ ［俄］Э. В. 库兹涅佐娃著：《俄语词汇学》，倪波、王志伟译，上海外语教育出版社 1988 年版，第 33 页。

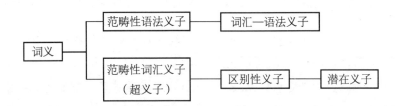

由上图我们可以从语义学的角度大致了解超义子在整个词义体系中的地位和作用。以上从微观上分析完超义子之后，我们下面再从宏观上来分析下文本语义场的概念。

"场"的概念最早是由德国学者艾普生（G. Ipsen）首次提出来的，后由 J. Trier、L. Weisgerber、W. Porzig 等人的不断完善与发展，最终形成了较为完善的理论体系。在俄国，许多专家如库兹涅佐娃、诺维科夫、瓦西里耶夫（Л. M. Васильев）等对"语义场"都有相关的论述。综合这些专家的研究，我们可以对语义场作如下结论：语义场是具有共同义子（超义子）的语言单位的聚合体。语义场与超义子紧密联系，"各词汇单位在超义子连接作用的基础之上进入语义场内"。[1]回顾刚才我们论述过加克把词汇语义结构划分为四个层级，其中第二个层级是词汇语义群（лексико-семантическая группа），这个概念与语义场十分相似，可是它们与语义场又有什么区别呢？对于这个问题不同的学者观点并不一致，大致分为以下三种观点。

（1）二者为隶属关系，即词汇语义群隶属于语义场。如瓦西里耶夫（Л. A. Васильев）认为："语义场理论也包括了词汇语义群问题。"[2]库兹涅佐娃也认为："词汇语义群的整个结构带有所谓'场'的性质。"这些学者都认为语义场可以划分为许多微场，而词汇语义群是最小的语义场。

（2）二者性质不同。修尔（Г. C. Щур）认为，"群"是用来称谓与语言学之外的语义相联系的词的联合，而"场"则用来称谓与语言学的语义

---

① Новиков Л. А., Современный русский язык., М., 1987г., стр73.

② Гак. В. Г. Сопоставительная лексикология. М., изд. Международные отношения, 1977г., стр14.

相联系的词的联合，因而未必有理由用"场"这一术语来表示任何一个词位群。①

（3）二者无本质差别，仅是同一概念的不同表达方式。如普洛特尼科夫（Б. А. Плотников）在其著述中，对语义场合词汇语义群不加区别地加以使用②，库兹涅佐夫（А. М. Кузнецов）在其著述某一章节的标题中使用"语义场"，而叙述时通篇使用的是"词汇语义群"③，证明作者已将二者视为同一。

到目前为止，第一种观点更为大多数学者所接受。诺维科夫认为，语义场的界限是不固定的，而是随着所采用的划分原则变化而变化。语义场内单位的数量可以是有限的几个，也可以是极多的一群，因而在一些范围较大的语义场中还可以划分出各种微型场（микрополя）。词汇语义群就是最小的微型场，是由共同义子连接的同一类型的一列词汇单位。词汇语义群的共同义子比语义场内的共同义子内容更具体，划分更细。换句话说，词汇语义群是最基本的语义场，是同一词类且具有共同义子的一组相对封闭的词汇单位，其内部的共同义子比语义场内的共同义子的意义更具体，层级也更低。④例如：语义场 человек（人）可以划分为许多分语义场：части тела человека（人身体的部位）、возраст человека（人的年龄）、органы человека（人的器官）、эмоции человека（人的情感）、характер человека（人的性格）、профессия человека（人的职业）、интеллект человека（人的智力），等等，每一个分语义场都由词汇语义群所组成。如 молодой（年青的）、взрослый（成年的）、средних лет（中年的）、пожилой（已过中年的）、старый（年老的）就是构成 возраст человека（人的年龄）的词汇语义群；再如 инженер（工程师）、преподаватель（老师）、врач（医生）、бухгалтер（会计）、юрист（律师）就是构成 профессия человека（人的职业）的词汇语义群；还有 умный（聪明的）、разумный（有

---

① Щур Г. С. Теория поля в лингвистике, 1974г.
② Плотников Б. А. Основы семасиологии. Минск, Высшая школа, 1984, стр136.
③ Кузнецов А. М. Структурно-семантические параметры в лексике. Изд. Наука, 1980, стр71.
④ Новиков Л. А., Современный русский язык., М., 1987г., стр73—74.

理智的）、мудрый（英明的）、понятливый（理解力强的）、сметливый（机敏的）构成了характер человека（人的性格）的一个词汇语义群，同样глупый（愚蠢的）、безумный（不理智的）、ограниченный（目光短浅的）、тупой（呆板的）也是构成характер человека（人的性格）这个分语义场的另一个词汇语义群，并与前一个词汇语义群形成对立的关系。

　　至此，我们可以看出，语义场是具有共同义子的语言单位的聚合体，这种聚合体是跨词类的。语义场可以划分为各种微场，而最基本的微场就是词汇语义群。近些年来，随着词汇体系性研究的不断加强，以词汇—语义聚合体——语义场或词汇语义群等作为基本单位来研究语义的方法越来越受到关注，各种文章和专著层出不穷。甚至有的学者认为："最适合于描写词汇的模式是体系模式或场模式。"① 因此，将语义场的概念引用至结构诗学中来进行研究是可行的，可以让我们开辟一条研究的新路径。

　　从语义学的角度在微观上准确理解超义子的含义和作用，在宏观上正确把握语义场与词汇语义群的区别性特征对于我们从结构诗学的角度更深刻地理解超义子、语义对比丛和文本语义场，以及用结构诗学来研究俄汉诗歌翻译也具有重大的意义。下面我们就从洛特曼结构诗学的角度来谈谈超义子、语义对比丛和文本语义场的含义和作用，以及它们在结构诗学上和在语义学上的联系与区别。

　　与语义学意义上的超义子十分相似，在洛特曼的结构诗学中超义子也是一种意义单位，包含着词汇语义对比的相同因素。然而由于超义子处在诗歌的文本结构之中，所以它有两个方面：一是指出对比成分语义中的相同因素，同时区分出不同的（相区别的）因素。超义子不是直接赋予文本的，而是作为词汇概念的基础结构，构成语义丛（семантические пучки）和语义对比丛（пучки семантических оппозиций）。对于这些构成语义丛和语义对比丛的词汇来说超义子就是不变量。② 例如：

① Алимпиева Р. З. Семантическая значимость слова и структура лексико-семантической группы. Изд. Ленинградский университет, 1986, стр15.
② Ю.М.Лотман., Лекции по структуральной поэтике, Тарту, 1964г., стр65.

север

    →противоположные стороны света（архисема）

юг

Север 和 юг 有着共同的超义子"方向"，且相互对立，因此在诗篇中便具备构成语义对比丛的潜力。在诗歌中，类似这样的平行对照十分常见，对照的词语常常在超义子的基础之上包含着的语义的对比。在对比的过程中这些词语之间的共同性和相对性，即对比的内容会揭示出来，然而一旦脱离开诗歌的结构，那么词语间就无法进行对比，对比的内容更无从揭示。这是因为每个词语在文本中的意义都是在与其他词的联系中才得以确定，这种词与词之间的联系要么依靠组合关系，要么依靠聚合关系，如此一来文本的内容和意义才能得以揭示。而在诗歌中，词与词之间的关系以聚合关系为主。这种聚合关系往往就是在诗歌结构中通过词语之间的相互平行对照而组成词汇对比丛来实现的，而诗歌的深层含义也就在这种词汇对比丛中脱颖而出。在诗歌中，每个词汇对比丛中词语的共同因素就是超义子，"诗歌的语义结构就建立在超义子层次之上。超义子作为相互对比的核心揭示出对比的内容，并形成第二和和更高的层次，这样我们就可以揭示出作品的主题"。[①] 为了更好地说明这个问题，请看下例：

《Гойя》

Я — Гойя!

Глазницы воронок мне выклевал ворог,

слетая на поле нагое.

Я — Горе.

Я — голос

Войны, городов головни

на снегу сорок первого года.

Я — голод.

Я — горло

---

① Ю.М.Лотман., Лекции по структуральной поэтике, Тарту, 1964г., стр65.

Повешенной бабы, чье тело, как колокол,

било над площадью голой…

Я — Гойя!

О грозди

Возмездья! Взвил залпом на Запад —

я пепел незваного гостя!

И в мемориальное небо вбил крепкие

звезды —

Как гвозди.

Я — Гойя.

（А. Вознесенский ）

注：**Гойя**（戈雅）是一位"与噩梦奋战"的西班牙 19 世纪的名画家，他敢于以自己的作品向宗教裁判所挑战。作有一套题为《狂想曲》的铜版画，来揭示宗教裁判的残暴不仁。1808 年，法军进入马德里，对于抗击的西班牙人民大肆屠杀。戈雅不但亲眼看到爱国游击队员们夜间被行刑的惨状，并且在法军血洗马德里的第二天，就带着学生到街上的尸体堆里寻找熟人。痛苦和愤怒积压在他的内心，使他创作了总题为《战争的灾难》80 余幅版画以及《五月二日的马德里巷战》《五月三日的枪杀》等名画揭露法国入侵者的残酷暴行。

这首诗是沃兹涅先斯基早期的作品，是他最著名的一首诗，也是形式和内容完美结合的典范。本诗与画家戈雅的版画在主题上殊途同归，都控诉了侵略战争的罪恶与残暴。

在诗中"我"被当作"戈雅"，"苦难"，"呼喊"，"饥饿"，"吊死的女人的喉咙"，等等，暗示着诗人对战争的恐惧和仇恨。需要指出的是，这里的"我"并非仅指诗人本身，而是泛指整个苏联大地，是整个苏联大地在法西斯的蹂躏下发出的悲壮声音。下面我们来分析下原诗：启始代词 Я 在所有诗节中都充当共同的成分，并由此形成对比的基础。在这个基础上 **Гойя**、**горе**、**голод** 等相互拉近，并发生联系。因此这些词语不仅在与同一个启始代词 Я 的联系中加以理解，而且相互之间也产生对比关系。另外，因为 **Гойя**、**горе**、**голод** 本身有着共同的语音重复（ro），并且节奏和句法位置也具有同一性，所以这就更加强了构成这种对比关系的基础。在自然语言中要建立表达和内容的层面的联系非常困难，很难在表达层面（如语音等）去寻找内容层面的相似，同样也很难在内容层面的关系上去寻找表达层面的相似。但是在诗歌中表达层面（如语音）和内容层面（语义）则可以建立某种联系。例如，我们就 "Я" 和 "Гойя" 单独来看（不涉及诗歌文本），其语义结构并未具体化，都是概念意义，而且很容易把两个不同种类的概念意义混为一谈 ["Я（поэт）есть Гойя"；"я（не Гойя）есть Гойя"]。然而在诗歌结构中，音素组合 "го" 却成为名词 "Гойя" 的主要意义载体。在 "Я — го — йя" 中首部分和尾部分语音一同被称作语义的同语重复，于是 го 凸显出来。因为在诗歌中表达和内容层面是密不可分的，所以这个突出的语音组合 "го" 边在文本中便开始成为语义的主要载体。后来逐渐地，第一个诗行 Я Гойя 的语音组合 го 的语义依靠自身与其他诗行的联系（平行对照）最终得以实现。换句话说，在此之前，"го" 在 "я — Гойя" 中所突出的语义只是具有潜在性，只是在与其他诗行（如 Я — горе, Я — голод 等）的对比中，这种突出的语义才逐渐清楚地显现出来。由此看来，正是诗歌的聚合结构以及文本的所指才赋予了 "Я" 和 "Гойя" 具体的所指含义。显然，这种特殊的概念结构只有通过语义对比体系（语义对比丛）和特殊复杂的意义构建体系（文本语义场）才能得到揭示，而这些体系只存在于诗篇结构之中。下面我们来具体分析：

首先我们看 "Гойя"、"Горе"、"Голод" 这三个词。上段提到，"Гойя"、"горе"、"голод" 由于启始代词 я 的重复而处于对比的地位。不仅如此，这三个诗行都组成了同一类型的句法结构，且这三个词语在诗句中的句法作用都等同。因此，在这个诗歌结构中，句法位置的平行对照和语音的重复（го 的重复）使得这些词语在空间上相互拉近，于是语义也相互对比，从中可以划分出某种共同的语义核——超义子（архисема）。通过平行对照，这三组词语构成一个语义丛（类似于上文语义学上的词汇语义群），其共同的超义子即是 "战争的苦难"，如此一来这些词语的表层语义就更加深化，作品的深层含义被揭示出来。请注意，在这里 горе、голод 都是抽象名词，因此 я 也就显得更为具体了。

然后，在 Я — голос Войны... 和 Я — гороло Повешенной бабы... 这

两句诗行中也是以启始代词 Я 开头，且第二个部分 голос Войны 以及 гороло повешенной бабы 都与上面的 гойя，горе 和 голод 一样行使着相同的谓语功能。并且，"голос"、"горло"、"городов головни"、"года"、"голой"也都和"гойя"、"горе"、"голод"一样具有同一语音重复 го。Г 是爆破音，与元音 о 等组合在一起，能够起到一种"警钟敲击"的效果。沃兹涅先斯基本人在谈及这首诗时也曾说过"我要通过这些诗行，让人们听到古代警钟的声音，听到悲哀的乐曲"。因此，这样一来，"Гойя"、"Горе"、"голод"、"голос войни"、"городов головни"、"глазницы воронок"、"горло повешенной бабы"、"поле нагое"都在"警钟声"中相互靠近形成了相互对比的聚合结构，这种语义聚合结构就是文本语义场。它们的聚合都源于共同的超义子（语义核）。在这首诗的文本语义场中，超义子就是"战争的痛苦和灾难"。上面 гойя、горе 和 голод 所组成的语义丛由于与文本语义场的超义子具有同一性，所以也汇入了这个文本语义场中。"超义子存在于低层次语义单位的意义场的交叉处，每一个词汇的语义单位都在与语义核发生关系的情况下被理解，其本身的概念意义被具体化。"[1] 请注意，在诗中具有谓语成分的词汇 голос、глазницы、горло 不仅具体而且都是人身体某个部分（眼窝、声音、喉咙）的具体名词，与它们相比，я 则显得更加概括和抽象。在这里每个词语都建立了一组比喻（глазницы воронок，голос войны，горло повешенной бабы），每个比喻都同时拥有人的外表（глазницы、голос、горло 组成一个语义丛），其共同的超义子是人身体的某一个部分（части тела человека）；并同时拥有由一系列战争的景象组成的事物（воронок、войны、повешенной бабы 组成另一个语义丛），其共同的超义子是战争的景象（картина войны）。它们共同地综合起来，组成了语义相对比的两个语义丛，即语义对比丛，深化了战争世界的悲惨形象，最终揭示出主题：强化战争与我的关系，表达了人对战争的悲伤和愤怒。这个语义对比丛是汇入上述的文本语义场之中的。

---

① Ю.М.Лотман., Лекции по структуральной поэтике, Тарту, 1964г., стр62.

因此，在这里存在着三个超义子，一个超义子是战争的痛苦和灾难，还有两个超义子分别是人的外表，战争的景象，并形成对比。后两个超义子较前一个超义子更具体，前一个超义子比后两个超义子概括性更大。后两个超义子是语义对比丛构成的基础，前一个超义子则是文本语义场构成的基础，语义对比丛又包含在文本语义场之中。由此我们可以看到：正因为前一个超义子包含着后两个超义子，所以超义子、语义对比丛和文本语义场才显示出如此鲜明的层级性特征。

综观全诗，本诗依靠语音 ro 的重复使得各诗行的词语的空间关系拉近（形成聚合联系）并平行对照。这些词语原本在非诗歌文本中是相互独立并不可比较的，但是正因为它们在"诗歌中独特的（语音）同一性必然会导致在它们的区别中揭示属于它们的某种共同的东西（语义）"[1]。这个共同的东西就是超义子。这些词语通过超义子形成语义对比丛，从而构建出复杂的语义体系。一方面，语义对比丛可以构成文本语义场，其中每个词语都与这个文本语义场发生联系，其概念意义得到进一步具体化；另一方面，语义对比丛有利于深化作品的深层含义，最终揭示主题。

此外，还应当指出的是，作者把"Я — Гойя!"放在诗歌的中间并不是简单的第一句的重复，而是对偶。正是在与首句的对比中，具有普通语言意义的 я 和 Гойя 的特殊语义才能在诗歌中被揭示出来。在诗歌的重复中所区分出来的不同的部分（比如前两行诗"Я — Гойя"有感叹号，而最后一行诗没感叹号）也都可以成为意义的载体。

为了更好地说明超义子和语义对比丛，我们再看下面一个例子：

《В глубине сибирских руд》

В глубине сибирских руд

Храните гордое терпенье,

Не пропадет ваш скорбный труд

И дум высокое стремленье.

---

① Ю.М.Лотман., Лекции по структуральной поэтике, Тарту, 1964г., стр62.

Несчастью верная сестра,

Надежда в мрачном подземле

Разбудит бодрость и веселье,

Придет желанная пора:

Любовь и дружество до вас

Дойдут сквозь мрачные затворы,

Как в ваши каторжные норы

Доходит мой свободный глас.

Оковы тяжкие падут,

Темницы рухнут — и свобода

Вас примет радостно у входа.

И братья меч вам отдадут.

(Пушкин А. С. 1827 )

在普希金原诗中可以清晰地看到数个关键词组成的两个相互对比的语义丛：

высокое стремленье—надежда—бодрость и веселье—желанная пора—любовь и дружество— свободный глас — свобода

скорбный труд—несчастье—мрачные подземле—мрачные затворы — каторжные норы — оковы—темницы

在每个语义丛中，超义子是各个词的共同义子，代表着每个词语的共同语义。通过分析，我们可以得出第一个语义丛的超义子是追求自由以及充满欢快的希望，第二个语义丛的超义子是禁锢自由和黑暗的压迫。在横向上，每个超义子都分别使得在非诗歌文本中相互独立并不可比较的词语在诗歌文本结构中发生联系并平行对照（这些平行对照有的是通过词语的重复来实现的，如 мрачные подземле 和 мрачные затворы；有的则是通过句法的重复来实现的，如第三节的 дойдут... 和 доходит...；有的则是依靠韵脚的重复来实现的，如第四节的 оковы падут 和 темницы рухнут 等等），形成聚合关系；在纵向上，两个超义子相互对立，进而揭示出两个语义丛的相互对立，形成语义对比丛和文本语义场，其中每个词语都在场内与其他词语产生联系，含义得以确定，同时诗歌的内容和主题也得以凸显。在这首诗中普希金正是通过语义对比丛来升华主题，寄托了诗人对十二月党人的同情，表达自己对十二月党人砸碎黑暗的枷锁终获自由与胜利的坚定信心和期望。

由以上两个实例，我们可以大致了解超义子、语义对比丛和文本语义场在诗歌中的意义和作用。然而，它们在结构诗学上的意义和作用与超义子、词汇语义群和语义场在语义学上的意义和作用有什么联系和区别呢？下面我们就来进行分析。

第一，语义学和结构诗学上的超义子虽然都是描述词语语义上的共同性特征的，但是也有区别。语义学上的超义子所针对的对象一般是词语的概念意义，是各个词语基本语义上的一般性特征，它所强调的是共同性义子；而结构诗学所论述的超义子是处于诗歌结构的整体之中，所强调的是各个词语在具体语义上的共同性，由于诗歌中词语往往呈现多义性的特征，因此词语在概念意义、所指意义、引申意义的基础上都可以形成超义子，且诗歌中词语的具体含义也往往依赖超义子才能最终得以确定，而这在语义学上则不行。所以会出现这样的情况：有些词语从语义学的角度分析没有超义子，但是从结构诗学的角度分析在诗歌的结构和形式因素（如语音重复，句法上的平行对照等）的作用下，则可以形成聚合关系，并拥有超义子。

第二，语义学上的词汇语义群与结构诗学上的语义丛具有很强的相似性，即都是具有共同义子的一组词汇单位的总和，具有较强的层次性，也都是最基本的微型语义场。然而它们之间也是有区别的：首先，语义学上的词汇语义群是一个相对封闭的体系，具有较强的固定性；而结构诗学上的语义丛则是一个更为开放的体系，这不仅表现在许多词语在诗歌结构和形式因素的作用之下都可以进入到语义丛中来形成聚合关系，还表现在它可以在诗歌结构中与另一个语义丛形成语义对比丛，进而又汇成文本语义场来凸显诗歌的主题。由于诗歌结构中的词语在概念意义、所指意义、引申意义的基础上都可以形成超义子，所以进入到语义丛中的词语比进入到词汇语义群中的词语更为宽泛和灵活。其次，因为诗歌中词语处在语义对比丛中，所以其语义要受到语义对比丛所形成的文本语义场和场内其他词语的影响，有的时候词义在语义对比丛或文本语义场的作用下甚至会发生偏转，离本义相差甚远。而这种情况在词汇语义群中是绝对不可能出现的。最后，词汇语义群与语义丛虽都具有层级性，但表现形式不同。词汇语义群因超义子概括程度的不同而划分为不同的层级，概括性大的词汇语义群往往可以包含概括性较小的词汇语义群，划分原则十分灵活；而语义丛则常常是由诗行中的各分语义链汇集而成，统摄在一个超义子之下而形成聚合关系，其划分往往依赖于具体的诗歌文本的内容和所指。

第三、结构诗学中的文本语义场与语义学上的语义场也有许多共同之处，然而却也有一定的区别。正像它们在字面上所表现出来的差别一样，"文本语义场"比"语义场"更注重"文本"。在语义学上，语义场是个十分宏观的概念，是仅次于全部词汇而又高于词汇语义群的庞大层级体系，而在诗篇中文本语义场的范围要小得多，仅局限于诗歌文本本身，是诗篇结构中具有相同语义特征的词组的综合。它在文本主题的统摄之下，却又高于语义对比丛，对场内的所有词语的语义施加影响。因此，词语在语义场中一般表现为概念意义，而诗歌词语在文本语义场的作用下含义却十分丰富，可以表现为转义、引申义等各种形式。另外，在结构诗学中，超义子、语义对比丛和文本语义场统一于诗歌文本结构的整体之中，在诗歌文本的结构和内容的影响下联系更加紧密，互动性也较强。文本语义场承上启下，不仅直接服务于诗歌的主题，而且还下联超义子和语义对比丛，对场内的词语起到一种制约的作用。然而，语义学上的语义场由于背后缺乏文本结构和主题内容作为支撑，因此虽有承上启下的作用，但对场内词语的制约性较差，互动性也较弱。最后，文本语义场还具有鲜明的所指性，不能按照不同的划分原则而随意划分，而是应该根据诗歌具体的内容和所指来进行划分。而语义场的界限是不固定的，它随着所采用的划分原则（如超义子的不同）变化而变化，数量可以是有限的几个，也可以是极多的一群，十分灵活。

综上所述，洛特曼结构诗学中的超义子、语义对比丛、文本语义场虽与语义学上的超义子、词汇语义群、语义场有许多相似之处，但却增加了许多结构诗学的特点。总的来说结构诗学更注重诗歌文本，层级性模式往往表现为"超义子—语义丛—语义对比丛—文本语义场"，划分的标准依赖诗歌的内容和所指；而在语义学中层级性的模式往往表现为"超义子—词汇语义群—语义场—全部词汇"，划分原则十分灵活。洛特曼之所以将超义子、语义对比丛等概念引入结构诗学就是为了使其成为诗歌文本分析的有力工具，为我们打开一扇通向诗歌语义研究的大门，让我们窥见诗歌语义构成的奥秘。正确理解超义子、语义对比丛和文本语义场等概念的内涵和作用，廓清它们在语义学和结构诗学上的区别对我们进行诗歌翻译的研究是大有裨益的。

## 第二节　超义子、语义对比丛与俄汉诗歌翻译

根据上节的分析，我们知道在俄语诗歌中普遍存在着超义子、语义对比丛和文本语义场，具有鲜明的层级性。词语往往通过诗篇结构或形式因素发生联系，在超义子的作用下聚合在一起形成语义对比丛和文本语义场，从而构建出复杂的语义体系。例如 Вознесенский 的《Гойя》就是通过语音 ro 的重复使得各诗行的词语的空间关系拉近，相互比较而形成聚合关系。这些词语在语音同一性的基础上揭示出语义的同一性，而超义子便成为这种语义同一性的核心内容。换句话说，在诗歌结构中，词语在超义子的作用下构成语义对比丛，语义对比丛又形成文本语义场，文本语义场反过来又对词语的含义施加影响，使词语的概念意义得到进一步具体化，同时语义对比丛和文本语义场的形成也有利于揭示诗歌的主题。在原诗中是这样一种情况，那么在诗歌译文中也存在超义子、语义对比丛和文本语义场吗？它们之间的关系也与原文一样吗？答案是肯定的。我们还是以《Гойя》为例来进行分析，下面是这首诗的三个译文：

《戈雅》 《戈雅》

我是戈雅！ 我是戈雅！
敌人飞落在光秃秃的田地上 仇敌啄出我眼窝的弹坑，
啄破我的眼窝。 飞向赤裸的荒原。

我是痛苦。 我是痛苦。
我是战争的声音。 我是战争之声，
一些城市烧焦的木头 在四一年雪地上烧焦的城市
在四一年的雪地上 的声音。

我是饥饿。 我是饥饿，
我是那

身子像钟一般挂在空旷的广场上 我是被吊起的妇人的喉咙，
被敲打的、被吊死的女人的喉咙…… 那尸体如洪钟
我是戈雅！ 震响在无人的广场上空……

呵，复仇！ 我是戈雅！
我使不速之客的灰烬 啊，复仇的
像射击似的向西方卷去， 滚滚烟云！卷向西方——
并在那作为纪念的天上像钉钉子一般 我扬起不速之客的灰烬！
钉上了 于是在作为纪念物的天空——
结实的星星。 我敲上钉子一般牢固的星星。
我是戈雅。 我是戈雅。
（范秀公译，译文摘自《外国 （译文摘自《20世纪俄罗
二十一世纪纯抒情诗精华》， 斯文学》，中国人民大学出
作家出版社1992年版） 版社2001年版，第567页）

《戈雅》

我是戈雅!
敌寇扑向裸露的田野,
      把我的眼窝啄成弹坑深洼。

我是苦难。
我是呼喊,
战争的呼喊,四一年的雪野上
各个城市烧焦的骨架。

我是饥饿。
我是喉咙,
绞架上女人的喉咙,她像一口洪亮的钟
      在空旷的广场高挂……

我是戈雅!

啊,复仇的
果呀!我用炮火把不速之客的尸灰
      向西土喷撒!
我把巩固的星斗钉入永志不忘的天空
如同钢钉。
我是戈雅。
(《世界名诗鉴赏辞典》,飞白译,漓江出版社 1989 年版,第 936 页)

在上节我们已经分析过原诗《Гойя》的超义子、语义对比丛和文本语义场,这里就不再赘述了。由于俄汉语言的巨大差异,三位译者虽然不一定都能再现原文 ro 的重复,但是却可以在译文中去尽力再现原文基于语音重复而产生的语义聚合关系。这个语义聚合关系就是超义子、语义对比丛和文本语义场。下面我们就来着重分析下这三个译文的超义子、语义对比丛和文本语义场，看它们是否与原文一致：

原文的文本语义场：Гойя-поле нагое-глазницы воронок-горе-голос войны-городов головни-голод-горло повешенной бабы

范秀公的译文：戈雅—光秃秃的田地—眼窝—痛苦—战争的声音—城市烧焦的木头—饥饿—被敲打的、被吊死的女人的喉咙

译文二：戈雅—赤裸的荒原—眼窝的弹坑—痛苦—战争之声—烧焦的城市的声音—饥饿—被吊起的妇人的喉咙

飞白的译文：戈雅—裸露的田野—眼窝、弹坑深洼—苦难—战争的呼喊—城市烧焦的骨架—饥饿—绞架上女人的喉咙

总的看起来，三个人的译文基本上都保持了原文的超义子、语义对比丛和文本语义场的内容，但是细细分析却有不少错误。首先我们来看三位译者对 глазницы воронок 这个词组的翻译。范秀公的译文只翻译出"眼窝"，漏译了 воронок，译文二将其翻译成"眼窝的弹坑"，飞白则译为"把我的眼窝啄成弹坑深洼"。上节我们已经分析过，глазницы воронок，голос войны，горло повешенной бабы 是一个建立了比喻关系的语义对比丛，一个超义子是"人身体的某一部分"，另一个超义子是"战争的情景"，作者这样处理是为了强化战争与我的关系，表达了人对战争的悲伤和愤怒。因此，глазницы воронок 也应该具有和 голос войны，горло повешенной бабы 一样的语义结构。既然 голос войны 被翻译成"战争的声音"或"战争之声"，горло повешенной бабы 被翻译成"被敲打的、被吊死的女人的喉咙"或"被吊起的妇人的喉咙"，那么如飞白一样处理为"把我的眼窝啄成弹坑深洼"也许比"眼窝的弹坑"更好，这样就可以在译文中尽量保持语义对比丛的比喻结构的一致性，且更突出超义子。由于 воронок 是个很重要的词，漏译就更不应该了。

其次，我们再来分析下两位译者对 городов головни на снегу сорок первого года 这句话是如何处理的。范秀公把它翻译为"一些城市烧焦的木头 在四一年的雪地上"，飞白将其翻译为"各个城市烧焦的骨架"，而

译文二则将其翻译为"在四一年雪地上烧焦的城市的声音"。由于 головня 的单数第二格和复数第一格都是 головни，所以译者的这三个译法在语法上都说得过去，语义上也都讲得通，但是它们之中哪一个是更好的译文呢？就像我们上文所分析的那样，这首诗的语义对比丛是基于"人身体的某一部分＋战争情景"的模式，而且这两个超义子相互对比，形成比喻的结构，目的是强化"战争与人"的关系。因此像译文二那样将其处理为"烧焦的城市的声音"以及飞白的译文"各个城市烧焦的骨架"更有利于凸显本诗超义子的对比结构，也更符合上述语义对比丛的模式。这样一来，在译文中，把我的眼窝啄成弹坑深洼、战争的声音、城市烧焦的骨架、被吊死的女人的喉咙、被吊死妇女的尸体等一系列超义子为"战争景象＋人"的语义对比丛就较好地聚合在一起，在译文中构建了和原文一样的强而又力的文本语义场，有助于再现原文的语义结构特点。

　　下面我们再来从语音的角度分析下这些译文。正如我们上节分析的那样，原诗的主要特色是强烈的音响效果。沃兹涅先斯基像前辈马雅可夫斯基以及同时代的诗人叶夫图申科一样，特别注重诗的音响，使之适合于朗诵。原文中 ro 的不断重复正暗合了作者的这一意图，使得整首诗朗诵起来声音洪亮，气势磅礴。因此，在译文中去再现这一特点却不容易。比较这三位译者，飞白的译文更略胜一筹。在译文中译者通过大量使用 g、k 音响，如"弹坑""各个""骨架""在空旷的广场高挂""巩固""天空"，等等，显得铿锵有力，在译语中营造出与原诗不断重复的 ro 相同的语音效果。并且"骨架""高挂""果呀"等词与"戈雅"谐韵，使得"戈雅"一词始终发出如警钟般洪亮的回声，在音响效果上与原文更接近，最大限度地补偿了原文的音响效果。

　　因此，综合以上这三篇译文，无疑飞白的译文最优秀，与原文的风格最为接近，且无论是在语义内容上，还是在结构形式上都较好地再现了原诗。由此我们也可以得出一个基本的结论：在诗歌翻译的过程中，超义子、语义对比丛应与语音重复的手段并用才能在内容和形式上最大限度地再现原诗。否则，若只关注语义因素，只注重超义子、语义对比丛的一致，而忽视语音重复等形式因素，也许从诗歌译文的内容上来看是对的，但却失去了诗味、韵味。

　　为了更进一步地说明，我们下面再来看看普希金的《Во глубине сибирских руд》的译文和分析：

<table>
<tr><td>

《致西伯利亚的囚徒》

在西伯利亚矿坑的深处，
望你们坚持着高傲的忍耐的榜样，
你们的悲痛的工作和思想的崇高志向，
决不会就那样徒然消亡。
爱情和友谊会穿过阴暗的牢门
来到你们的身旁，
正象我的自由的歌声
会传进你们苦役的洞窟一样。


灾难的忠实的姊妹——希望，
正在阴暗的地底潜藏，
她会唤起你们的勇气和欢乐，
大家期望的时辰不久将会光降：


沉重的枷锁会掉下，
黑暗的牢狱会覆亡，——
自由会在门口欢欣地迎接你们，
弟兄们会把利剑送到你们手上。

　　　　　　（戈宝权译）
</td><td>

《在西伯利亚矿坑的底层…》

在西伯利亚矿坑的底层，
你们要保持那高傲的耐性，
你们悲惨的劳动会得到报偿，
你们崇高的追求有公正的品评。
爱情和友谊将穿过阴暗的牢门
来到你们的身边，
就象你们在苦役的洞穴，
能听到我的自由的歌声。


不幸的忠实姐妹——希望
正在阴暗的地下萌生，
它会唤醒热情与欢乐，
理想的时刻就要重逢：


沉重的枷锁会被砸开，
牢房会倒坍——而自由
会在坑外向你们欢迎，
弟兄们会递上一柄柄青锋。

　　　　　　（刘湛秋译）
</td></tr>
</table>

《在西伯利亚矿坑的深处》
在西伯利亚矿坑的深处，
保持住你们高傲的耐心，
你们的思想的崇高的意图
和痛苦的劳役不会消泯。

爱情和友谊一定会穿过

阴暗的闸门找到你们，

就象我的自由的声音

会来到你们苦役的洞所。


不幸的忠贞的姐妹——希望，

在昏暗潮湿的矿坑下面，

会唤醒你们的刚毅和欢颜，

一定会来到的，那渴盼的时光：


沉重的枷锁一定会被打断，

监牢会崩塌——在监狱入口，

自由会欢快地和你们握手，

弟兄们将叫给你们刀剑。

（卢永福译）


上文我们已经分析过这首诗的原文的超义子和语义对比丛，这里也不再赘述。下面我们就直接来分析译文。首先我们分别分析下这三个译文的语义对比丛，列举如下：

戈宝权的译文：思想的崇高志向—希望—勇气和欢乐—期望的时辰—爱情和友谊—自由的歌声—自由

悲痛的工作—灾难—阴暗的地底——阴暗的牢门—苦役的洞窟—沉重的枷锁—黑暗的牢狱

刘湛秋的译文：崇高的追求—希望—热情与快乐—理想的时刻—爱情和友谊—自由的歌声—自由

悲惨的劳动—不幸—阴暗的地下—阴暗的牢门—苦役的洞穴—沉重的枷锁—牢房

卢永福的译文：崇高的意图—希望—刚毅和欢颜—渴盼的时光—爱情和友谊—自由的声音—自由

痛苦的劳役—不幸—昏暗潮湿的矿坑下面—阴暗的闸门—苦役的洞所—沉重的枷锁—监牢

　　总体说来，这三位译者都较为正确地再现了原文的超义子和语义对比丛，虽遣词造句略有区别，但总的来说均正确地翻译了原诗，因此这三篇都是较为成功的译文。特别是戈宝权的译文不仅正确再现了超义子和语义对比丛，而且还较好地注意到了平行对照的特点，从而更凸显了语义对比丛的对比。例如"爱情和友谊"与"自由的歌声"，"阴暗的牢门"与"苦役的洞窟"都处于同一句法位置，处于相互比照的地位。于是在横向上，"爱情和友谊""自由的歌声"这二者之间的空间距离就缩小，在相同的超义子的作用下形成语义链并融入到语义丛中，同理，"阴暗的牢门"与"苦役的洞窟"也是如此；在纵向上，它们句法位置的平行对立也更鲜明地突出了两条语义链的对立，从而在宏观上也更凸显出两条语义丛的对立。刘湛秋的译文中没有将这种句法位置的平行对照表现出来，在凸显超义子和语义对比丛的效果上就要稍微弱些。因此从这个角度上说戈宝权对这个诗节的处理就比刘湛秋要更好些。除此之外，从音韵的角度来说，在这三个译者中戈宝权的译文最为押韵（诗行末尾押 ang 的韵），几乎完全再现了原诗韵脚的重复，读起来朗朗上口。更为重要的是，这种韵脚的重复也会使得译文中各诗节的相关词语在空间距离上相互拉近，处于平行对照的地位，有助于超义子和语义对比丛的凸显。

　　再举一例，如在原诗最后一节的翻译上，戈宝权与刘湛秋和卢永福也不同，他的译文是"沉重的枷锁会掉下，黑暗的牢狱会覆亡"。戈宝权运用加词法在"牢狱"前添加了形容词"黑暗的"，我认为处理手段极佳。如此一来，在译文中运用加词法就使得这两个诗句的句法结构和节奏对仗得十分工整，也更突出了"沉重的枷锁"与"黑暗的牢狱"之间，"掉下"与"覆亡"之间的平行对照，这样不仅强化了二者的聚合关系并形成语义链，而且更好地促使语义链融入到了整首诗的语义丛中，突出了主题。此外，在诗歌最后一节中，原文"свобода"处于此节的第二诗行的末尾，而戈宝权和卢永福则改变了原文的顺序，将"自由"移至下一个诗行的开头，目的是更强化上述两句的平行对比的关系，让对照的形式能更好地服务于内容的传达。

　　总之，我们运用各种形式因素以及翻译的技术和方法的目的就是尽可能地在译文中去凸显超义子、语义对比丛和文本语义场，这样做的结果是不仅凸显出了语义和主题，而且也强调了诗歌词句在文本中的具体含义。

　　这里需要指出的是，由于在原文中超义子以及各种形式因素会使得语义对比丛中的词语相互靠近、相互联系，相互比照，于是便形成了文本语义场。在这个文本语义场中，词与词之间相互联系、相互制约，词在普通语言中的概念意义往往被具体化。由于语义对比丛的所指或诗歌整体的所指，这些词语常常具有所指意义或新的含义。我们在译文中要特别注意具有这种特点的词语，在翻译的时候不要译错，不要将其所指意义或引申意义误译成概念意义了。下面我们就这首诗举个例子，分析这三个译者对 затворы 这个词的翻译：

　　Затворы 在 Н.Ю. 什维多娃主编的《Толковый словарь Ожегова》（《奥日科夫俄语词典》）释义是 запирающее устройство, механизм у различных оружий, машин, оружия и т.п. 在《Словарь Современного русского литературного языка》（издательство Академии Наук. СССР.1955г）中有下面三个注释：① запор, засов ② подвижная часть плотины, поднимаемая для спуска воды ③ Устар. То же, что дверь, ворота и т.п. 其中第三个注释下举的例子正是普希金这首诗的这个诗句。"闸门"这个词语在《现代汉语词典》（中国社会科学院语言研究所编，商务印书馆 1998年）中的释义是"水闸或管道上调节流量的门"。

　　显然 затворы（闸门）这个词语在词典中的意思是概念意义，但是正如前面所说的，诗歌语义对比丛依靠超义子形成了文本语义场，在这个文本语义场中每个词的意思都会被具体化，那么我们在翻译的时候就应该在文本语义场中更关注词语的具体意义而不是概念意义，在多种概念意义中取其一义。如卢永福的译文就是按字典上的概念意义直译为闸门，没有注意到 затворы 虽然指的是门但是却与 каторжные норы 相互比照的位置并形成语义链，且融入了诗歌语义丛所构建的文本语义场中。因此 затвор

的含义应该受到超义子的作用，并与语义对比丛的其他词语相互关联，在诗歌结构中的意义应该具体化。мрачные затворы 如果直接翻译成"阴暗的闸门"势必会破坏语义链和语义丛的形成，从而与整首诗的文本语义场不协调，进而会有损诗歌主题。因此这里 затворы 译成牢门更好。戈宝权与刘湛秋的译文无疑处理得更佳。

由此可见，在超义子和语义对比丛所形成的文本语义场的作用下，词语的概念意义常被具体化，而表现为转义或者引申义。遗憾的是不少译者往往忽视了超义子和语义对比丛，于是也就没有注意到词语概念意义的具体化，从而导致误译情况的发生。我们再来看一个例子：

《Если душа родилась крылатой》.

Если душа родилась крылатой

Что ей хоромы — и что ей хаты!

Что Чингис-Хан ей и что — Орда!

Два на миру у меня врага,

Два близнеца, неразрывно — слитых :

Голод голодных – и сытость сытых!

（Марина Цветаева 18 Авг. 1918г）

《倘若灵魂生就一对翅膀》

倘若灵魂生就一对翅膀——那么，
高楼也罢，茅舍也罢，又何必在乎！
管它什么成吉思汗，什么游牧群落！
在这个世界上，有两个敌人，
两个密不可分的孪生子：
饥饿者的饥饿和饱食者的饱食！
（汪剑钊译，《茨维塔耶娃文集（诗歌卷）》，东方出版社 2003 年版，第 178 页）

《 假如心灵生就一双翅膀—— 》

假如心灵生就一双翅膀——
那它又何必需要府邸或茅屋！
又何必担心成吉思汗或匪帮！
我在人世间有两个仇敌悬殊，
两个难解难分的孪生的孽障——
饱汉脑满肠肥，饿汉饥肠辘辘！
（苏杭译，《致一百年以后的你——茨维塔耶娃诗选》，外国文学出版社 1991 年版，第 42 页）

这首诗是茨维塔耶娃于 1918 年在莫斯科创作的。当时正值苏俄内战时期，茨维塔耶娃的丈夫谢尔盖参加了白军，为了躲避布尔什维克的追捕便离开了她，从此杳无音信。茨维塔耶娃与自己的两个孩子相依为命，在饥饿的莫斯科城百无聊赖，忍受着内心的痛苦和煎熬。茨维塔耶娃是想通过这首诗来寻求自己内心的自由，同时诗中也寄托着自己对祖国获得自由的希望！诗中这个长着一对翅膀的心灵正是作者那种渴望自由的心情的写照，茨维塔耶娃在诗中将个人的自由与祖国的自由紧密联系起来，表达了自己呼唤自由的心声。[①]

分析原文，我们可以分析出意义对立的两条语义丛：

хоромы — Чингис-Хан — сытость сытых

хаты — Орда — Голод голодных

两条语义丛刚好对立，形成语义对比丛，第一条语义丛的超义子象征强大和富足，第二条语义丛的超义子象征贫穷、灾难和饥饿，这两个超义子也是相对立的。作者正是通过营造两个超义子和两条语义丛的对立来表达主题：追求个人以及祖国的自由，这些所谓的贫困或者富足都是微不足道的。分析两条语义丛中的词语刚好两两对立，хоромы — хаты，сытость сытых — голод голодных，它们以超义子为基础形成了文本语义场，在语义场的影响下诗中每个词语都与场内的其他词语发生关联，意义被具体化，且与诗歌结构融为一体。因此，在超义子、语义对比丛和文本语义场的共同作用下，在一般语言中本构成不了对立关系的 Чингис-Хан 与 Орда 在本诗的结构中却形成了对立的关系。它们的对立才符合全诗的语义对比丛。我们再来分析两个译文的语义对比丛：

汪剑钊的译文：高楼—成吉思汗—饱食者的饱食

　　　　　　　茅舍—游牧群落—饥饿者的饥饿

苏杭的译文：府邸—成吉思汗—饱汉脑满肠肥

　　　　　　茅屋—匪帮—饿汉饥肠辘辘

① 参见《"Если душа родилась крылатой…"полирикеМ.Цветавва》（载《Сочинения по разным произведениям》）和《Поэзия Марины Цветаевой – дневник ее души》（见 http://www.litra.ru/composition/）。

　　两位译者都基本再现了原文的语义对比丛，但是对于 Орда 这个词语的翻译却有很大不同。汪剑钊翻译成"游牧群落"，苏杭翻译成"匪帮"，哪一个更正确些呢？

　　首先我们来查查 Орда 在字典中的意义：根据 Н.Ю. 什维多娃主编《奥日科夫俄语词典》（《Толковый словарь Ожегова русского языка》）中 Орда 有两个义项：① в древности у тюркских кочевых народов：род государственного объединения 汗国，游牧群；② толпа，скопище，банда.（转）乌合之众，匪帮。

　　显然汪剑钊在诗中将其直接翻译成第一个概念意义"游牧群落"。然而，具备一定俄国历史背景知识的人应该知道，俄国人对于曾经征服过他们的金帐汗国（Золотая Орда）是十分仇视的，认为那是一段处于蒙古鞑靼人的黑暗统治时期。俄语中有个成语就是 нежданный гость хуже татара（不速之客比鞑靼人还要坏），这足以证明 Золотая Орда 在俄国人的心目中一直被认为是土匪，是强盗。再根据以上我们对原文的分析，受语义对比丛和文本语义场的影响 Орда 应该与 Чингис-Хан 形成对立的关系，其概念意义应该具体化为转义或引申义。所以这里的 Орда 就不应该翻译成"游牧群落"，而应该翻译成转义"匪帮"，这样才更符合这条语义丛的超义子"贫穷，灾难和饥饿"以及整个语义对比丛。显然汪剑钊没有注意到这首诗的超义子以及语义对比丛中词语的对立关系，直接将 Орда 的概念意义翻译出来，造成了误译。而苏杭的译文所营造出来的语义对比丛和文本语义场是与原文相一致的，因此译文词语的语义正确，主题也如原文一样十分鲜明。

　　最后，我们来看看这两位译者对 душа 这个词语的翻译。Душа 是这首诗的诗眼，对它的翻译正确与否直接关系到整首诗歌的主题。汪剑钊翻译成"灵魂"，而苏杭翻译成"心灵"。那么到底哪一个更为正确呢？根据上文的分析，我们可以看到原文构建了两个对立的超义子和语义丛：强大和富足；贫穷、灾难和饥饿。作者想要表达的是不管是富裕也好贫穷也罢，我所追求的是内心的自由（这种自由当然还包括对饱受饥饿和灾难的祖国重新获得自由和解放的希望）。这种贫困和富足的对立都丝毫不能阻

挡我追求自由的步伐和勇气。因此，经过超义子和语义对比丛的分析，我
们马上可以确定：这里的 душа 翻译成"心灵"比"灵魂"更符合原文的
主旨。

综上所述，超义子、语义对比丛和文本语义场不仅广泛存在于原文之
中，而且在译文之中也普遍存在。在诗歌译文中，它们之间的关系也是环
环相扣的。分析上述例子，我们可知：在翻译的过程中，也许诗歌的形式
因素（如语音、节奏等）会不可避免地有所流失，但是诗歌的语义和内容
却要万变不离其宗，因为语义和内容的传达是根本，是诗歌翻译的灵魂。
如果诗歌的语义和内容都翻译有误的话，那么形式和结构的传达更是无从
谈起。而要保证诗歌的语义和内容不变，就要做到原诗的超义子、语义对
比丛和译文的超义子、语义对比丛相一致，也要特别注意翻译那些受文本
语义场作用和影响的词语，否则即使形式相同，译文和原文的主题和含义
也会相差甚远。下一节我们就专门列举四个典型的例子，并结合诗歌译文
来具体分析下超义子和语义对比丛对于诗歌翻译的作用是多么巨大，如果
没有正确处理超义子和语义对比丛的话，那么译文往往就会差之毫厘，谬
以千里。

# 第三节　译例分析

我们先来看看蒲宁的一首诗：

《У птицы есть гнездо, у зверя есть нора》

У птицы есть гнездо, у зверя есть нора

Когда я уходил с отцовского двора,

Как горько было сердцу молодому,

Сказать прости родному дому!


У зверя есть нора, У птицы есть гнездо.

Как бьется сердце, горестно и громко,

Когда вхожу, крестясь, в чужой, наемный дом
С своей уж ветхою котомкой!

（ Бунин 1922г ）

<table>
<tr><td>《鸟有巢，兽有穴》</td><td>《无题》</td></tr>
<tr><td>

鸟有巢，兽有穴，<br>
当我离乡背井，<br>
请求亲人原谅时，<br>
一颗年轻的心是多么的痛苦！

</td><td>

鸟有巢，兽有穴，<br>
年轻的心多么痛苦，<br>
在我向父亲的庭院告别，<br>
离开祖居的时候！

</td></tr>
<tr><td>

兽有穴，鸟有巢<br>
当我背着破旧不堪的行囊，<br>
边画十字，边走进地主家时[①]，<br>
我的心跳加剧，痛苦万分！<br>
（季元龙译，《俄罗斯诗歌翻<br>
译与欣赏》，上海译文出版社<br>
2008 年版，第 228 页）

</td><td>

兽有穴，鸟有巢<br>
心在多么悲伤而激越地跳，<br>
在我背着破旧的背囊，画着十字，<br>
走进租来的别人的屋子时！<br>
（戴骢、娄自良译，《蒲宁文<br>
集（第一卷)》，安徽文艺出<br>
版社 2005 年版，第 240 页）

</td></tr>
</table>

《鸟儿也有个巢》

<table>
<tr><td>

鸟儿也有个巢，<br>
野兽也有个穴，<br>
当我离开了<br>
祖祖辈辈居住过的庭院<br>
和故园老屋说："再见"，

</td><td>

鸟儿也有个巢，<br>
野兽也有个穴，<br>
当我拖着破旧的背囊<br>
走进陌生人<br>
租给我的房屋，

</td></tr>
</table>

---

① Входить в чужой, наемный дом 转译为走进地主家（当雇工）——《俄罗斯诗歌翻译与欣赏》，第 229 页。

我的年轻的心呵，　　　　　　　我在胸前画着十字，

给压上了万种忧伤，　　　　　　企求上帝的庇护，

无限惆怅！　　　　　　　　　　此刻，

　　　　　　　　　　　　　　　我的心跳动得多么急促

　　　　　　　　　　　　　　　又是那么痛苦。

（赵洵译，《夏夜集（蒲宁抒情诗选）》，四川文艺出版社

1985 年版，第 135 页）


《鸟有巢窠，兽有洞穴……》


鸟有巢窠，兽有洞穴。　　　　　兽有洞穴，鸟有巢窠。

当我离开家园的时候，　　　　　当我背着破烂的行囊，

把"别了"的话儿一说，　　　　　画着十字走进陌生的客舍，

年轻的心多么难受！　　　　　　我的心跳得激越而悲伤！

（顾蕴璞译：《蒲宁精选集》，北京燕山出版社 2005 年版，第 97 页）


《鸟儿有巢》


鸟儿有巢，野兽也有穴，　　　　野兽有穴，鸟儿也有巢，

当我走出父辈的院落，　　　　　当我走进租来的房子，

辞别出生时的小屋，　　　　　　画着十字，放下破旧的背包，

年轻的心呀，多么痛苦！　　　　我新潮起伏，无限地忧悒！

（《二十世纪俄罗斯流亡诗选》，汪剑钊译，河北教育出版社

2004 年版，第 64 页）


　　读罢译文后，我发现季元龙的译文与戴骢、赵洵、顾蕴璞和汪剑钊的译文有很大不同。前者的译文为什么会出现"请求亲人的原谅"和"走进地主家（当雇工）"？难道原文真的是要表达作者背井离乡是要请求亲人的原谅去地主家做雇工吗？

带着疑问经查阅相关资料后得知：1918年蒲宁从红色政权下的莫斯科逃亡到当时白俄控制下的南方。1920年后又流亡法国，从此再也没回到祖国。"十月革命"后，苏联的社会主义建设取得了巨大的成就，蒲宁很懊悔当初对苏俄的敌视态度，并对祖国产生了深切的怀念。这首诗歌便是在这样的背景下创作的。

原诗使用了大量词汇的重复和句式的平行对照，如 у птицы есть гнездо；у зверя есть нора；когда я уходил 与 когда вхожу 的对应等，并且诗歌上半部分和下半部分每行诗句的首个单词几乎都完全相同（у, как, когда, с），这样的对应就使得诗歌的对比意味更加突出了。因为重复相同的成分越多，相区别元素的不同性就更强烈地被强调。[1] 在横向上，通过这种重复和平行对照原诗的许多词语便相互拉近，形成了两个超义子和语义对比丛。一个语义对比丛是 гнездо, нора, отцовский двор, родной дом，超义子是"温暖的家"，另一个语义对比丛是 горько；уходил；прости；горестно；громко；вхожу, крестясь, в чужой, наемный дом；с ветхою котомкой，超义子是"背井离乡的痛苦"；在纵向上，两个超义子相互对立，进而揭示出两个语义对比丛的相互对立。作者正是想通过语义对比丛的对立来揭示出自己思乡的主题。此外，由于超义子使得语义对比丛中的词语相互对比，相互联系，因此便形成了文本语义场，在这个文本语义场中，词与词之间相互联系、相互制约。词在普通语言中的概念意义往往被具体化，由于诗歌整体的所指（或语义对比丛的所指）而具有另一种含义。

我们现在再回头来分析译文：这五位译者都注意到了原诗的重复和平行对照的特点，虽有所损失但基本上都保持了原文的形式特点。然而为什么季元龙老师的译文与戴骢、赵洵、顾蕴璞和汪剑钊的译文有很大的出入呢？我们分别把每个译者的语义对比丛和超义子都找出来，并对比分析如下：

季元龙的译文：

---

[1]　Лотман Ю. М. «Лекции по структуральной поэтике», Изд Тартуского университета, Тарту, 1964г.

巢—穴—乡—亲人 超义子是：温暖的家

痛苦—离乡背井—请求亲人原谅—心跳加剧—痛苦万分—边画十字—走进—地主家— 背着破旧不堪的行囊 超义子是：心中痛苦，并请求亲人原谅，走进地主家（当雇工）

戴骢、娄自良译文：

巢—穴—父亲的庭院—祖居 超义子是：温暖的家

痛苦—告别—离开—悲伤—激越—画着十字—走进—租来的—别人的屋子—背着破旧的背囊 超义子是：背井离乡，寄人篱下

赵洵的译文：

巢—穴—祖祖辈辈居住过的庭院—故园老屋 超义子是：温暖的家

万种忧伤—无限惆怅—离开—再见—心跳急促—痛苦—胸前画着十字—走进—陌生人—租给我的房屋—拖着破旧的背囊 超义子是：背井离乡，寄人篱下

顾蕴璞的译文：

巢窠—洞穴—家园 超义子是：温暖的家

难受—离开—别了—心跳得激越—悲伤—画着十字—走进—陌生的客舍—背着破烂的行囊 超义子是：背井离乡，寄人篱下

汪剑钊的译文：

巢—穴—父辈的院落—出生时的小屋 超义子是：温暖的家

痛苦—走出—辞别—心潮起伏—无限地忧悒—画着十字—走进—租来的房子—放下破旧的背包 超义子是：背井离乡，寄人篱下

由此看来，之所以季元龙的译文与其他几位译者的译文不一样，其原因就在于季元龙对于原文的超义子理解错误，因此译文的意思与原文的意思相差甚远。季元龙把第二个超义子仅仅理解为"心中痛苦，请求亲人原谅，走进地主家（当雇工）"，没有与第一个超义子"温暖的家"形成对立，因此所形成的语义丛所揭示的是一个错误的主题。而戴骢、赵洵、顾蕴璞和汪剑钊的译文的超义子和语义对比丛则与原文一致。此外，由于超义子和语义对比丛形成文本语义场，所有的词的概念意义都会在这个文本语义场中被具体化，所以不同译者由于超义子、语义对比丛和文本

语义场的不同，对于 прости 和 наемный 的译法也会不同。根据 Н.Ю. 什维多娃主编《奥日科夫俄语词典》(《Толковый словарь Ожегова русского языка》) 中 прости 有三个含义：① не поставить в вину чего-н.，извинить；② освободить от какого-н. обязательства；③ прощай。此外，наемный 也有两个含义：① работающий，производимый по найму；② нанимаемый，не собственный。很显然，由于超义子、语义对比丛和文本语义场的不同，季元龙的译文把 прости 的第一个概念意义给具体化了，把 наемный 的第一个概念意义给具体化了；而戴骢、赵洵、顾蕴璞和汪剑钊则把 прости 的第三个概念意义给具体化，把 наемный 的第二个概念意义给具体化了。但是根据原文，两个超义子和两个语义对比丛是相互对立的，与第一个超义子"温暖的家"相对比的第二个超义子应该是"背井离乡或思乡之痛"，而不是"心中痛苦，请求亲人原谅"，所以我们应当把 прости 翻译成"告别离开""再见"或者"辞别"，而不是"请求原谅"；同理，вхожу в чужой，наёмный дом 翻译为"走进租来的别人的屋子""走进陌生人租给我的房屋""走进陌生的客舍"或者"走进租来的房子"较好，因为"陌生""租"都可以更突出自己"客居他乡，举目无亲"的背井离乡状态，而翻译成"走进地主家（当雇工）"则不符合原诗的本义。

另外，仔细分析赵洵的译文，我们可以发现他有意打破原诗的诗节和诗句，根据原诗的内容改变了诗的结构。在原文中本来是一个诗行的平行对照，赵洵有意拆分为几个诗行来进行翻译，例如对 Как горько было сердцу молодому 和 Как бьется сердце，горестно и громко 这两句的处理，赵洵在译文结尾分别用三个诗行来表达，这就在结构形式上形成更为突出的平行对照，更鲜明地衬托出两个语义丛的对比关系，有利于烘托主题。

再看一例：

《Верю в Солнце Завета》

И Дух и Невеста говорят：прииди.

Апокалипсис

Верю в Солнце Завета,　　　　　　　Заповеданных лилий

Вижу зори вдали.　　　　　　　　　Прохожу я леса.

Жду вселенского света　　　　　　　Полны ангельских крылий

От весенней земли.　　　　　　　　Надо мной небеса.


Всё дышавшее ложью　　　　　　　Непостижного света

Отшатнулось, дрожа.　　　　　　　Задрожали струи.

Предо мной - к бездорожью　　　　　Верю в Солнце Завета,

Золотая межа.　　　　　　　　　　Вижу очи Твои.

　　　　　　　　　　　　　　　　　Блок　22 февраля 1902


《我信任太阳的约言……》　　　　　　《我相信圣经的太阳》


神灵和新娘都说：来吧!　　　　　　　精神和新娘都说：来吧。
——《启示录》　　　　　　　　　　——《启示录》
我信任太阳的约言，　　　　　　　　我相信圣经的太阳，
我看见远方的晨曦。　　　　　　　　我看见远方的朝霞。
我期待全世界的光明，　　　　　　　我等待来自春天大地的
从春色的大地上升起。　　　　　　　世界的光明。


靠虚诞生活的一切，　　　　　　　　呼吸着谎言的一切，
它们颤抖着慌忙逃遁。　　　　　　　颤抖着，急忙地躲开。
在我面前的一片泥泞，　　　　　　　在我面前——金色的田界，
闪出一条金色的小径。　　　　　　　面向诡异的道路。


我穿过森林，　　　　　　　　　　　我将走过森林，
百合花在那儿珍藏。　　　　　　　　这森林盛开训谕的百合花。
在我头顶的高空上，　　　　　　　　我头顶之上的天空，

遍布着天使的翅膀。　　　　　　布满天使的翅膀。


一束束光线在跳荡，　　　　　　流水抖动了

这是多么神奇的情景！　　　　　不可思议的光。

我信任太阳的约言，　　　　　　我相信圣经的太阳，

我看见你的眼睛！　　　　　　　我看着你的眼睛。

（丁人译，《勃洛克诗歌精　　　　（汪剑钊译，《勃洛克抒情

选》，北岳文艺出版社　　　　　诗选》，河北教育出版社

2000 年版，第 61 页）　　　　　2003 年版，第 125 页）


　　我们对比丁人和汪剑钊的译文就会发现有很大的不同。丁人全篇都在歌颂太阳的约言，而汪剑钊则是歌颂圣经的太阳。到底他们两人哪个是正确的呢？哪个更符合原文的意思呢？

　　经查证原文和相关资料得知：这是勃洛克早期的作品，那时他受神秘浪漫主义的影响，诗歌都带有象征主义色彩并充满宗教迷信和对神灵的信仰。这首诗中的 И Дух и Невеста говорят : прииди. 一句出自圣经《新约》启示录的最后一章，启示录里包含《世界末日》《末日审判》《上帝的前年统治》和基督与反基督的斗争等。蒲宁使用这句话作为引语是为了表达上帝对大地统治的到来，进而揭示出全诗的主题：人类的发展迎来了新的纪元（Новая эра）。原诗的 Солнце Заветы 是一种借代的修辞手法，象征着圣经新约和所有的基督教的文献。

　　原诗中包含有超义子和语义对比丛，并通过重复和平行对照等形式表现出来：首先我们看第一节，前三行都用单数第一人称动词开头造成句式的平行对照，且第一行和第三行都以 -вета 押韵，第二行和第四行以 -ли 押韵，形成 ABAB 式的交替韵，目的是把 солнце з авета, зори вдали, вселенский свет, весенняя земля 之间的关系拉近，置于可比的位置；我们再看第二节，第一诗行和第三诗行的末尾以 -ожью 押韵，这样就使 ложь 和 бездорожье 相互靠近，形成语义上的聚合关系；接着看第三节：同样是 ABAB 式的交替韵，-лий 和 -еса 这两个韵脚的重复使得

заповеданная лилия 和 ангельские крылии；лес 和 небес 都相互比较和相互对举，形成小段的分语义链，为融合入全篇的语义对比丛作好铺垫；最后看第四节：第四节与第一节的压韵规则和韵脚完全一样，也是第一行和第三行都以 -вета 押韵，第二行和第四行以 -ли 押韵，形成 ABAB 式的交替韵，且结尾两句也如开头三句一样以单数第一人称动词开头，свет 双关（既有光线的意思也有世界的意思），这样一来，不仅再次重复强调了 свет 和 Солнце Завета 的特殊关系，而且与开头重复并遥相呼应，揭示出最终的主题：人类的发展迎来了新的纪元，世界将沐浴在基督的阳光下。我们再来综合整体地分析这四节诗：各节所有的小段语义链最终汇集成全篇的语义对比丛：其中一个语义对比丛是：Солнце завета-зори вдали-вселенский свет-золотая межа-заповеданные лилии-лес-ангельские крылии-небес-непостижныый свет-Солнце завета-очи，其超义子就是象征着基督降临、上帝到来和人类迎来新纪元的 Солнце завета；另一个语义对比丛是：всё дышавшее ложью-бездорожье，其超义子是违背基督精神的虚诞与邪恶，与前一个语义对比丛刚好对立。

我们再回头来分析译文：虽然语音上的重复与平行对照等形式特征都不可避免地有所流失，但是丁人的译文和汪剑钊的译文都尽力去再现原文的形式特点，包括通过"我"的重复来补偿原文单数第一人称动词的重复，尽可能地押韵等。可是在内容上，丁人的译文和汪的译文却截然不同。丁人的译文把超义子 Солнце Завета 翻译成太阳的约言，而汪剑钊则翻译成圣经的太阳。再仔细分析译文可得出丁人的译文的两个语义对比丛为：

太阳的约言—远方的晨曦—全世界的光明—春色的大地—金色的小径—森林—珍藏的百合花—高空—天使的翅膀——束束光线—太阳的约言—你的眼睛；

靠虚诞生活的一切——片泥泞。

汪剑钊的译文的两个语义对比丛为：

圣经的太阳—远方的朝霞—春天大地—世界的光明—金色的田界—森

林—训谕的百合花—天空—天使的翅膀—不可思议的光—圣经的太阳—你的眼睛；

呼吸着谎言的一切—诡异的道路。

根据前面我们对原文的分析，再比较丁人和汪剑钊的超义子和语义对比丛，我们发现汪剑钊的译文更贴近原文的意思。因为诗人全篇是在歌颂人类将接受圣经及基督教文献的洗礼，迎来新的纪元，而不是在表达我信任我和太阳所约定的话（约言：即约定的话。见《现代汉语词典》，吕叔湘主编，商务印书馆，第 1555 页）。丁人显然把原文的超义子弄错了，于是造成语义对比丛也与原文有出入。查阅 Н.Ю. 什维多娃主编《奥日科夫俄语词典》(《Толковый словарь Ожегова русского языка》) межа 的含义是 граница земельных участок，所以 золотая межа 还是应该翻译成 "金色的田界" 比较好，而不是丁人所译的 "金色的小径"，汪剑钊的译法更体现原文所要表达的主旨。词典中 Бездорожье 的含义是 отсутствие，недостаток или плохое состояние проезжих дорог，而原文的超义子要表达的含义是 "违背基督精神的虚诞与邪恶"，且这个词所在的语义对比丛要与前一个语义对比丛刚好形成对立，所以这里的 бездорожье 还是最好处理成汪剑钊所翻译的 "诡异的道路"，而不是丁人的 "一片泥泞"，这里丁人的译法显得过于苍白无力。全诗第三节中对于 заповеданных лилий 的译法，两位译者也是大不相同，丁人译为 "百合花在那儿珍藏"，而汪剑钊则处理为 "训谕的百合花"，到底哪个更好呢？查阅《奥日科夫俄语词典》中 заповедать 有以下含义：① завещать сделать или исполнить что-н，как заповедь；② сделать заповедным，而查阅 заповедный 则有以下含义：① неприкосновенный，запретный；② х ранимый в тайне，заветный；③ относящийся к работе заповедников，к их организации. 显然丁人由于对原文的超义子和语义对比丛的理解有误而将 заповедать 的第二个概念意义具体化了，仅仅把 заповеданный 翻译为 "珍藏"，而汪剑钊则根据原文的超义子和语义对比丛所形成的文本语义场把百合花看作是基督精神的一种产物，将 заповедать 的第一个概念意义具体化，并把

заповеданный 正确地处理为 "训谕"。这样一来，这句话的语义就更好地融入了本诗节的分语义链，并最终汇入整首诗的语义对比丛中，有利于全诗主旨的表达。

再看一个例子：

《Слово》

Молчат гробницы, мумии и кости, —　　　　　И нет у нас иного достоянья!
　　Лишь слову жизнь дана :　　　　　　　　　　Умейте же беречь
Из древней тьмы, на мировом погосте,　　　Хоть в меру сил, в дни злобы и
　　　Звучат лишь Письменна.　　　　　　　　　　страданья
　　　　　　　　　　　　　　　　　　　　　　　　　　　　Наш дар бессмертный—речь
　　　　　　　　　　　　　　　　　　　　　　　　　　Бунин  7. Янв. 1915

《言　论》

灵柩、木乃伊、骨殖　　　　　　祖先没有别的遗产
尽管缄默深沉　　　　　　　　　传世留给我们
言论只单单赋予那些　　　　　　你们要学会善于运用
具有生命的人　　　　　　　　　并且珍视保存
从愚昧的远古到如今　　　　　　我们大家不朽的天分——
在野村的荒坟　　　　　　　　　每个人的言论
有时听到喃喃的声音　　　　　　即使痛苦或恼恨时刻
诵读神圣经文　　　　　　　　　说话要重分寸

（王庚年译，《获诺贝尔文学奖作家丛书第六辑——米佳的爱》，
漓江出版社 1991 年版，第 125 页）

《词　语》

坟墓、木乃伊和尸骨都沉默不语，　　我们别无财产！
只有词语充满了生命的活力；　　　　在仇恨和苦难的日子里，
在乡村的墓地上空，　　　　　　　　请你们力所能及地

只有文字挣脱了恒古的黑暗，回响不已。　　爱护我们不朽的天赋——言语。

（季元龙译，《俄罗斯诗歌翻译与欣赏》，上海译文出版社

2008 年版，第 8 页）


《语　言》

陵墓、木乃伊和尸骨了无声息，　　我们再也没有别的财富！

只有语言才获得生命：　　　　　　在充满仇恨和苦难的日子里，

从远古起在世界的乡村墓地，　　　哪怕量力而为，要学会爱护

只有文字才发出声响。　　　　　　我们不朽的天赋—言语！

（顾蕴璞译，《蒲宁精选集》，北京燕山出版社 2005 年版，第 81 页）


《文　字》

陵寝、木乃伊、骨骼永远沉默，　　爱护它吧，尽我们的能力，

只有文字生气勃勃。　　　　　　　在仇恨和痛苦的岁月里

从远古的幽冥中——在公墓上　　　我们再没有别的财富！

只有文字发出声响。　　　　　　　要珍惜我们不朽的天赋。

（陈馥译，《布宁文集》，人民文学出版社 2009 年版，第 69 页）


《词　语》

坟墓、木乃伊和枯骨一声不吭——　除此之外，我们没有任何其他财产！

唯有词语被赋予生命：　　　　　　在凶险和痛苦的时刻，

在世界的乡村墓地上，　　　　　　只要力所能及，你们就应该刻意珍惜

从初辟的鸿蒙里，唯有文字发出响声。我们不朽的天赋—言语。

（汪剑钊译，《二十世纪俄罗斯流亡诗选》，河北教育出版社

2004 版年版，第 62 页）


　　本首诗歌刊载于 1915 年 12 月彼得格勒杂志《编年史》第 1 期，作者蒲宁正与俄国文坛上的现代派作家进行公开论战，批判他们扭曲语言文字的形式主义做法，倡导大家为保持语言的纯洁性而斗争。

　　原文中也大量使用了重复和平行并置的手法来构建超义子和语义对比丛的。下面我们来进行分析。先看诗的上半节，在第一句中 гробницы, мумии 和 кости 由于共用一个动词 молчат 而相互联系并平行对举，突出其共同的"死亡腐朽"的含义；第三句 Из древней тьмы 和 на мировом погосте 同属前置词 + 名词的对偶结构，因此也处于平行对照的地位，并使得 древная тьма 和 мировой погост 形成聚合关系，突出其共同的语义并形成分语义链，为汇入诗歌整体语义丛做好准备；第二句和第四句则依靠 лишь 这个词的重复而使得这两句话以及 слово 和 Письмена 的联系拉近并形成聚合关系；同是位于开头的 молчат 和 звучат 也因为语音 -чат 的重复以及其语义的对立而使得第一行诗和第四行诗又相互拉近并遥相呼应，且更强调了诗行后面不同部分的对比性，并使得诗歌上半节的两个语义链和超义子处于更鲜明的对比地位。再看诗的下半部分，如开头第一句一样，在第三句 в дни злобы и страданья 中，злобы 和 страданья 也是由于共同修辞 в дни 而相互平行对举，并且含义拉近，形成分语义链。因此综观全诗，所有单数诗行形成一个语义对比丛：молчат-гробницы-мумии-кости-древняя тьма-мировой погост-иной достоянье-в дни злобы и страданья，超义子是"（一切都）死亡、腐朽与短暂"，而所有双数诗行则形成另一个语义对比丛：слово-жизнь-звучат-Письмена-беречь-дар бессмертный-речь，超义子是"（语言具有）生命、不朽与永恒"。奇数行和偶数行相互间隔，两个超义子和语义对比丛又刚好形成对立，揭示出主题：要捍卫和珍爱我们的语言！

　　我们来分析下这五个人的译文，王庚年与其他四个人的译文区别很大，超义子和语义对比丛也很不一样，乍一看上去，都好像讲得通。

　　王庚年的译文中的一个语义丛为：灵柩—木乃伊—骨殖—缄默深沉—愚昧的远古—野村的荒坟—别的遗产—痛苦或恼恨的时刻　超义子是"死亡、腐朽与痛恨"；

　　另一个语义丛为：言论—具有生命的人—喃喃的声音诵读神圣经文—珍视保存—不朽的天分—言论—说话重分寸　超义子为"要注意言论和说话"。

　　季元龙的译文一个语义丛为：坟墓—木乃伊—尸骨—沉默不语—乡村

的墓地—恒古的黑暗—别无财产—仇恨和苦难的日子　超义子是"死亡、腐朽与短暂";

另一个语义丛是：词语—生命的活力—文字—回响不已—爱护—不朽的天赋—言语超义子是"词语、文字、言语有生命、不朽与永恒"。

顾蕴璞的译文中一个语义丛为：陵墓—木乃伊—尸骨—了无声息—远古—乡村墓地—没有别的财富—充满仇恨和苦难的日子　超义子是"死亡、腐朽与短暂";

另一条语义丛：是语言—获得生命—文字—发出响声—爱护—不朽的天赋—言语　超义子是"语言有生命，是永恒和不朽的，爱护言语"。

陈馥的译文中一个语义丛是：陵寝—木乃伊—骨骼—永远沉默—远古的幽冥—公墓—再没有别的财富—仇恨和痛苦的岁月　超义子是"死亡、腐朽与短暂";

另一条语义丛是：文字—生气勃勃—发出声响—爱护—珍惜—不朽的天赋　超义子是"文字是生气勃勃、永恒的，珍惜文字"。

汪剑钊的译文一个语义丛是：坟墓—木乃伊—枯骨——声不吭—乡村墓地—初辟的鸿蒙—没有任何其他财产—凶险和痛苦的时刻　超义子是"死亡、腐朽与短暂";

另一条语义丛是：词语—赋予生命—发出响声—刻意珍惜—不朽的天赋—言语　超义子是"词语富有生命，永恒，珍惜言语"。

由此看来，王庚年的译文第一个语义丛和超义子与其他三位译者的译文第一个语义丛和超义子还比较接近，可是他们的第二个语义丛和超义子就相差甚远了。然而，他们哪个更加正确呢？通过我们前面对原文的分析，以及两个超义子和语义丛应该相对立的原则，显然另外四位译者的超义子和语义对比丛更加贴近原文。所以第二句话只有翻译为"语言或文字充满了生命和活力"这个含义才更符合全诗的主旨，王庚年的译法是错误的。《奥日科夫俄语词典》中 Письмена 的意思是 Письменные знаки，буквы，преимущественно древние。上文我们已经分析过了，лишь 的重复使得 слово 和 Письмена 处于平行对照的地位，两者的意思应趋同，所以 Письмена 不应该引申式地翻译为"神圣经文"，而应该直译为"语言"

或 "文字"。而且其他几位译者都注意到了两个 лишь 的重复,在译文中也以两个 "只有" 的重复使 "词语" 和 "文字"(顾蕴璞使用的是 "语言" 和 "文字" 则更为贴切,陈馥则干脆使用重复的方法,将它们都译为 "文字",也是正确的)处于对举并置的地位,不仅更好地再现了原文的形式特点,而且更突出了这两个词的近义性。同时季元龙的译诗中第四行结尾的 "回响不已"(顾蕴璞和陈馥的译文是 "发出声响",汪剑钊翻译为 "发出响声")与第一行结尾的 "沉默不语"(顾蕴璞处理为 "了无声息",陈馥翻译为 "永远沉默",汪剑钊译为 "一声不吭")刚好相对,遥相呼应,这样也较好地再现了原文 молчат 与 звучат 的语音重复和平行对立。然而王庚年忽视了 лишь 的存在和独特作用,把 звучат 翻译为 "喃喃的声音诵读",既没有再现原文形式特点,也不符合原诗的语义对比丛和超义子。最后,结尾的 речь 这个词的语义也受到处于同一语义丛上的 слово、Письмена、беречь 等词所构建的文本语义场的影响而具体化,因此 речь 不应该翻译为 "言论,说话",而应该翻译为 "言语"。

综合上述对超义子、语义对比丛和文本语义场的分析,本诗的题目 Слово 正确的译法应该是 "语言" "词语" 或者 "文字",而不是 "言论"。

还有的译文有某个超义子和语义对比丛缺失的情况。请看阿赫玛托娃的一首诗:

《И в тайную дружбу с высоким》

И в тайную дружбу с высоким,

Как юный орел темноглазым

Я, словно в цветник предосенний,

Походкою легкой вошла.

Там были последние розы,

И месяц прозрачный качался

На серых, густых облаках...

Ахматова    Петербург 1917г

《黑眼睛的高个儿好像一只小鹰》　　　《我和高个子有秘密的友谊》


黑眼睛的高个儿好像一只小鹰，　　　　我和高个子有秘密的友谊，
我和他有了秘密的友情，　　　　　　　他像一只黑眼睛年轻的鹰，
好像步入了庭前的花坛，　　　　　　　我用轻快的走路姿势，
我的步态轻盈。　　　　　　　　　　　像步入早秋的花坛里。
那里有新开的玫瑰，　　　　　　　　　那儿最后的玫瑰在开放，
月光透亮通明，摇曳在　　　　　　　　还有一轮晶莹的月亮
灰暗的、浓密的云层……　　　　　　　在灰色稠密的云中颠簸。
（陈耀球译，《苏联三女诗人　　　　　（马海甸译，《阿赫玛托娃诗
选集》，湖南人民出版社　　　　　　　文集》，安徽文艺出版社
1985年版，第43页）　　　　　　　　1999年版，第150页）


　　比较两个译文，细心的读者就会发现有很大的不同。马海甸的译文中
提到了"早秋的花坛"和"最后的玫瑰"，玫瑰一般都盛开在4—5月份，
早秋的花坛里怎么会有玫瑰呢？难道是马译错了？陈耀球的译文则表现了
主人公与男友约会兴奋而愉快的心情，花前月下，一切都翻得如此优美而
富有诗情画意，这样看来陈的译文就是更正确、更好的译文吗？
　　带着重重疑问我找到了原诗和相关资料。这首诗收录在阿赫玛托娃
的《车前草集》中，表现了她与男友第一次约会时的矛盾而复杂的的
心情。首先，тайная дружба 就是一个委婉语，象征着 слепая любовь，
ослепляющая любовь；其次，诗中暗含着秋天的玫瑰也具有寓意，玫瑰
一般只在4—5月盛开，夏末花坛里的玫瑰只可能是温室中的玫瑰，是反
常的，带有欺骗性的。作者正是要通过"夏末的玫瑰"来刻画出当时复
杂的心境。她害怕这个"тайная дружба"是一次"爱情的欺骗"。到最
后主人公终于豁然开朗，于是才会出现"последние розы"和"месяц
прозрачный"，在这里，主人公"心灵花坛中的温室玫瑰"才最终变成

了"一束真正的玫瑰"，这个"秘密的友谊"也才变得明朗起来。① 因此原文有两个超义子和语义对比丛：一个超义子是"主人公对这个秘密友谊的疑虑，害怕受到欺骗的矛盾心情"，对应的语义对比丛是 тайная дружба-цветник предосенниий-походкой легкой-качался-серые，густые облака；另一个超义子是"主人公疑虑打消，豁然开朗，真正收获了爱情的玫瑰"，对应的语义对比丛是 последние розы-месяц прозрачный，这里两个超义子以及两个语义对比丛都相互对立，揭示出主题：这个"秘密的友谊"转变为真正的爱情。

我们再看两篇译文：陈耀球的译文只有一个超义子和语义丛，超义子是初次约会时的兴奋与愉快的心情，语义丛是秘密的友情—庭前的花坛—步态轻盈—新开的玫瑰—月光透亮通明—摇曳，这个超义子和语义对比丛与原文大相径庭，而且另一个更重要的超义子和语义对比丛则是缺失的，译者根本没有体现。马海甸的译文则有两个超义子和语义对比丛：一个超义子是"主人公矛盾和不安的心情"，语义丛是秘密的友谊—轻快的走路姿势步入—早秋的花坛—灰色稠密的云—颠簸；另一个超义子是"主人公豁然开朗的心境"，相对应的语义丛是最后的玫瑰—晶莹的月亮，两个语义丛形成语义对比丛，基本上和原文一样。查阅字典《Толковый словарь русского языка под редакцией Т.Ф.Ефремовой》，对 предосенний 有如下的定义：（1）Такой，как бывает перед осенью；（2）предшествующий осени，《奥日科夫俄语词典》对 последний 则有如下释义：（1）конечный в ряду чего-н；（2）самый новый，только что появившийся；（3）окончательный，бесповоротный。显然，由于陈耀球错误地把原文只理解为一个超义子：初次约会时的兴奋与愉快的心情，所以其语义丛所形成的文本语义场将 предосенний 这个词语具体化为 пред+сени 所构成的形容词形式。сени 的释义是 в деревенских избах и в старину в городских домах：помещение между жилой частью дома и крыльцом. 因此陈把 цветник предосенний 翻译成"庭前的花坛"。同理，

---

① 参见 В.В. Корона.，《Поэзия Анны Ахматовой: поэтика автовариаций》，2006г.

陈耀球把 последние 的第二个概念意义具体化，将 последние розы 翻译为"新开的玫瑰"，还把 качался 处理为"月光透亮通明，摇曳……"，从而营造花前月下的意境，以使得初次约会的爱意更加浓郁。此外，他还将 походкою лёгкой 处理为"步态轻盈"，"多么优美的姿态啊"！这样一来，陈耀球以为如此翻译就符合自己所构建出来的超义子、对比语义丛和文本语义场，殊不知其超义子和对比语义丛已与原文相去甚远。原文正是要通过 цветник предосенний 和 последние розы 来制造出一种矛盾的效果，从而突出主人公的心境由复杂而矛盾到豁然开朗的变化。马海甸的译文在这一点上无疑做得很好，因为马海甸正确理解了原文的超义子和语义对比丛，并使得自己译文的超义子和语义对比丛与原文相一致。在正确的超义子和语义对比丛的引领下，其文本语义场也正确地将所要翻译的词语具体化，从而得出更为准确的译文。由此看来，цветник предосенний 还是应当翻译为"夏末的花坛"更为合适，последние розы 则应翻译为"最后的玫瑰"，以增强两个超义子和语义对比丛的对比。此外，将 походкою лёгкой 处理为"轻快的走路姿势"可以凸显主人公当时紧张而又小心翼翼的心境，把 качался 改译为"颠簸"，更有利于突出主人公不平静的心情。这样处理它们就能更好地融入相对应的语义对比丛中，从而更好地服务于主题。

　　综上所述，乍一看上去陈耀球的译文更优美，更符合文意，马海甸的译文似乎充满矛盾，但经过细致分析后，马海甸的译文反而是更准确、更好的译文。

　　总之，诗歌就是依靠各种语音、韵脚、词汇、语法和句法等各种要素的重复来构成形式上的平行对照，在诗歌的结构形式中把各种异质同构的诗歌元素（它们在普通语言中往往属于不同语义系列）组合起来，形成聚合关系，在强调自身重复部分的语义的同时，也强调了不重复的部分，通过平行对照来深化语义关系。在重复和平行对照的作用下，诗歌往往就能凸显"超义子—语义丛—语义对比丛—文本语义场"这样的语义结构模式。如此一来，诗歌的语义就会形成层次感，并逐层深化，最后达到诗歌的中心主题。我们在翻译的过程中，在尽力保留或补偿原文形式的同时，也要注意正确地再现原文的超义子和语义对比丛，因为只有这样才能保证译文和原文在内容上保持一致。此外，正确的超义子和语义对比丛才能形成与原文相一致的文本语义场，使得诗歌中的每一个词的概念意义都能准确地具体化，为这些词汇充分融入分语义链并最终汇入语义对比丛做好铺垫。也只有这样，才能在尽力保证诗歌形式美的同时，让译文也和原文一样具有多层级的语义关系，和原文保持一致的的中心意思和主题。

# 第五章　重复、平行对照与俄汉诗歌翻译

重复（повтор）、平行对照（параллелизм）是洛特曼结构诗学理论的核心概念，也是诗篇构建的基本原则。它站在结构诗学的立场之上，显示出诗歌文本在语言层面的建构原理和诗歌语义生成的内在机理。这不仅对于我们分析诗歌结构，探索诗歌含义的生成机制具有巨大的意义，而且可以极大丰富诗歌翻译的理论，有效地指导我们进行俄汉诗歌翻译实践。

本章我们就来探讨重复、平行对照与俄汉诗歌的翻译问题。首先我们详细地阐述重复、平行对照的概念和内涵，修辞学上的平行对照与结构诗学上的平行对照有何异同；然后我们从"二轴说"等理论出发论述重复、平行对照是诗歌文本的重要组织原则；最后以语音、节奏、词汇和句式为例着重分析这一原则引入俄汉诗歌翻译的巨大作用和意义。

## 第一节　重复、平行对照的概念和内涵

重复和平行对照这一概念最早出现在修辞学中，是一种重要的修辞手法，指的是篇章中毗邻的两个或者多个片段在句法结构上具有相同性。它包括回环、首语重复、尾语重复、首尾重叠，等等。西方最早的宗教圣书《圣经·旧约》，其诗歌体作品在很大程度上是以平行对照结构作为基石的。托马舍夫斯基指出："诗语正是由对称和平行结构产生出来的。"[1]

洛特曼将重复和平行对照引入到结构诗学之中，使其成为诗学理论的

---

[1]　Томашевский Б. В. Стилистика и стихосложение. Ленинград, 1959, стр282.

重要概念之一。[①] 那么在结构诗学中到底什么是重复和平行对照呢？重复与平行对照的区别又在哪里呢？

关于平行对照的定义，洛特曼指出："平行对照就是相互对照的二项式。我们可以通过一个成分得知第二个成分，且第二个成分与第一个成分形成对比的关系。这两个成分并不完全同一，但也不是完全区别，而是处于相互对比的状态，拥有共同的特点。"[②] 例如：

Грустен и весел вхожу, ваятель, в твою мастерскую...

（Пушкин《Художнику》1836г ）

Грустен 和 весел 处于相同的句法位置，并且拥有相同的语法形式。在它们之间建立了平行对照的关系。这样就使得大家在诗行中不能把 грустен 和 весел 理解成两个不同的、互不联系的心情。实质上，它们在诗行中是相互对比的两个成分，并构成了复杂的相互对比体系。

再例如：

Молодым везде у нас дорога,

Старикам везде у нас почёт

（Лебедев-Кумач ）

青年人在我们这里前程真宽广，

老年人在我们这里到处受尊敬。

依靠 везде у нас 的重复和 молодым 与 старикам 的对比，这两个诗句形成了相互对照的平行关系，诗歌含义便在这种相互对比的过程中生发出来，两句诗在结构上也形成了对称、和谐、匀称的形式美。

由此我们可以看出，洛特曼结构诗学中的平行对照与修辞学上的平行对照虽有许多相似点，但是也存在一定区别。首先，修辞学上的平行对照往往只局限于句法结构之中，而在洛特曼的结构诗学之中，平行对照的客体和对象则更加宽泛，既可以是语音和词汇的重复，也可以是句法和语法

---

① 虽然在他的理论著作中，平行对照并没有被非常详细地阐述，但是这一思想却贯穿于他的整个诗学理论体系之中。

② Лотман. Ю. М., «Анализ поэтического текста», СПб., 1996г, стр96.

形式的对等，十分灵活。其次，在结构诗学中，相互对照的二项式在诗歌结构整体的作用下联系更为紧密，两者之间相互比照生发出的含义往往要放在整个诗节，甚至是诗歌结构的整体中去理解，与诗歌的所指保持一致。最后，在诗篇中，形式是服务于内容的，形式上的平行对照必然服务于诗歌的语义和内容。在诗章中平行对照既可以表现为同中有异的部分重复，也可以表现为相互的完全对立，然而无论它是以哪种形式出现，它都会使得在自然语中相互孤立的词句在诗章结构中处于相互比较的位置，形成映衬、互补、对照和对比等各种聚合关系，进而形成语义丛、语义对比丛和文本语义场，最终揭示主题。这也是平行对照成为诗篇组织结构原则的原因所在。而在普通的文本修辞（如小说、戏剧、散文）之中，平行对照一般是没有这样的功能的，因此平行对照也不可能成为这类文体的构建原则。

以上我们大体弄清了结构诗学中平行对照的内涵及其与修辞学上的平行对照的区别，那么大家不禁要问：平行对照与重复又有什么区别呢？

关于这个问题，洛特曼认为："文学篇章是建立在两种类型的关系的基础之上：对等成分的重复形成的平行对照，和相邻成分形成的平行对照。"这也就是说，在洛特曼的结构诗学理论中包含着两种聚合类型：一种类型的聚合关系是不完全的重复，即部分相同、部分相异，这就是平行对照，由于相同部分处于"平行"的地位，所以相异的部分被凸显出来，并蕴含丰富的信息量，例如舒婷的《这也是一切》，就是典型的平行对照，待会儿我们会详细论述到。另一种类型的聚合关系是在某个或某几个层次上的完全重复，例如上一章沃兹涅先斯基的短诗《Гойя》中就三次重复使用 Я Гойя。在洛特曼看来，诗篇中不存在完全意义上的重复，那种看似完全重复的单位其实已因所处位置的改变而改变了信息的含量。Я Гойя虽然形式上相同，但是在不同的诗节位置上语义是各有侧重的。因此，在诗歌结构中，那种语音的、语法的、词汇的、句法的反复出现都不是简单的重复，而是可以拉近那些异质同构（异质就是指不同语义不同系列，同构就是指形式上相联属）的语言要素的空间距离，形成聚合关系，并使其融入诗歌的整体语义结构系统之中。

后来，佐梁也曾指出："在诗歌结构组织以及诗篇分析中，重复和平行对照常常表现出基础性的作用，它们通常指的是同一种现象，只是在量上而并非在质上有区别。平行对照是部分的重复，而重复则是最大限度的平行对照。"① "正是在相同中发现不同，在不同中发现相同，我们才能更正确地去解释诗篇结构的本质特点。"②

由洛特曼、佐梁等理论家的观点我们可以看出：在诗歌中，重复和平行对照总是同中有异，异中有同。其中相同的因素就可看作不变量（инвариант），相异的因素可以视作可变量（вариант）。这种不变量和可变量可以表现在诗歌的所有层次之中，包括语音、韵律、词汇、句式、语义等各个层次。不变量就是诗歌的"动态性预备"或"酝酿"，通过不变量和可变量的对比，可以突出其中的可变量。为了更好地说明，我们列举舒婷的《这也是一切》中的片段：不是一切大树都被风暴折断；不是一切种子都找不到生根的土壤；不是一切真情都流失在人心的沙漠里；不是一切梦想都甘愿被折断翅膀。……

这首诗充分运用了平行对照的手法，节奏以及开头句式上的重复在语义构成方面具有重要意义。作者在重复不变量"不是一切"的同时，其实就是在强调后面的可变量因素，并使这些可变量（如大树、种子、真情、梦想）都处于平行对举的地位，使它们的空间距离相互拉近，互相比照，并依靠这些可变量词语的并置来彰显意义，使之汇入整个文本的语义结构系统之中。从读者的角度来说，我们往往期待着重复成分后面的诗句自动生成，而客观上重复成分后面的语句却又往往不符合我们的期待。这种期待与期待受挫之间便可以延长审美的效果。从文本的角度来说，文本中同时运行着两种机制——自动化机制和非自动化机制。自动化机制产生相同的片段链，努力使文本的所有成分都服从系统，按自动程序排列所有成分，而非自动化机制则产生不同片段链，会要破坏这种自动化的程序，把

---

① С. Т. Золян: «О принципах композиционной организации поэтических текста», проблема структурной лингвистики, 1983., с. 71.

② С. Т. Золян: «О принципах композиционной организации поэтических текста», проблема структурной лингвистики, 1983., с. 70.

可变量变为信息的载体。

再如上一章我们列举并分析了沃兹涅先斯基的《Гойя》，启示代词 Я 就是不变量，而 Я 后面的可变量则被加以强调，且蕴含着巨大的信息量。同时这些可变量词语又在语音重复这个不变量的基础上相互比照，平行对举，在空间距离上相互拉近，形成聚合关系。在诗歌结构中语音上的同一性又带来语义上的同一性，于是这些词语又在语义不变量——超义子的作用下构成语义丛和语义对比丛，进而形成文本语义场，最终揭示诗歌主题。由此可见，在整首诗中不变量和可变量水乳交融，你中有我，我中有你，共同处于一个矛盾统一体中，而意义就在这种纵横交错中生发出来。

综上所述，重复和平行对照原本是修辞学上的重要概念，然而一旦它们进入到结构诗学之中，其内涵便发生了很大的变化。诗歌文本在各个层次上的重复和平行对照会表现出同中有异、异中有同的特性，并与诗歌的语义构成发生密切的关联。重复是最大限度的平行对照，平行对照是部分的重复，二者都是对同一现象的不同描述形式。但是无论表现形式如何，它们都会拉近那些异质同构的词句之间的空间距离，使之形成聚合关系，并进入诗歌语义的层级性结构之中。在重复和平行对照之中，相同的部分可以称作"不变量"，相异的部分可以称作"可变量"。不变量和可变量可以表现为多种形式，体现在语义、句式、韵律等各个层次之中。它们是辩证统一的关系，相互作用，相互交织，统一贯穿于诗歌结构的整体，最终生发出诗歌的语义和内容。

## 第二节　重复和平行对照是诗歌文本的组织原则

语言学家佐梁指出："诗歌文本的组织结构原则是什么？答案很明显：属于不同语言层面的文本单位的重复性。"[①] 而这种重复性在具体的

---

① С. Т. Золян: «О принципах композиционной организации поэтических текста», проблема структурной лингвистики, 1983., с. 62.

诗篇中就表现为诗歌各个层面的重复和平行对照。持类似观点的学者还有谢尔巴（Л. В. Щерба），洛特曼（Ю. М. Лотман），季莫费耶夫（Л. И. Тимофеев），西里曼（Т. Г. Сильман）等。

其实，佐梁的观点以及洛特曼的结构诗学理论都受到了 20 世纪初的著名语言学家索绪尔和雅可布逊提出的语言的聚合和组合二轴之说的影响。在散文中，横向组合是信息构成的主要方式，一个动词接一个动词，一个事件接着一个事件，一系列水平展开的线形活动构成了散文的主体，因此横向组合轴在散文中占据主导地位。在诗歌中，方向性与散文截然不同，纵向聚合轴的意义被极大加强了。如"枯藤老树昏鸦，小桥流水人家，古道西风瘦马"（节选自马致远《天净沙·秋思》），再如"我是你河边上破旧的老水车，数百年来纺着疲惫的歌；我是你额头上熏黑的矿灯，照你在历史的隧洞里蜗行摸索；我是干瘪的稻穗；是失修的路基；是淤滩上的驳船，把纤绳深深勒进你的胳膊——祖国呵！"（节选自舒婷《祖国啊，我亲爱的祖国》）等。对于这些诗句人们不是根据因果性或者时间顺序解读诗歌句子，也不是在读完一个诗句后期待下一句出现的相继事件，而是自然而然地期待与上面的诗句构成纵向关系的句子。事实上，在诗歌中，这些词句之间构成的是一种纵向的平行对照（паралеллизм）关系，如对偶（антитеза）、对立（противопоставление）、重复（повтор）、同一（отождествление），等等。正如雅可布逊所指出："诗歌功能把等值原则从选择轴投射到组合轴上。"[1] 这也就是说诗歌语言中种种横向的组合方式被纵向的聚合方式所代替了，等值成为句段的连接手段。洛特曼在此基础上指出："在诗歌中，重复和平行对照成为实现这种聚合层面有序性以及等值有序性的重要手段。"[2] 也正是因为重复和平行对照是实现诗歌文本聚合关系的有效手段，所以从这个意义上来说，它成为诗歌文本的重要组织原则。

那么在诗歌中，重复和平行对照又是通过何种方式去实现这种聚合

---

① Якобсон. Р. О., «Работы по поэтике», стр204.

② Лотман. Ю. М., «Анализ поэтического текста», СПб., 1996г, стр51.

关系的呢？——具体来说就是在相邻中建立等值。[①] 佐梁将其分为三种方式：

（1）通过重复和平行对照强调共同性义子来实现这种聚合关系。如上一章我们分析过的沃兹涅先斯基的《Гойя》就是通过启始代词 я，语音 ro 等几个层次的重复和平行对照来突显"голос войны""глазницы воронок"。"горло повешенной бабы"。"поле нагое"这些词语的聚合性关系和共同性义子，强化"战争与人"的关系，表达对战争的控诉。关于这个问题第二章已详细论述了。

（2）把一个片段的义子转化为另一个片段的义子。如 Взойди, взойди, солнце, взойди выше лесу, Приди, приди, братец, ко сестрице в гости... 这两行诗句平行对照。如果没有诗歌结构的话，前一句就仅仅是客观描述"初日照高林"的景色，没有任何其他含义和感情色彩。然而正是由于它与后面一句共处于同一个诗歌文本结构之中，在节奏重复和句式的平行对照之下 солнце 与 братец, лес 和 сестрица 建立了类比的关系，后一句表达的含义是慈爱的兄长来到热情的妹妹家做客，因此前一句的含义变会发生转化，与后句趋同，可理解为"温暖的阳光照耀着森林"暗喻着兄长对妹妹的爱护如和煦的阳光沐浴着森林。类似的例子还如大家耳熟能详的歌曲《东方红》中的开头"东方红，太阳升，中国出了个毛泽东"。前两句平行对照，描写冉冉升起的红太阳，后文又点出"毛泽东"，使这两者建立起类比的联系。于是前面红太阳的含义便发生转化，暗喻毛泽东如红太阳一样，是人民的大救星。

（3）激活义子，即这个义子在单独一个片段中没有，但是在片段组合中却被激活。例如马尔蒂诺夫的抒情诗《О, земля моя!》：

О, земля моя!

С одной стороны,

---

① 这里的"等值"应理解为行使同一语义功能。也有的学者将此句话翻译为"在相邻中建立相似"。原文请参见 С. Т. Золян:《О принципах композиционной организации поэтических текста》, проблема структурной лингвистики, 1983., с. 71之中"установление эквивалентности по смежности и подобию"一句。

Спят поля моей родной стороны,

А присмотришься с другой стороны —

Только дремлют, беспокойства полны,

Беспокойство —

Это свойство весны.

Беспокоиться всегда мы должны.

Ибо спеси мы смешной лишены,

Что задачи до одной решены.


И торжественны,

С одной стороны,

Очертания седой старины,

И естественно, с другой стороны,

Быть не следует слугой старины.


Лишь несмелые

Умы смущены

Оборотной стороной тишины,

И приятнее им свойство луны —

Быть доступным лишь с одной стороны.


Но ведь скоро

И устройство луны

Мы рассмотрим и с другой стороны.

Видеть жизнь с ее любой стороны

Не зазорно ни с какой стороны.

(Леонид Мартынов)


在第三行诗节中，开头 и 是重复的，且 с одной стороны 和 с другой

стороны 具有相同的句法结构（具有相同的超义子）。这样一来，词语和句法层次上的重复使得两个诗句处于平行对照的地位。在普通语言中，естественно 原本是一个副词，在俄语中语义是 конечно，разумеется，汉语中可以翻译成"自然，当然"。但是由于词汇和句法层次上的平行对照，整个诗节被划分为对立的两个部分。这首诗里的 естественно 已经成为诗歌整体中的一个部分，与 торжественны 处于相互对立的地位，而获得了新的语义 простота（朴素）。这个新的语义不同于普通语言中的概念意义，而是在与 торжественны 所形成的一种对比关系中被激活。这样一来，这个诗节的前一个部分讲述的是官僚的僵死的盛大生活，后一个部分讲述的是朴素的简单生活，相互形成对比，能更好地揭示主题。

因此，我们在翻译的过程中，就需要特别注意处理这些新的语义被激活的词语。稍不加留意，就有可能译错。而避免译错的办法就是把单个的词放到整个语义丛，甚至是文本语义场中去考察，让词语的语义与整首诗歌的所指相融合。再例如茨维塔耶娃的短诗《Мировое началось во мгле кочевье》：

> 《Мировое началось во мгле кочевье》
>
> Мировое началось во мгле кочевье :
>
> Это бродят по ночной земле - деревья,
>
> Это бродят золотым вином - грозди,
>
> Это странствуют из дома в дом - звезды,
>
> Это реки начинают путь - вспять!
>
> И мне хочется к тебе на грудь - спать.
>
> Цветаева  14 января 1917

《世界的游牧区在迷雾中开始》 《世界的漂泊在夜雾弥漫中开始……》

世界的游牧区在迷雾中开始：　世界的漂泊在夜雾弥漫中开始……

这是树木在黑夜的大地上漂泊，　那是树木在夜色朦胧的土地上徜徉，

这是葡萄像金色的酒液在漂泊，　那是串串葡萄在漫游，仿佛金色的酒浆，

这是星星在一家又一家地漫游，　　那是星星在挨家儿游览，

这是江河开始逆转的路程！　　　　那是江河开始了回流的行程！

我也希望来到你的胸口——安息。　我也渴望来到你的怀抱里——安眠。

（汪剑钊译）　　　　　　　　　　　　　　（娄自良译）

原文中四个以 это 开头的诗句并列排比，将许多词语置于平行对照的地位，形成聚合关系。首先，原文中通过一系列景物 ночное земле, деревья, золотое вино, грозди, звезды, реки 勾勒出一幅静谧之夜的景象。其次，一系列动词性词组 кочевье, бродят, странствуют, начинают путь 又形成一个语义丛，在静谧的黑夜中刻画出移动的图景，静中有动，动静结合，与前面所述的景物描写形成对照，共同描绘出如此醉人的美妙之夜，令人神往。由此看来，在这首诗中，词与词之间的衔接和联系非常重要。综观汪剑钊和娄自良的译文，他们大体上都再现了原文的语义和特点，但是对本首诗的诗眼 кочевье 的翻译却不太一样，汪剑钊将其按概念意义处理为"游牧区"，娄自良则转译为"漂泊"，那么哪一个更好些呢？题眼的重要性不言而喻，将 кочевье 置于语义丛、文本语义场和诗歌整体结构之中去考察的话，就会发现 кочевье 这个词语相对于原来的语义发生了偏转。换句话说，кочевье 这个词在与其他几个词语的并置过程中新的语义被激活。Н.Ю. 什维多娃主编的《Толковый словарь Ожегова》（《奥日科夫俄语词典》）中 кочевье 的释义是 стоянка кочевников；местность, по которой кочуют.（游牧站，游牧区），但是在这首诗中 кочевье 与 бродят，странствуют，начинают путь 并置，形成一个语义丛。因此，它的语义在这些词语和诗歌文本结构的整体影响下发生了偏转，并非仅仅只是一个事物性的所指，而是具有了"迁居、漂泊"的含义。无疑娄自良较好地再现了这一含义，将题目翻译成"世界的漂泊在夜雾弥漫中开始"更好地融入诗歌文本的整体语义结构之中，与全诗的主旨也相符合。

正是通过以上这三种方式，诗人通过重复和平行对照在诗歌文本之中不断建立聚合关系，把等值关系从聚合轴投射到组合轴之上，实现着诗功能。而重复和平行对照也就成为诗歌文本的重要组织原则，将抒情话语与叙事话语从根本上相互区别开来。

　　回顾上一章，我们论述过诗歌文本的语义结构模式是"超义子—语义丛—语义对比丛—文本语义场"。词语在超义子的作用下形成语义丛和语义对比丛从实质上来说就是语义形成一种聚合关系的过程，而这种聚合关系也就是依靠上述的重复和平行对照来实现的。诗歌中的词语依靠语音、韵律、词汇、句式、语法结构等各个层次的重复和平行对照而相互拉近，相互并置，在形式的相似性的基础之上建立语义上的趋同，于是它们便会在超义子作用下形成语义丛、语义对比丛和文本语义场。也就是说，在重复和平行对照的组织原则下，在自然语言中本不相干，含义相差万里的词语会形成聚合关系，使得语义结构呈现出鲜明的聚合性和层级性特征，而词语的具体含义也会在文本语义场和形式上的平行对照中得到确定。例如《Гойя》正是依靠语音 ro 的重复，才使得"Гойя""Горе""голод"，"голос войны""городов головни""глазницы воронок""горло повешенной бабы"，"поле нагое"等词都相互拉近，形成聚合关系，为它们在语义上形成语义丛、语义对比丛和文本语义场作好铺垫，使得整首诗的聚合性特征更为明显，语义层级性特征更为突出。我们在上一章已对此作出过详细的分析和论述，这里就不再赘述了。我们再以蒲宁的一首诗歌为例，具体分析一下诗篇是如何依靠重复与平行对照来实现语义聚合关系的：

«Счастлив я, когда ты голубые......»

Счастлив я, когда ты голубые
Очи поднимаешь на меня,
Светят в них надежды молодые —
Небеса безоблачного дня.

Горько мне, когда ты, опуская
Темные ресницы, замолчишь :
Любишиь ты, сама того на зная,
И любовь застенчиво таишь.

Но всегда, везде и неизменно

Близ тебя светла душа моя...

Милый друг! О, будь благословенна

Красота и молодость твоя!

（Бунин 1896）

《我真幸福……》
我真幸福，当你向我
送来你的蓝色的秋波，
她们闪着青春的希望，
好比万里无云的苍穹。

我真痛苦，当你低垂
黑黑的睫毛，沉默不语：
你爱着，却浑然不知，
羞怯地将爱藏在心底。

无论何时，无论何处，
在你身边我新欢愉……
亲爱的！愿上帝祝福
你的青春和你的美丽！
（陈馥译，《布宁文集》（第四卷）
人民文学出版社 2009 年版）

《我感到十分幸福，只要你……》
我感到十分幸福，只要你
抬起浅蓝的眼睛朝我看，
眼中闪亮着青春的希望——
那万里无云之日的蓝天。

我感到十分痛苦，只要你
垂下深色的睫毛不言语，
你不知不觉地在爱着我，
却羞羞答答地把爱情藏起。

但无论何时、何地，只要
我的心靠近你就有光明……
啊，心爱的朋友，祝愿你
永远拥有美丽和青春！
（顾蕴璞译，《蒲宁精选集》，北
京燕山出版社 2005 年版）

这是一首描写对恋人的思念的爱情诗，作者通过第一、第二诗节的对比来揭示主题。我们可以分别来分析下原诗的前两个诗节，看看作者是如何运用重复和平行对照来营造文本语义场的。

首先在第一诗节和第二诗节的 когда ты 重复以及 я 与 мне 对照的基础上，第一诗节的开头 Счастлив 与第二诗节的开头 Горько 刚好相对，词汇的重复和平行对照更加凸显出 Счастлив 与 Горько 的对立。更重要的是这两个词语分别引领这两个诗节，既是本诗的两个相对的超义子，在此基础上串联起两个相对立的语义丛，又作为本诗的诗眼，揭示主题。在 Счастлив 与 Горько 的分别引领之下，第一诗节中 поднимаешь，голубые очи，светят 与第二诗节中 опуская，темные ресницы，таишь 刚好对立，图示如下：

Счастлив – поднимаешь – голубые очи – светят

　　　　↓　　　　　　↓　　　　　　↓　　　　　↓

　Горько　–　опуская – темные ресницы – таишь

　　由图所示，在超义子 Счастлив 与 Горько 的引领下，第一诗节与第二诗节组成了两个相对立的语义链。然后作者又通过韵尾的重复（第一诗节中第一、三行韵脚 ые 的重复使得 голубые очи 与 надежды молодые 相互靠近；第二诗节中第二、第四行韵脚 ишь 的重复使得 замолчишь 与 таишь 联系起来）使得语义对比链在超义子的作用下形成语义对比丛：

Счастлив – поднимаешь – голубые очи – светят – надежды молодые – Небеса безоблачного дня – красота и молодость.

Горько – опуская – темные ресницы – замолчишь – любовь застенчиво таишь

　　这两条语义对比丛相互对立，最后形成文本语义场，所有词语都被拉近这个语义场，其语义在这个文本语义场中都被具体化，最后烘托出本诗的主题：无论何时何地，两颗心靠近就会有光明（всегда，везде и неизменно，близ тебя светла душа моя）。作者正是通过形式上的重复和平行对照来使得诗歌形成语义链、语义对比丛，文本语义场，最终揭示主题。我们来看看两位译者的翻译：他们也都较好地注意到了本诗的重复平行对照，也在译文中营造出两条相对立的语义丛和文本语义场，来揭示主题。

　　陈馥的译文利用"我真……"和"当你……"两个词语的重复和平行对照来加强"幸福"和"痛苦"对立，并由此引领出两条相对立的语义丛：

　　幸福—送来—蓝色的秋波—闪着—青春和希望—万里无云的苍穹— 青

春—美丽超义子为"幸福"

痛苦—低垂—黑黑的睫毛—沉默不语—将爱藏在心底　超义子为"痛苦"

由此看来，陈馥的译文非常好地还原了原诗的超义子和语义对比丛。

我们再来看看顾蕴璞的译文。译者利用句式"我感到十分痛苦……"和"只要你……"的重复和平行对照来营造"幸福"和"痛苦"的对立，并由此引领出两条相对立的语义丛：

幸福—抬起—浅蓝的眼睛—闪亮—青春的希望—万里无云之日的蓝天—美丽和青春超义子为"幸福"

痛苦—垂下—深色的睫毛—不言语—把爱情藏起超义子为"痛苦"

顾蕴璞的译文也非常好地还原了原诗的超义子和语义对比丛，并揭示了诗歌主题。通过分析，我们可以看到这两位译者的译文都注意到了原诗的重复和平行对照的特点，在译文中也利用重复和平行对照来构建超义子和语义对比丛，将恋人不同的神态来进行对比，在作者的"幸福"和"痛苦"对立中揭示出诗歌的主题。因此，这两个译文都可以算得上是非常成功的译文，在语义上和形式上都较好地还原了原诗。

综上所述，洛特曼、佐梁等学者继承和发展了索绪尔和雅可布逊的"二轴说"，将诗功能引入到结构诗学的研究之中。洛特曼、佐梁等人在系统研究了诗章结构后提出：不同语言层面的文本单位的重复性是诗篇结构的组织原则。正是分布于诗章各个层面的重复和平行对照使得词语的空间距离缩短，文本的聚合性特征更为突出，为这些词语在语义结构上形成语义丛、语义对比丛和文本语义场打下坚实的基础。正如佐梁指出的那样："诗篇结构的组织原则与其语义结构化的特点是相互联系的，正是语义结构化的特征才需要篇章的组织原则，语义决定其形式，而反过来形式又有效地影响着语义。……只有通过研究诗篇组织结构的总原则以及它与不同语言因素之间的关系才能弄清诗歌言语的一些现象，确定诗歌结构的功能意义，阐明其起源和发展。"①

---

① С. Т. Золян: «О принципах композиционной организации поэтических текста», проблема структурной лингвистики, 1983., с. 73.

## 第三节　重复、平行对照与俄汉诗歌翻译

根据上两章的分析，重复和平行对照是俄语诗歌文本的重要组织原则。那么在汉语诗歌中是否也具有这一原则呢？答案是肯定的。而且重复、平行对照作为中国古代诗歌的组织原则历史悠久、源远流长。从春秋时期《诗经》的"昔我往矣，杨柳依依；今我来思，雨雪霏霏"到魏晋南北朝的《木兰辞》中"东市买骏马，西市买鞍鞯，南市买辔头，北市买长鞭"；从汉唐诗赋中《滕王阁序》的"落霞与孤鹜齐飞，秋水共长天一色"到明清诗词中"一帆一桨一渔舟，一个渔翁一钓钩；一俯一仰一顿笑，一江明月一江秋"，中国古代诗歌里重复和平行对照的例子俯拾皆是。这些重复和平行对照表现出汉语的形式整齐美，对于语义和内容的烘托起到了不可替代的作用。正如宋代修辞学家陈骙在《文则》中指出平行对照可以"壮文势，广文义"。中国古代诗人正是利用了重复和平行对照这一诗歌文本的重要组织原则创造出了许多脍炙人口的优秀作品，流传千古，给后世留下了众多宝贵的文学遗产。

不仅是中国古代诗歌，在中国现代诗歌中也同样如此。通常我们翻译俄语诗歌，一般是将它们翻译成现代汉语诗歌。因此，下面我们就以食指（原名郭路生）很有名的一首诗《相信未来》为例，重点分析一下重复平行对照与中国现代诗歌的语义结构关系。以此来说明现代汉语诗歌中也存在着大量的重复和平行对照，它们对诗歌文本构建语义结构具有十分重要的作用。

《相信未来》

当蜘蛛网无情地查封了我的炉台

当灰烬的余烟叹息着贫困的悲哀

我依然固执地铺平失望的灰烬

用美丽的雪花写下：相信未来


当我的紫葡萄化为深秋的露水

当我的鲜花依偎在别人的情怀
我依然固执地用凝霜的枯藤
在凄凉的大地上写下：相信未来

我要用手指那涌向天边的排浪
我要用手掌那托住太阳的大海
摇曳着曙光那支温暖漂亮的笔杆
用孩子的笔体写下：相信未来

我之所以坚定地相信未来
是我相信未来人们的眼睛
她有拨开历史风尘的睫毛
她有看透岁月篇章的瞳孔

不管人们对于我们腐烂的皮肉
那些迷途的惆怅、失败的苦痛
是寄予感动的热泪、深切的同情
还是给以轻蔑的微笑、辛辣的嘲讽

我坚信人们对于我们的脊骨
那无数次的探索、迷途、失败和成功
一定会给予热情、客观、公正的评定
使得我焦急地等待着他们的评定

朋友，坚定地相信未来吧
相信不屈不挠的努力
相信战胜死亡的年轻
相信未来、热爱生命

（食指，《相信未来》，1968 年，北京）

　　食指的这首诗十分有名，除了意境优美以外，结构和语义也是它的亮点，其中重复和平行对照的运用更是功不可没。这三节诗几乎处处都充满着重复和平行对照：首先看第一节和第二节，四个以"当……"开头的句子构建句式上的平行对照，将蜘蛛网、我的炉台、灰烬的余烟、贫困的悲哀、紫葡萄、深秋的露水、我的鲜花、别人的情怀这些词语的空间距离拉近，形成了聚合关系，凸显"失望、失落"这个超义子，并以其为纽带构成语义丛。同样是这两节诗，作者又都重复地使用"我依然固执地"将前一诗节的后两句和后一诗节的后两句联系起来，在相同中凸显不同，于是失望的灰烬、美丽的雪花、凝霜的枯藤、凄凉的大地这些词语克服了空间的距离也相互靠近，形成对举，构成超义子为"对未来的希望"的聚合关系，形成另一个语义丛，并与前一语义丛形成对立，在语义上呈现出鲜明的层级性特征。然后，我们再来看第三节，前两句对仗得十分工整，依靠"我要用手"这个不变量的重复将后面"涌向天边的排浪"和"托住太阳的大海"这两个可变量变成信息的有效载体。于是它们便聚合起来形成一条语义链并融入刚提到的超义子为"对未来的希望"的这条语义丛之中。更为重要的是，纵观这前三节诗，全部都用"相信未来"为结尾，是典型的重复，与《Гойя》中 Я Гойя 的重复异曲同工，都融强调于结尾的重复之中，呼应了主题。

　　第四节中，两个"她有……"的诗句并列，形成平行对照的关系，"她"指代的是"未来人们的眼睛"，这样并置无疑将"她"所产生的作用刻画得淋漓尽致，让人印象深刻。

　　最后一节中，结尾的四行诗句分别四次重复了"相信"这个词语，号召青年朋友们用青春和热血去拥抱生命，相信未来，强调了本诗的语义内容，将全诗的主旨推向了高潮。

　　由此可见，在《相信未来》这首诗中，广泛存在的重复和平行对照对全诗语义的生成和主旨的凸显起到了巨大的、不可替代的作用。《相信未来》这首诗很具典型性和代表性。在中国的现代诗歌宝库中，类似《相信未来》这样大量运用重复和平行对照的诗篇比比皆是（例如前面列举过的舒婷的《这也是一切》,《祖国啊,我亲爱的祖国》,等等),限于篇幅,我们这里就不再一一分析了。但是,我们可以得出结论:与俄诗中情况一样,重复和平行对照也广泛存在于汉语诗歌中,并成为汉语诗歌文本的重要组织原则,它们也成为俄罗斯和中国诗人创作诗歌时所广泛采取的方法。因此,在俄诗汉译的过程中,在保证语义正确的前提下我们就有保留这种形式上重复和平行对照的必要性和可能性。原诗中具有重复和平行对照关系特征的语句如果能在译文中加以保留,那么必然有利于译文在组织结构原则上与原文趋于一致,也有益于译文语义聚合关系的凸显。为了更好地说明请看下例:

Дар напрасный, дар случайный...　　　（Пушкин 1828г）

天赋白费了,只是偶然机遇……

（刘湛秋译,《普希金抒情诗选》,湖南人民出版社 1984 年版）

枉然的赠予,偶然的赠予……

（李笑玉选编,《普希金诗选》,长江文艺出版社 2005 年版）

枉然的馈赠,偶然的馈赠……

（苏杭译,《自由颂》,人民文学出版社 1987 年版）

原诗句很显然地可以分为句法结构和音调结构相同的两个部分。两个部分中第一个词汇成分 дар 是重复的,且两个部分的句法结构形成也相同,相区别的是 дар 后面的词汇语义内容。正如洛特曼所指出的那样,相同成分的重复必然会更突出不同成分的结构语义特点。于是 напрасный 和 случайный 组成了一个对比组合,相互对照,并成为整首诗的语义中心。在这种情况下,诗歌的语义承载量主要取决于不同部分的语义值大小,并与诗歌相同部分的语义值成正比。即如果重复的成分和相同的元素越多,重复性和相同性表现得越明显,那么相区别元素的不同性和区别性就更强烈地被强调。因此,如果我们削弱相重复成分的重合程度(如把原诗改为 Дар напрасный и случайный 枉然和偶然的赠予),那么就意味着

削弱 напрасный 和 случайный 相区别的程度。这样一来，随着结构的破坏，语义也就遭到破坏，最后会有损于主题的表达。因为在这首诗中，语义是诞生于结构的相互对比中的。

在翻译的过程中，译者应当注意到诗歌的这些形式特点，尽量保持原诗的平行对照，这样才更有利于传达出原文的语义。刘湛秋的译文很显然没有注意到 дар 的重复可以大大增加语义承载量，也没有意识到并置和对举在诗歌语义组织中起到的重要作用。译文中 дар 被分别译为"天赋"和"机遇"两个不同义项，"白费"和"偶然"也没有像原文中的 напрасный 和 случайный 一样处于相互对照的地位，这样必然有损语义的表达和诗歌主题的凸显。而译文二和译文三则处理得比较好，两个赠予（或馈赠）重复，枉然与偶然相互比照，不仅再现了原诗重复和平行对照的形式特点，而且还用调音的修辞手法补偿了原诗韵脚的语音重复（这在翻译中很难再现）。这样一来，在重复和平行对照中更强调了枉然与偶然的对比性，于是诗歌语义的表达更加清晰，整首诗歌的诗意也就更加明朗了。

同样类似的例子还有：

> Город пышный, город бедный,
>
> Дух неволи, стройный вид,
>
> Свод небес зелено-бледный,
>
> Скука, холод и гранит —
>
> Все же мне вас жаль немножко,
>
> Потому что здесь порой
>
> Ходит маленькая ножка,
>
> Вьется локон золотой.
>
> （Пушкин «Город пышный, город бедный»1828г）


> 豪华的京城，可怜的京城，
>
> 不自由的内心，端庄的外形，
>
> 湛青而又苍白的上天的穹隆，
>
> 大理石、百无聊赖和寒冷——

但我依旧对你要表点同情，

因为有时候，就在这座城中

有一双小脚儿在款步行走，

一绺金黄色的鬈发随风飘动。

（苏杭译，《致大海——俄国五大诗人诗选》，人民文学出版社

1989 年版，第 41 页）


灿烂的城啊，可怜的城，

奴隶的气味，整齐的外形

碧澄而又苍白的天空，

大理石墙，厌倦和寒冷——

但我仍对你有一点怜惜。

因为有时啊，在你的街上

有小小的玉足款步来去，

金色的发波也随风飘扬。

（查良铮译，《普希金抒情诗选集》（下），江苏人民出版社

1983 年版，第 241 页）


原文和译文通过 город（京城）的重复，使得 пышный（豪华的）和 бедный（可怜的）相对立，而且对立的程度更加突出，这样就从题目和开头定下了行文的基调，形成了对立的两个超义子。后文的 стройный вид — Свод небес — гранит 和 Дух неволи — Скука — холод 就是这两个超义子所形成的语义对比丛。苏杭的翻译较为成功，在译文中通过再现词语重复从而突出了题目和开头的这种对比的语义效果，使得译文也和原文一样形成了对立的两个超义子（豪华的，可怜的）和对立的两个对比语义丛（端庄的外形—上天的穹隆—大理石；不自由的内心—百无聊赖—寒冷），这样既突出了语义的表达，又表现了诗歌的主题。如果仅仅翻译成"豪华而可怜的京城"必然有损语义和主题的凸显。

还例如，论文第二章第三节中，赵洵翻译蒲宁的诗《鸟儿也有个巢》

为了凸显语义的对比，甚至有意打破原文的诗行和诗节，在几处都将一个诗行拆分成几个诗行来加以翻译，目的就是通过多诗行的对比更为强化这种平行对照的关系，使得语义对比丛的对比程度更为强烈，突出主题。这些处理手段都起到了非常好的艺术效果。

以上我们概述了重复和平行对照与诗歌翻译的一些关系，下面我们将结合具体的实例再来看看语音、节奏、词汇和句法层面的平行对照与俄汉诗歌翻译的关系。

### 1. 语音层面的重复与平行对照

传统文艺学在研究诗歌时，主要关注内容，这并无不妥之处。但是有时诗歌中逻辑和内容的问题恰恰不是最主要的，对诗歌内涵的传达而言语音起着至关重要的作用。[①]

在俄语诗歌中，语音的重复有其特殊的功能：语音是词汇单位的重要组成部分，在诗歌结构中，语音上的重复会将在语言中本不相关的词语在空间距离上拉近，组成新语义组，这样一来，诗章的语音组织就拥有了语义含义了。

诗歌中语音重复有两种：一种是元音重复（ассонанс），又称"谐元音"。元音重复又包括重音元音和弱化元音的重复。例如普希金的《Полтава》（《波尔塔瓦》）中，只有元音 a 和 o 构成元音的重复：Тиха украинская ночь. Прозрачно небо. Звезды блещут. Своей дремоты превозмочь не хочет воздух.（寂静的乌克兰之夜。天空澄明。星星闪烁。空气不想克服自己的睡意。）这里面就包括了重读元音和非重读元音的重复，这些元音的重复对诗意的表达起到了非常重要的作用。

另一种语音重复是辅音重复（аллитерация）。例如莱蒙托夫的诗《Русалка》（《美人鱼》）：

| | |
|---|---|
| Русалка плыла по реке голубой, | р-л-л-л-р-л |
| Озаряема полной луной ; | р-м-л-л-н |
| И старалась она доплеснуть до луны | р-л-н-л-н-л-н |

---

①　张冰：《陌生化诗学——俄国形式主义研究》，北京师范大学出版社 2005 年版，第 110 页。

Серебристую пену волны.　　　　　р-р-н-л-н

И шумя и крутясь, колебала река　　м-р-л-л-р
Отраженные в ней облака ;　　　　р-н-н-л
И пела русалка-и звук ей слов　　　л-р-л-л
Долетал до крутых берегов　　　　л-р-р

美人鱼游在青色的河上，
沐浴着满月的柔光；
她拍起银色的浪花，
想溅湿高高的月亮。

河水一面喧哗，一面旋转，
云影在波光中舒卷；
人鱼在歌唱，悠扬的歌声
飞上了陡峭的河岸。

（飞白译）

　　这首诗通过响辅音（л，р，м，н）比较均匀的分布，高频率地重复出现于诗行中，构成了诗段的复调音乐，对描写河水荡漾、轻拍两岸的溅击声，美人鱼游动和歌唱的声音起到了很好的辅助作用。这种辅音重复有力地衬托了诗歌的主题。

　　上一章我们已经分析了沃兹涅先斯基的《Гойя》，这首诗属于典型的语音层面的重复与平行对照，这里就不再赘述了，我们再看一个例子，下面是茨维塔耶娃长诗《山之歌》里面节选的一段：

Персефона, зерном загубленная!

Губ упорствующий багрец,

И ресницы твои - зазубринами,

И звезды золотой зубец.

（М. Цветаева. "Поэма горы"）

被石榴子断送的珀尔塞福涅

双唇倔强地一片深红，

你的睫毛丝丝屡屡，

好像星星的金色光芒。

（陈耀球译，《苏联三女诗人选》，湖南人民出版社 1985 年版，第 268 页）

　　注：珀尔塞福涅，希腊神话中的冥后，她是宙斯和谷物女神墨忒耳的女儿，被冥王哈得斯劫持。为了返回地面，她需不进任何饮食，但禁不住诱惑，吞下六颗石榴子（象征婚姻），因此她被判每年去和哈得斯度过六个月。

　　洛特曼指出："在诗歌中，当通常的语言联系（如句法联系，词法联系）不能作为词句联系的理由时，往往语音联系起到中心的作用；反之，当词法或句法等通常语言联系起明显作用时，语音的联系作用则相对减弱些。"[1] 本诗则符合第一种情况。

　　我们先看原文前两行：共同的开头字母 з（共同的语音）把 зерном 和 загубленная 联系起来，这样的话就会激活关于珀尔塞福涅的神话情节：吞下石榴子（象征爱情）——灾难的根源 [ съедание плода（символ любви）- причина гибели ]。同时，石榴子（зерно）与爱情的象征意义又通过第二行诗的语音联系而得到揭示。这时，共同的语音 губ 把第一行诗句的结尾和第二行诗句的开头联系起来，并使祸乱灾难的语义与 губ 的含义发生关联。同样在第二行诗句中，语音上的连接也非常紧密，如（уб-уп），（гб - бг）。这样一来，它们 Губ упорствующий багрец 便形成了一个语义整体，这个语义整体包含了这三个单词的意义区的交叉部分。

　　我们再看后两行：Зазубринами, звезды золотой зубец 中 з – зуб - зв-зд - злт – зуб 的语音重复也建立了一种联系，在它们的词汇意义交叉处存在着一个共同义子（超义子），其共同语义内容主要是对眼睫毛进行描写。同时从整个诗节来看，багрец – зубец, загубленная – зазубринами 也建立了两个语音重复序列，在韵脚重复的基础上又进一步拉近这些词语的空间距离，使其处于平行对照的地位。

① Лотман. Ю. М., «Анализ поэтического текста», СПб., 1996г, стр72.

　　由此可见，茨维塔耶娃的这节诗充满了大量的语音重复，大部分词汇都在语音重复的基础上形成语义聚合关系，纳入到诗歌文本的语义结构之中，服务于诗歌的主题。在诗歌结构的作用下，中性的语音也披上了语义的外衣。

　　无独有偶，再来看看普希金的《Для берегов отчизны дальной》(《为了遥远祖国的海岸……》)

> Но ты от горького лобзанья
>
> Свои уста оторвала;
>
> Из края мрачного изгнанья
>
> Ты в край иной меня звала.
>
> Ты говорила: в день свиданья
>
> Под небом вечно голубым,
>
> В тени олив, любви лобзанья
>
> Мы вновь, мой друг, соединим.

> 可你却从痛苦的亲吻，
>
> 挪开了自己的双唇；
>
> 离开这黑暗的流放，
>
> 你召唤我远去他乡。
>
> 你说："在相会之日，
>
> 在恒久蔚蓝的天空下，
>
> 橄榄树下，爱的热吻
>
> 我的朋友，我们将重温。"

　　这首诗节的第七诗行中，Олив（橄榄树），любви（爱情），лобзанья（吻）仅仅三个词语，却有着三个辅音（л，в，б）和两个元音（о，и）的重复，而且"橄榄树"和"吻"两个词语本身就隐含有爱情的含义（如作家三毛写过名篇《橄榄树》，这里的橄榄树就象征着不渝的爱情）。三个词语通过五个连续语音的并置将其"爱"的含义凸显出来，更强烈地烘托出主人公炽热的情感。

还有丘特切夫（Ф.И.Тютчев）的《Море и утёс》(《大海与悬崖》) 有
这样的诗节：

> Волн неистовых прибоем
>
> Беспрерывно вал морской
>
> С ревом, свистом, визгом, воем
>
> Бьет в утес береговой

> *狂暴的拍岸巨浪*
>
> *永不停息的波涛*
>
> *怒吼、咆哮、尖啸、喧嚣*
>
> *撞击着海岸上的悬崖*

第三诗行中，通过 в，м 两个辅音和 о，е，и 三个元音的重复，四个词
语相互并列，相互联系和影响，将波涛拍击海岸悬崖的雄伟和壮丽的情境
描绘得淋漓尽致。

俄国象征派大诗人布留索夫（Брюсов. А. Я.）写有《枯叶》一诗，语
音重复非常明显，整首小诗充满了咝嘘的语音，六行诗用了 43 个咝嘘之
音，形成了非常有效的重复与平行对照，我们在诵读这首诗的时候能深刻
地感受到落叶飘飞时发出的簌簌响声。

| | |
|---|---|
| *Сухие листья, сухие листья,* | (с-х-с-т'-с-х'-с-т') |
| *Сухие листья, сухие листья,* | (с-х-с-т'-с-х'-с-т') |
| *Под тусклым ветром, кружась шуршат.* | (т-с-ж-с'-ш-ш) |
| *Сухие листья, сухие листья,* | (с-х-с-т'-с-х'-с-т') |
| *Под тусклым ветром сухие листья,* | (с-к-т-с-х'-с-т') |
| *Кружась, что шепчут, что говорят?* | (ж-с'-ш'-ш-ч-ш) |

> *枯叶，枯叶，*
>
> *枯叶啊，枯叶*
>
> *在阴郁的风中飒飒盘旋。*
>
> *枯叶，枯叶，*

在阴郁风中枯叶盘旋，

飒飒地唠叨着什么。

通过语音的重复，不仅塑造出风吹落叶时的情景，而且还可以使得整个文本的词语都能有效连接起来形成聚合关系，烘托主题。

值得注意的是，象征派的诗人特别注意利用语音重复营造出独特的语义环境。再请看库西科夫（Кусиков）的一首诗《Жук》（《甲虫》），这首诗也是利用语音的重复来营造一种特殊的艺术效果。

《Жук》

Уж полночь

Жуть…

Над желтым жгучим абажуром

Жужжит, кружит окружно жук.

Лежу —

В оранже пряжу вижу

Ажурных крыл.

Жужжит, кружит жемчужный круг,

И в жиже слов я жутко слышу :

Я жук…

Я жук…

Я ночь живу.

Жужжу, Жужжу,

Кружу межу

Над желтым жгучим абажуром

И не тужу,

И не тужу,

Я

Ж ж ж ж ж …… жук.

已经是午夜时分。

氛围令人恐惧……

在黄色灼人的灯罩上方

一只甲虫在盘旋，嗡嗡作响。

我躺着——

在橙黄的灯光中

我看到它那织网般的翅膀。

甲虫嗡嗡地绕着圆圈，

在它嗡嗡叫声里我恐惧地听道：

我是甲虫……

我是甲虫……

我有一夜的生命。

我嗡嗡，嗡嗡，

盘旋在黄色灼人的灯罩上方，

我不忧伤，

我不忧伤，

我是一只

嗡——嗡——嗡……甲虫。

整首诗都充满了 ж 这个字母的语音重复，这个 ж 的音除了与 жук（甲虫）有关，而且还与甲虫发出的 ж 的叫声密切相关。全诗 53 个单词中就有 49 个 ж 的音，通过 ж 的重复，强调了全诗的语义特征，加强了本诗的艺术表现力，与以上勃留索夫的《枯叶》有异曲同工之妙。

中国诗歌中也有这种相类似的修饰手法，对语义的烘托起到了重要的作用。如大家耳熟能详的马致远的《天净沙·秋思》中，"枯藤老树昏鸦，小桥流水人家、古道西风瘦马"，虽然只有短短九个词语的并置，却在诗歌结构整体下蕴含着极为丰富的语义：一方面诗歌语义以词为基线向语义丛、语义场扩展，深化了主题；另一方面语音、韵脚、节奏等微观层次的元素也依附于这九个词语，并披上了语义的色彩，如重复的韵脚 a（短诗中鸦、家、马共同押 a 的韵）则表现出诗人客居他乡的愁苦和无奈，对于词语语义的传达起到了很好的推动作用。一旦脱离开词组或者诗歌文本结构的整体，这些语音、韵脚、节奏本身都不具有任何意义，更别谈服务于词句的语义和诗歌的整体所指了。同样，元代散曲家白朴的《天净沙·秋》也是如此：

> 孤村落日残霞，
> 轻烟老树寒鸦，
> 一点飞鸿影下。
> 青山绿水，
> 白草红叶黄花。

通过韵脚 a 的重复（霞、鸦、下、花共同押 a 的韵），整首诗的单个词义都串联起来形成了语义丛，本来单个语词的语义是孤立的，不带有任何文本意义的，但是在韵律的作用下，所有的词语都和文本主题相关联起来，形成了一个文本语义场，烘托了作品的主题。

因此，我们可以得出结论：在诗歌中语音重复可以建立一种联系，把一些词句置于相互比较、平行对照的地位上，同时使自身的语音组织带有语义的特点，而这个语义又往往与诗歌要表达的主题内容相得益彰。正如有些学者指出："在诗歌的有机整体结构中，一定的语音重复或音组重复，一旦同特定思想内容结合起来就会使原本不具有独立意义的成分语义化，而这些成分的表意功能又同整首诗作的内容建立一种水乳交融的联系。语音是中性的，赋予它意义的是整体的结构。"① 洛特曼也认为"机械的语音如果能结构化得组织起来就会成为信息的承载者（结构就是潜在的信息）"。②

既然在诗歌中语音也有表意的功能，那我们在翻译的过程中如果能像飞白译《戈雅》一样注意到语音重复的这个特点并加以再现，就会更好地在译文中去表达语义，从而更好地揭示全诗的主题内容。理论上是这

---

① 张冰：《陌生化诗学——俄国形式主义研究》，北京师范大学出版社 2005 年版，第 108 页。
② Лотман. Ю. М., «Лекции по структуральной поэтике»,изд. Тартуского университета., Тарту, 1964г.

样，然而在实践中由于俄汉两种语言差异较大，要完全再现原文的语音重复是很困难的，例如上面茨维塔耶娃《山之歌》中陈耀球的译文就没有再现原文的语音重复，这不能不说是翻译过程中很大的遗憾。但是诗歌翻译本身就是一门缺憾的艺术，我们不能完全再现但是可以尽量地利用俄汉两种语言的优势去补偿，如上文对于普希金的"Дар напрасный, дар случайный……"的处理，苏杭的译文就用了汉语调音的修辞手法补偿了原文的韵脚重复，从而把原文语音形式上的损失降到最低。还有上面刚刚列举的丘特切夫的《大海与悬崖》中 С ревом, свистом, визгом, воем，译者翻译为"怒吼、咆哮、尖啸、喧嚣"，通过"哮""啸""嚣"三个词语韵母 ang 的重复来补偿原文五个语音的重复，这些措施都是对原文语音重复的一种补偿，起到了非常好的效果。

2. 节奏的重复和平行对照

俄语诗歌的节奏由格律、音步、诗行长短和各种韵脚来共同决定。其中音节和重音是构成俄语诗歌节奏的基本要素。

节奏的重复作为俄语诗歌的一个基本问题在很早以前就得到了研究。自罗门诺索夫对韵律进行改革以及引进诗步的概念之后，重读音节和非重读音节的交替重复现象便成为诗歌研究必不可少的一个对象。

洛特曼认为诗歌节奏是不同元素在一些相同位置的周期性的重复，目的是将不相干的词语置于相互比较的地位，在不同中揭示出相同或者在相同中建立区别。节奏也是不同意义区别的元素，而且各种语言要素一旦进入诗歌的节奏结构中便拥有在普通语言中所没有的含义特征。[1] 北京师范大学的张冰教授指出："处于诗歌文本主导要素地位的节奏型一旦形成，便会对诗歌内部各个语义单位辐射其影响力：一方面，它从节奏的需要出发，对嵌入的语词进行切割；另一方面，被强行嵌入的语词又竭力反抗这种节奏强制，从而使语义染上特殊色彩。诗歌由此变成一种语义发生器，语词在其中发生各种奇妙的语义偏转或语义升华，甚至还会带有

---

[1]　Лотман. Ю. М., «Анализ поэтического текста», СПб., 1996г, стр55.

其根本不具有的新的语义。"[①] 例如"贫居闹市无人问，富在高山有人寻"。相同的节奏使得"贫"与"富"对；"居"与"在"对；"闹市"与"深山"；"无人问"与"有人寻"对。两句诗在节奏的作用下意义相反相成，恰相对立，于是语义便发生升华，传达出一种人生哲理。同理，前面马尔蒂诺夫的《O, земля моя》这首诗中，在节奏的作用下 естественно 与 торжественны 相互对立，于是 естественно "朴素"的含义被激活，节奏成了诗歌语义的发生器。

因此，我们在翻译中要特别注意原文这种韵律节奏的平行对照，尽量将异质同构的语言要素纳入同一诗歌节奏体系中，再现原文的形式特点，这样更有利于这些异质同构的语言要素相互对立，相互比较和相互辉映，也更有利于凸显出超义子，升华或激活诗歌的语义。请看下例节选自勃洛克的《Утихает светлый вечер》：

> Утихает светлый ветер,
>
> Наступает серый вечер.
>
> Ворон канул на сосну,
>
> Тронул сонную струну.
>
> （Блок《Утихает светлый вечер》）

> 清澈的风渐渐平息，
>
> 迎来了灰暗的夜晚。
>
> 乌鸦落在松枝里，
>
> 触动了梦的琴弦。
>
> （魏荒弩译，《俄国诗选》，湖南人民出版社 1988 年版）

> 白昼的风儿渐渐静息，
>
> 昏暗的夜晚慢慢降临。

---

① 张冰：《俄国结构诗学的中国式解读》，载《洛特曼学术思想研究》，黑龙江人民出版社 2006 年版，第213页。

乌鸦趾踮地落在松枝上，

拨响了那梦一般的琴音。

（张草纫译，《俄罗斯抒情诗百首》，黑龙江人民出版社 1983 年版）

勃洛克的这两行诗句的节奏是四步抑扬格，处于相同韵律位置的带重音的元音均全部相同，而且 16 个元音有 12 个是一一相对的：

у и а е е ы е е

а у а е е ы е е

不仅如此，在这首音韵和节奏都对仗工整的诗句中，词性和词义也是两两相对的：Утихает—Наступает，светлый—серый，ветер—вечер。总之，节奏、语音、韵脚、词汇的重复和平行对照使得诗歌更优美、和谐。重复的语音和韵律使词语之间形成对举关系更有利于烘托出语义，把夜晚的环境描写得更加美丽动人。魏荒弩的译文直叙下来，没有注意到诗句从语音节奏到词性词义的平行对照的特点，词语与词语之间缺乏呼应和对照，如渐渐、平息，迎来无法形成聚合关系，这样不仅损失了原文的形式美，也无益于语义的表达。而张草纫的译文更重视格律。张草纫曾指出："利用本国语言中的某些手段部分地复制原诗的格律，这不仅对诗歌翻译本身是很重要的，而且对新诗格律的建立也有一定的作用。"[1] 我们分析原文共两行，每行四步抑扬格，而张草纫的译文也是两行，每行也是四个音步。这样节奏在诗中就起着一种主导要素的作用，它把许多意义相差何止万里的词语，仅仅利用形式上的相似性，强行放置一处，使本具有不同含义的语词同义化，使其各自的意义由于这种新的关系而处于辉映之中。[2] 如译文：白昼—昏暗，风儿—夜晚，渐渐—慢慢，静息—降临。各个词语通过节奏的并置而统一结合在一起，形成了平行对照的关系，于是诗歌的意义就会有所升华，发生飞跃。可见，张草纫的译文与原文一样通过节奏重复以及词汇的平行对照把夜和昼进行了明快的对比之后，

---

[1] 参见《上海外国语学院建院三十周年科学报告会论文选编》，1979 年，第 170 页。

[2] 张冰，《陌生化诗学——俄国形式主义研究》，北京师范大学出版社 2005 年版，第 210 页。

夜的昏暗进一步得到强调，为后文描写乌鸦落隐没在松枝里作了很好的
铺垫。

3. 词汇的重复与平行对照

诗歌中词汇的重复与平行对照最为普遍，比比皆是，几乎每首诗都充
满着广义的词汇重复现象。正如本章第二节我们所指出的那样，这些词汇
并非是简单机械地重复某个部分和结构，而是蕴含着深刻的语义。例如：

> Вы слышите : грохочет барабан,
>
> Солдат, прощайся с ней, прощайся с ней,
>
> Уходит взвод в туман, туман, туман,
>
> А прошлое ясней, ясней, ясней…

> （Б. Окуджава）

第二行诗句中，两个 прощайся с ней 绝不是单调的重复，机械地表
达"再见了，又一次再见了"这样简单的含义，而是蕴含着深层的含义。
作者在这里或许想要表达"永别了，你永远也见不到她了"或者"永别
了，你的唯一"。在这里，词语的重复不是简单的、机械的概念重复，而
是内容的复杂化。同样，后面连用三个 туман，也并非机械地重复，而是
要表达队伍已渐行渐远，消失在迷雾之中，那种依依不舍的场景，那种生
离死别的情感依靠词汇的重复而跃然纸上。同理，三个 ясней 重复也具有
同样的功能。因此，在翻译中，我们应该尽量去再现这种重复的形式，以
保证译文也具有和原文一样的重复形式，这样一来我们才能在译文中依靠
重复和平行对照来构建和原文一样复杂化的语义内容。

我们下面来看看茨维塔耶娃的短诗《Б. Пастернаку》(《致帕斯捷尔
纳克》)：

> Расстояние : версты, мили…
>
> Нас расставили, рассадили,
>
> Чтобы тихо себя вели,
>
> По двум разным концам земли.

> Расстояние : версты, дали…

Нас расклеили, распаяли,

В две руки развели, распяв,

И не знали, что это сплав


Вдохновений и сухожилий…

Не рассорили-рассорили,

Расслоили…

Стена да ров.

Расселили нас, как орлов


Заговорщиков : версты, дали…

Не расстроили-растеряли.

По трущобам земных широт.

Рассовали нас, как сирот.


Который уж ну который март?

Разбили нас как колоду карт!


距离：几十里，几万里……

把我们分离，我们被拆离，只为让我们在大地的两端

保持静默，无声无息。


距离：几十里，远无际……

我们被隔离，我们被熔析，

双手被撑开，十字架，

却不知道，这是熔合物。


灵感和筋腱

不会被离间，被离间

被离间……

被壕沟和侧壁

我们被隔离，像两只雄鹰

阴谋家：几十里，远无际……

不会被击溃，不会被丢弃。

大地莽莽密林的屏障间

我们被带离，像孤儿无依

几月份了，几月了，三月了？！

我们像一副纸牌，被四散拆开。

  粗略统计了一下，短短的一首诗中竟然有 16 个以 pac（раз）为前缀的动词，这些词缀的重复，使得这些散乱在全篇的词语在空间上聚合起来，有效地加强了"离别"的含义。词缀的重复也属于词汇重复中的一种。pac- 前缀本身就带有"拆离、分离"的含义，不断地重复这个词缀可以让读者在朗诵起来的时候切身感受到分离时的悲伤意境。然而由于俄汉两种语言的差异过大，要想在译文中在现俄语词汇词缀上的重复实在是难上加难。其次，第三诗节中 рассорили 连续重复三次，与刚才分析的 Окуджава 的诗歌有异曲同工之妙。Рассорили 的三次重复再加上一个省略号就使那种哀愁的情愫跃然纸上。这首诗的译者注意到了这个词的重复，将其处理为三个"被离间"，是正确的。

  再如，我们刚刚详细分析过普希金的抒情诗《Дар напрасный, дар случайный》，这里也充满着词汇上的重复对照，名词 дар 的重复更强调了形容词 напрасный 和 случайный 的对立关系。刘湛秋的译文没有在形式上再现词汇上的重复和平行对照，必然会有损语义的表达。而苏杭等人则处理得较好，在译文中也通过词汇的重复和平行对照来凸显出语义，此外，还运用了调音的手法来补偿语音的重复，使得译文和原文一样真正做到了让形式服务于内容。这样的译文才是更佳的译文。

又如，本章第二节我们列举过马尔提诺夫的抒情诗《О, земля моя!》，在诗歌的结构之中 торжественны 和 естественно 两个词语相互平行对立，如此才使得 естественно 获得了新的语义 простота。这个新的语义虽相对于 естественно 的概念意义发生了很大的偏转，但却与本诗的语义结构浑然一体。如果译者没有注意到词汇的平行对照，而盲目地将 естественно 的概念意义具体化，翻译为"自然地，当然地、普通地"，那么就会出现语义上的错误。实际上在这里 естественно 应该翻译为"朴素地"，与 торжественны（盛大地）形成语义结构上的对立，这样更能反衬出上层官僚生活的穷奢极欲和骄奢淫逸。

同俄语和汉语一样，英语中也同样存在着词汇的重复，通过这些词语的重复与平行对照，表达出作者强烈的思想感情，语义也由此得以深化。请看丁尼生（Tennyson）的一首诗：

> Oh, the dreary, dreary moorland!
> Oh, the barren, barren shore!
> 呵，凄凉的，凄凉的荒野！
> 呵，荒芜的，荒芜的海岸！

两个诗句平行对照，每个诗句里又有词汇的重复，这样两两相对就使作品的思想感情更加的深化，传达了单个词语所不能表达的含义。如果不注意词汇的重复，把第一句翻译成"哦，沉闷的，阴沉的荒地"，这样的话所传达出来的语句含义就大打折扣。因此，我们在进行英汉诗歌互译的时候，同样要注意保留词汇的重复和平行对照，这样才能使作品保留原有的含义，作者所表达的感情能够等值地传达给读者。

### 4. 句式的重复和平行对照

为了帮助大家理解句式的重复和平行对照，我们可以先看英语诗歌中一个很典型的例子——托马斯·胡德（Thomas Hood）的《十一月》（《November》），这是一首大量运用"no+ 名词"句式的诗，语句简洁明了，铿锵有力，成为成功地运用句式重复和平行对照的典范。

《November》

No sun — no moon!

No morn — no noon —

No dawn — no dusk — no proper time of day —

No sky — no earthly view —

No distance looking blue—

No road — no street — no "T" other side the way

No end to any Row

No indication where the Crescents go —

No top to any steeple

No recognition of familiar people!

No warmth — no cheerfulness, no healthful ease,

No comfortable feel in any member ;

No shade, no shine, no butterflies, no bees,

No fruits, no flowers, no leaves, no birds,

November !


没有太阳——没有月亮！

没有早晨——没有上午——

没有黎明——没有黄昏——没有一天恰当的时辰——

没有天空——没有地面的景色

没有远处的碧蓝——

没有道路——没有街道——没有路对面的 "T" 形

吵吵嚷嚷无休无止——伊斯兰教通向何处，没有标记——

尖塔没有顶

熟识的人无法辨认！

没有温暖——没有欢乐，没有正常的闲适，

没有任何器官安逸舒畅；

没有树荫、没有日光、没有蝴蝶、没有蜜蜂，

没有水果、没有鲜花、没有绿叶、没有鸣禽，

这就是十一月。

托马斯·胡德的这首诗与马致远的《天净沙·秋思》有异曲同工之妙：整首诗没有动词，都仅仅是依靠词语的并置来营造出整首诗的意象。所不同的是托马斯·胡德的《十一月》使用的是句式的重复，通过 no+ 名词的这种句式将各种事物并置在一起形成了一个语义场。前面我们讲过，如果重复的成分和相同的元素越多，重复性和相同性表现得越明显，那么相区别元素的不同性和区别性就更强烈地被强调。短短的一首诗就出现了 31 个 "no"，而且全诗的 no 与 November 中前缀 No 遥相呼应，这种重复更好地烘托了主题。更重要的是，No 在这里是重复的元素，正是因为这种重复元素的反复出现就更强调了 no 后面的名词的不同，将它们并置到一起，就形成了一张由各个语词所构建的文本语义场，语义就在这样的语义场中生发出来。在这里，无疑句式的重复起到了非常重要的作用，他利用这种重复将在文本之外互不联系的名词在形式上串联起来，形成了一个文本语义丛（如树荫—日光—蝴蝶—蜜蜂；水果—鲜花—绿叶—鸣禽；等等），语义丛又汇成了更大的文本语义场，这样一来主题就得以烘托，十一月那种悲凉的意境也就更好地表现出来。这种表达效果与《天净沙·秋思》一样，非常具有表现力，给人一种十分强烈的艺术美感。

　　俄语和汉语的诗歌句式灵活多变，但是也遵从一定的规律。无论是中国的诗歌还是俄国的诗歌都趋向于整齐、对应。更重要的是，在句法安排上俄汉诗歌也常用重复的方法来烘托语义。共同的或相近的句法形式使看似不甚相干的内容之间有了明显的关联，从而互补或相互对比。我们在翻译的时候也应当注意到俄汉诗歌的这些特点，尽量再现原文的句法形式。这样不仅会带来韵律的和谐和整齐划一，而且也有利于语义的表达，最终服务于诗歌主题。

　　请看勃洛克的短诗《Она молода и прекрасна была》：

《Она молода и прекрасна была》

И чистой мадонной осталась,

Как зеркало речки спокойной, светла.

Как сердце мое разрывалось!...

Она беззаботна, как синяя даль,

Как лебедь уснувший, казалась ;

Кто знает, быть может, была и печаль…

Как сердце мое разрывалось!…


Когда же мне пела она про любовь,

То песня в душе отзывалась,

Но страсти не ведала пылкая кровь…

Как сердце мое разрывалось!…

（Блок 1989）


《她年轻又漂亮》
她年轻又漂亮，
她像一尊女神庄严高贵，
她温柔的目光如明净的湖水……
我想她，我的心儿快要憔悴……

她像蓝天明朗开阔，
她是飞落在人间的天鹅，
可知道么，她有时也有伤悲……
我想她，我的心儿快要憔悴……

她满怀柔情对我歌唱，
她的歌声使我陶醉，
纯洁的激情燃烧在我的心内……
我想她，我的心儿快要憔悴……
（丁人译，《勃洛克诗歌精选》，
北岳文艺出版社2000年版，第
61页）

《她曾经年轻又妩媚》
她曾经年轻又妩媚，
如今仍像纯洁的圣母，
清亮安谧好比是镜湖。
我的心顷刻就要破碎……

她无忧如同天鹅在熟睡，
又像是幽蓝的远方，
谁知道呢，或许她也有悲伤……
我的心顷刻就要破碎……

当她对我把爱情赞美，
激起过我内心的共鸣，
可是热血不理解激情……
我的心顷刻就要破碎……
（汪剑钊译，《勃洛克抒情诗选》，
河北教育出版社2003年版，第
125页）

　　这是勃洛克写给自己所爱的人的一首情诗，表达了自己对她的爱恋。诗中大量使用了句子重复的修辞手法：每个诗节的最后一句都以 Как сердце мое разрывалось!... 结尾，而且大量运用 как+... 的句式，这些重复和平行对照不仅显得毫不啰嗦，反而更突出了自己对爱人近乎狂热的爱恋，无疑这种句法的重复起到了一种非常好的强调的作用，烘托了主题。丁人和汪剑钊的译文都准确地还原了原诗句式的重复，在形式上和语义上都准确再现了原文。

　　再例如普希金的很有名的一首诗：

> Я помню чудное мгновенье :
>
> Передо мной явилась ты,
>
> Как мимолётное виденье,
>
> Как гений чистой красоты.
>
> В томленьях грусти безнадежной,
>
> В тревогах шумной суеты,
>
> Звучал мне долго голос нежный,
>
> И снились милые черты.
>
> Шли годы. Бурь порыв мятежный
>
> Рассеял прежние мечты,
>
> И я забыл твой голос нежный,
>
> Твои небесные черты.
>
> В глуши, во мраке заточенья
>
> Тянулись тихо дни мои,
>
> Без божества, без вдохновенья,
>
> Без слез, без жизни, без любви.
>
> Душе настало пробужденье :

И вот опять явилась ты,

Как мимолётное виденье,

Как гений чистой красоты.


И сердце бьется в упоенье,

И для него воскресли вновь

И божество, и вдохновенье,

И жизнь, и слезы, и любовь.

（Пушкин «К А. П. Керн» 1825г ）

<table>
<tr><td>

我记得那美妙的一瞬：<br>
我眼前出现你婷婷的倩影，<br>
仿佛是玉洁冰清的美神，<br>
又像是瞬息即逝的幻景。

</td><td>

我记得那美妙的瞬间：<br>
你就在我的眼前降临，<br>
如同昙花一现的梦幻，<br>
如同纯真之美的化身。

</td></tr>
<tr><td>

当难遣的牢愁给了我烦恼，<br>
尘世的喧嚣不让我安静，<br>
你温柔的声音在耳边萦绕，<br>
我梦见了你那可爱的倩影。

</td><td>

我为绝望的悲痛所折磨，<br>
我因纷乱的忙碌而不安，<br>
一个温柔的声音总响在耳旁，<br>
妩媚的形影总在我梦中盘旋。

</td></tr>
<tr><td>

岁月飞逝，动荡的暴风雨<br>
驱散了往昔的一切理想。<br>
而我忘却了你温柔的话语，<br>
还有你那天仙般的模样。

</td><td>

岁月流逝。一阵阵迷离的冲动，<br>
像暴风雪把往日的幻想吹散，<br>
我忘却了你那温柔的声音，<br>
也忘却了你天仙般的容颜。

</td></tr>
<tr><td>

幽禁在沉闷的穷乡僻壤，<br>
日子过得缓慢而冷清，<br>
没有灵感和歌颂的对象，<br>
也没生活、眼泪和爱情。

</td><td>

在囚禁的黑暗里，在荒凉的乡间，<br>
我的时光在静静地延伸，<br>
没有崇敬的神明，没有灵感，<br>
没有泪水，没有生命，没有爱情。

</td></tr>
</table>

忧悒的心情顿然振奋。　　　　　　我的心终于重又觉醒：
我又看到你婷婷的倩影，　　　　　你又在我的眼前降临，
仿佛是玉洁冰清的美神，　　　　　如同昙花一现的梦幻，
又像是瞬息即逝的幻景。　　　　　如同纯真之美的化身。

我心中感到快慰和舒畅，　　　　　心儿在狂喜中跳动，
一切又重新开始苏醒。　　　　　　一切又为它萌生：
有了灵感和歌颂的对象，　　　　　有崇敬的神明，有灵感，
也有了生活、眼泪和爱情。　　　　有生命，有泪水，也有爱情。
（张草纫译，《俄罗斯抒情诗选》，　（乌兰汗译，《致大海——俄国
上海译文出社 1992 年版，　　　　五大诗人诗选》，人民文学出版社
第 261 页）　　　　　　　　　　1989 年版，第 22 页）


我记得那美妙的一瞬：　　　　　　我还记得那美妙的一瞬：
在我的面前出现了你，　　　　　　你在我面前飘然地出现，
有如昙花一现的幻影，　　　　　　宛如纯真的美的化身，
有如纯洁之美的天仙。　　　　　　宛如瞬息即逝的梦幻。

在那无望的忧愁的折磨中，　　　　在那无望的哀愁的苦恼里，
在那喧嚣的浮华生活的困扰中，　　在那喧闹的浮华的惊扰中，
我的耳边长久地回响着你温柔的声音　我耳边萦绕着你温柔的声音，
我还在睡梦中见到你可爱的倩影。　我梦见了你那亲切的面容。

许多年代过去了。暴风骤雨般的激变　几年过去了。一阵狂暴的风雨
驱散了往日的梦想，　　　　　　　驱散了往日美好的梦想，
于是我忘却了你温柔的声音，　　　我淡忘了你那温柔的声音，
还有你那天仙似的倩影。　　　　　和你那天仙般美丽的容颜。

在穷乡僻壤，在囚禁的阴暗生活中，    在偏僻的乡间，在幽禁的日子，
我的日子就那样静静地消逝，        我无所希求地虚度着光阴，
没有倾心的人，没有诗的灵感，     失去了歌咏的对象，失去了灵感，
没有眼泪，没有生命，也没有爱情。   失去了眼泪，生命，失去了爱情。

如今心灵已开始苏醒：           如今我的心灵又苏醒了，
这时在我的面前又重新出现了你，   你又在我面前飘然地出现，
有如昙花一现的幻影，           宛如纯真的美的化身，
有如纯洁之美的天仙。           宛如瞬息即逝的梦幻。

我的心在狂喜中跳跃，           我的心在欢乐中激烈地跳动，
心中的一切又重新苏醒，          在它里面又重新萌生，
有了倾心的人，有了诗的灵感，     歌咏的对象，萌生了灵感，
有了生命，有了眼泪，也有了爱情。   萌生了眼泪、生命、萌生了爱情。
（戈宝权译，《普希金诗集》，     （冯春译，《普希金抒情诗选》，
北京出版社 1987 年版，第 106 页）   安徽文艺出版社 1985 年版，第
                                241 页）

    原诗中前半部分 без+... 的不断重复强调了诗人在穷乡僻壤的无限苦闷与无奈，以及对凯恩的无限思念，结尾 и+... 的反复重复与前面 без+... 不的断重复形成鲜明对照，并且遥相呼应，突出了诗人又重新见到凯恩后突如其来的激动和喜悦。不同中体现相同，相同中蕴含不同。相同词的重复使得处于诗歌不同位置的词相互拉近并平行对照。在句式和词语都相同的前提下，得到强调的就是它们的细微差别，更突出的就是不同的部分。正是因为 без 和 и 的重复，使得 божество，вдохновенье，слезы，жизнь 和 любовь 处于平行对照的地位。它们拥有共同的超义子，形成了语义对比丛和文本语义场，将诗歌的主题烘托出来。除了 божество，вдохновенье，слезы，жизнь 和 любовь 的并置外，без 与 ...+и 的 ...+ 对立更突出了作者由悲到喜的变化，从而表达了对凯恩的爱慕之情。因此在翻译的时候应该

注意到这一点，尽量保持句式的重复，以提高译文质量。在这里张草纫是从保留原文格律和考虑译文平仄的角度来进行翻译的，没有兼顾原文句式上的重复和平行对照。这样一来，译文没有突出重复的部分，进而也无法强调不同的部分之间的对照，对作者的语义的表达没有起到很好的推动作用。乌兰汗、戈宝权和冯春的译文则再现了这种重复，"没有……"和"有……"的不断重复和对立使得相同成分后面的不同部分得到强调，并相互辉映形成语义丛，于是诗歌的意义发生升华，主题也更加突出了。

再看一例：

> Любви, надежды, тихой славы
>
> Недолго нежил нас обман,
>
> Исчезли юные забавы,
>
> Как сон, как утренний туман ;
>
> Но в нас горит еще желанье,
>
> Под гнетом власти роковой
>
> Нетерпеливою душой
>
> Отчизны внемлем призыванье.
>
> Мы ждем с томленьем упованья
>
> Минуты вольности святой,
>
> Как ждёт любовник молодой
>
> Минуты верного свиданья.
>
> Пока свободою горим,
>
> Пока сердца для чести живы,
>
> Мой друг, отчизне посвятим
>
> Души прекрасные порывы!

Товарищ, веры : взойдет она,

Звезда пленительного счастья,

Россия вспрянет ото сна,

И на обломках самовластья

Напишут наши нмена!

（Пушкин《К Чаадаеву》1818г ）

<table>
<tbody>
<tr><td>

爱情、希望、荣誉的慰藉，<br>
已不能再把我们欺骗。<br>
早年的欢乐一去无迹，<br>
像是晨雾，又像是梦幻。<br>
但我们还有一个心愿：<br>
在那命运的权力压制下，<br>
我们怀着急切的心情，<br>
注意地倾听着祖国的召唤。<br>
我们忍受着期待的焦渴，<br>
盼望着神圣的自由实现。<br>
像一个正在热恋的年轻人<br>
等待着与情人约会的时间。<br>
趁心中燃烧着自由的火光，<br>
正义的心灵还没有湮没，<br>
朋友啊，把隐藏在我们胸中的<br>
美好的热情献给祖国！<br>
同志们，请相信，幸福的明星<br>
不久会射出迷人的光芒，<br>
俄罗斯马上就要觉醒，<br>
那时候在专制政体的废墟上<br>
我们的名字将万古流芳！<br>
（张草纫译，《俄罗斯抒情诗选》，

</td><td>

爱情、希望、默默的荣誉——<br>
这种欺骗给我们的喜悦短暂，<br>
少年时代的戏耍已经消逝，<br>
如同晨雾，如同梦幻；<br>
可是一种愿望还在胸中激荡，<br>
我们的心焦灼不安，<br>
我们经受着宿命势力的重压，<br>
时刻听候着祖国的召唤。<br>
我们仍受着期待的煎熬，<br>
切盼那神圣的自由时刻来到，<br>
正像风华正茂的恋人<br>
等待忠实的幽会时分。<br>
趁胸中燃烧着自由之火，<br>
趁心灵向往着荣誉之歌，<br>
我的朋友，让我们用满腔<br>
壮丽的激情报效祖国！<br>
同志啊，请相信：空中会升起<br>
一颗迷人的幸福之星，<br>
俄罗斯会从睡梦中惊醒，<br>
并将在专制制度的废墟上<br>
铭刻下我们的姓名！<br>
（乌兰汗译，《致大海——俄国五大

</td></tr>
</tbody>
</table>

上海译文出版社 1992 年版，
第 251 页）

诗人诗选》，人民文学出版社
1989 年版，第 3 页）

爱情、希望、平静的光荣
并不能长久地把我们欺诳，
就是青春的欢乐，
也已经像梦、像朝雾一样地消亡；
但我们的内心还燃烧着愿望，
在残暴的政权的重压之下，
我们正怀着焦急的心情
在倾听祖国的召唤。
我们忍受着期望的折磨
等候那神圣的自由的时光，
正像一个年青的恋人
在等待那真诚的约会一样。
现在我们的内心还燃烧着自由之火，
现在我们为了荣誉献身的心还没有死亡，
我的朋友，我们要把我们心灵的
美好的激情，都呈献给我们的祖邦！
同志，相信吧：迷人的幸福的星辰
就要上升，射出光芒，
俄罗斯要从睡梦中苏醒，
在专制暴政的废墟上，
将会写上我们姓名的字样！
（戈宝权译，《普希金诗选》，
北京出版社 1987 年版，第 82 页）

爱情、希望和令人快慰的声誉
并没有长久地使我们陶醉，
年轻时的欢乐已成为往事，
像梦、像朝雾一般消退；
但我们胸中还燃烧着一个心愿，
在命定的桎梏重压下辗转不安，
我们的心灵正在焦急地
谛听着祖国发出的召唤。
我们正在忍受着期待的煎熬，
翘望着那神圣的自由的时代，
就像一个年轻的恋人，
在等着那确定的约会的到来。
趁我们还在热烈地追求自由，
趁我们的心还在为正义跳动，
我的朋友，快向我们的祖国
献上心中最美好的激情！
同志，请你相信吧：那颗
迷人的幸福之星必将升起，
俄罗斯会从沉睡中惊醒，
那时在专制制度的废墟上，
人们将铭记我们的姓名！
（冯春译，《普希金抒情诗集》，
安徽文艺出版社 1985 年版，
第 107 页）

原诗节开头 пока+...的重复是为了强调重复成分后面的不同部分，这样就使得 свободою горим 和 сердца для чести живы 形成对举关系，并相互靠近，从而强调了自己的满腔热血和对自由的向往，为后文"激情献给祖国"做了很好的铺垫。重复就是为了强调，使得不同的部分平行对照，相互呼应，语义更加深化。张草纫是从保留原文格律的角度去处理译文的，在不能两全的前提下略去了原文句式上的重复而未翻译，在某种程度上不利于语义的深化。而乌兰汗和冯春的译文则相反，不仅再现了原文 пока+...句式的重复，而且上下两句平行对仗，形成排偶关系，遥相呼应。这样一来，译文达到了和原文一样的语义效果，深刻地表达了俄国革命家追求自由的热切希望，炽热的爱国激情和对神圣自由的必要信念。这里特别需要指出的是，戈宝权的译文不仅和乌兰汗和冯春一样注意到了句式上平行对照的重要作用，而且还是这几篇译文中最为押韵的（在短小的诗歌篇幅中有十处诗行的末尾都押 ang 的韵），很好地再现了原文韵脚的重复，这对语义的烘托具有不可替代的作用。

总之，诗歌就是依靠各种语音、节奏、韵脚、词汇、语法和句法等各种要素的重复来构成形式上的平行对照，在诗歌的结构形式中把各种异质同构的诗歌元素（它们在普通语言中往往属于不同语义系列）组合起来，形成聚合关系，在强调重复部分的语义的同时，更强调了不重复的部分，通过平行对照深化语义关系，最终服务于诗歌主题。这样一来，原本不带有任何语义的语音、节奏、韵脚等也都披上了语义的外衣。此外，在重复和平行对照的形式下，诗歌往往能形成对比语义丛和文本语义场。这样诗歌的语义就会形成层次感，并逐层深化，最后达到诗歌的中心主题。我们在翻译的过程中，也应当注意去再现诗歌的这些形式上的重复和平行对照，因为只有这样才能保证译文和原文一样具有形式美，并拥有多层次的语义关系，否则译文语义始终停留在表面，深化不下去，必然有损中心意思和主题的表达。

# 第四节　重复、平行对照与中国唐诗的俄译

上节的开头我们用重复、平行对照的原则分析了中国现代诗歌《相信未来》，我们可以看到这一原则对该诗语义的建构起到了非常重要的作用。那么运用这一原则分析中国古典诗歌是否同样有作用？我们在翻译中国古诗词的时候是否也应该遵循这一原则呢？为了便于研究，我们以典型中国唐诗为例，研究这一原则在中国古典诗词翻译中的运用。下面我们来分析下李白的《玉阶怨》：

《玉阶怨》

玉阶生白露，夜久侵罗袜。

却下水晶帘，玲珑望秋月。

（唐　李白）

这是一首宫怨题材的五言古体诗（742 年），诗中的四个诗句基本上都是"补语＋动词＋宾语"的结构，每行三顿。在这样的句式结构和节奏的重复和平行对照之下，各个词语便突破了空间上的距离，相互比照，发生联系。第一，在诗中，夜、白露以及秋月发生直接的逻辑联系，玉阶和罗袜发生直接的语义逻辑联系，月和水晶帘发生直接的语义逻辑联系。第二，白露、罗袜、秋月都处于每行诗句的结尾，在相同的韵律位置之上相互对仗，且均为柔软事物，相互比照，为一类语义聚合体（或称语义链）；而剩下的玉阶、水晶帘都为冰冷坚硬的事物，也相互联系，为另一类语义聚合体。第三，夜、白露、秋月、水晶帘、玉阶都归属外部的自然事物，而罗袜、水晶帘都归属内部的、人的事物，又分别形成两个语义聚合体，聚合体内部词语的语义发生关联，形成语义链。就这样，在句式和韵律的平行对照下，诗中这些词语便缩短了空间的距离，相互比照，相互

联系，语义聚合关系被大大增强，整首诗便统一在一个空间里了。经过以上三类分析之后，我们发现全诗的语义链纵横交错，相互交织，形成一个复杂的文本语义场，诗歌"宫怨"的主题便在这样的语义结构中凸显出来。因此，诗歌中没见一个"怨"字，却句句都在写怨。我们再看俄罗斯的一位译者 Щуцкий Ю. К. 的译文：

《Тоска у яшмовых ступеней》

Я стою…У Яшмовых ступеней

Иней появляется осенний.

Ночь длинна-длинна…Уже росой

Увлажнен чулок мой кружевной.

Я к себе вернулась и, печальна,

Опустила занавес хрустальный.

Но за ним я вижу : так ясна

Дальняя осенняя луна!

（Щуцкий Ю. К.）

Щуцкий Ю. К. 在句式结构上并没有把握原诗的重复和平行对照，虽部分尾词押韵，但从整体来说词语之间在空间上也无法形成有效的语义聚合关系，再加上诗歌中 я 的出现，使得整首诗歌的聚合关系被大大削弱。原诗是一首宫怨诗，作者并不是写自己本人，然而译文读下来使人感觉是一首作者抒发自我忧愁主题的抒情诗，人为地加进去了"Я к себе вернулась и печальна"等词句，使诗歌的主题发生偏差。这也表明，译者对原诗结构的不重视，很容易造成译文与原文语义相差过大。

由此看来，诗歌文本正是通过重复和平行对照不断建立聚合关系，才把等值关系从聚合轴投射到组合轴之上，实现着诗功能。分布于诗章各个层面的重复和平行对照可使得词语的空间距离缩短，文本的聚合性特征更为突出，为这些词语在语义结构上形成语义链和文本语义场打下坚实的基础。

因此，无论是在俄语诗歌还是汉语诗歌中，重复和平行对照都是诗歌文本的重要组织原则。因此，我们在翻译中就需要更加重视这一原则，这对于提高译文质量是大有裨益的。

李白的《静夜思》大家耳熟能详：床前明月光，疑是地上霜。举头望明月，低头思故乡。这首五言绝句为什么会产生如此深刻诗意呢？首先，在语音上，"光""霜""乡"都押 ang 的韵，于是韵脚上的重复将这三个词相互拉近，使之相互发生关联，月光—霜—故乡就形成一个语义聚合体（语义链），共同的义素是"思念"。在这里韵脚 ang 在诗歌结构的作用下与语义发生关联，表现出诗人客居他乡的愁苦和无奈，对于词语语义的传达起到了很好的推动作用。第二，节奏上，这首五言绝句每个诗句都是三顿，光、霜、明月和故乡都落在相同的位置上，节奏将它们捉将到一处，形成了一条语义链。并且"望明月"与"思故乡"在平仄上相互对仗，在空间上也更加强了他们之间的联系，语义关系自然也得到加强。第三，后两句在句法结构上都是"补语 + 动词 + 宾语"的结构，由于词汇"举头"与"低头"的相互对立，它们后面的成分就越发得到强调。于是"望明月"和"思故乡"就形成了一个更加紧密的语义聚合体，"明月思乡"的语义就更加凸显出来。在语音、节奏、句法、词汇层面的重复和平行对照的作用下，诗歌的语义结构形成了一个统一的整体，中性的韵脚 ang 和五言三顿式的节奏在这样的文本语义场里也被披上了语义的外衣，主题自然也就很容易得以凸显。下面我们来看看三个译文：

译文一：

《Думы в тихую ночь》

В изголовии ложа
Показалась похожей
Сияет, светлеет луна.
На иней упавший она.
Посмотрел на луну я,

Лицо к небесам обратив,
И припомнил родную

译文二：

《Думы тихой ночью》

Перед постелью светлой луны сиянья :
Кажется — это на полу иней.
Поднял голову-взираю на горную Луну.
Опускаю голову : думаю о родной стороне.

（Алексеев В. М.）

Страну я, лицо опустив.

（Щуцкий Ю. К. ）

译文三：

《Думы в тихую ночь》

У самой моей постели

Легла от луны дорожка

А может быть это иней?

Я сам хорошо не знаю

Я голову поднимаю —

Гляжу на луну в окошко

Я голову опускаю —

И родину вспоминаю

（А.Гитович ）

　　译文二和译文三在句法结构上注意到原文的重复和平行对照的特征，与原文对应得非常准确。特别是对原诗最后两句的翻译，充分注意到了原文对仗工整的特征，利用 голову 的词汇重复，来强调后面的语句。译文二将 поднял голову 与 опускаю голову 置于句首相对比，然后又将 горную луну 和 родной стороне 都置于诗句末尾，就更强调了两者之间的关系，与原文一样形成了一个语义聚合体，再现了原文的语义结构，思乡的主题也就更凸显出来。译文三与译文二异曲同工，将 Я голову... 都放在开头形成句首重复，后面词句的语义对比关系自然就得到加强，然后在句尾运用 abaa 式的韵脚，将 поднимаю，опускаю 和 воспоминаю 三个动词利用韵脚的重复而联系起来形成语义聚合体，增强比照的效果。这"一望""一低""一思"，诗歌文本的深层语义便浮现出来，而且很好地还原了原诗的文本语义结构。相比之下，译文一则没有注意到语音、节奏、句法、词汇层面上的平行对照，文本的聚合性特征不明显，显得较为散乱，没有译文二和译文三简练且诗意明显。此外，译文一所提到的 родную страну（祖国）也是错误的，李白是思念自己的故乡而不是祖国。

我们再看孟浩然的《宿建德江》：

《宿建德江》

移舟泊烟渚，日暮客愁新。

野旷天低树，江清月近人。

（唐　孟浩然）

译文一：

《Ночую на реке Цзяньдэ》

Я под легкою мглой островка,

Переправившись в лодке, причалил.

На закате печаль и тоска

В чужеземце внезапно восстали.

А долина вокруг широка,

К лесу небо спускается низко.

Чистотою прекрасна река,

И луна предо мною так близко!

（Щуцкий Ю. К.）

译文二：

《Ночую на реке Цзяньдэ》

Направлена лодка

На остров, укрытый туманом.

Уже вечереет —

И путник печалью охвачен.

Просторы бескрайни—

И снизилось небо к деревьям.

А волны прозрачны —

И месяц приблизился к людям.

（Эйдлин Л. З.）

　　这是一首抒写羁旅之思的五言绝句（730年），诗在形式上的最大特点就是词义、平仄和句式对仗得都十分工整，对于语义的烘托起到了极大的促进作用。首先看前两句，在节奏上，它们是平平仄平仄，仄仄仄平平，两两相对，整齐中稍富变化。在语义上，"日暮"与上句的"泊""烟"都有联系，因为日暮，船需停宿；也因为日落黄昏，江面上才水烟蒙蒙。同时"日暮"又是"客愁新"的原因。这样两诗句便联系起来，泊烟渚—日暮—客愁新形成了一个语义链。再看后两句，它们在节奏上也刚好是两两相对，仄仄平平仄，平平仄仄平，对仗非常工整，而且在句式上平行对照，都是"主语＋动词＋主语＋动词＋宾语"的结构。在节奏和句式的平行对照之下，两诗句发生关联，野旷和江清的比照写出了天之辽阔，与前句的日暮之景浑然一体。天低树和月近人相类比，天、树、月、人四景相互靠近、融为一体，更突显出了作者在这茫茫天际的愁苦和无奈。由于韵脚的重复，第三句与第一句也发生关联，将"野旷天低树"之景与"泊烟渚"之景联系起来，这种苍茫辽阔的感觉就更凸显了。由于第二个诗句与后两句诗在句法结构上相近似，因此它们在语义上也发生关联，日暮—野旷—江清形成语义链描写辽阔的自然景色，客愁新—天低树—月近人也形成语义链，义素是诗人那种愁苦而思念的心情，这两个语义链与前面刚提到的泊烟渚—日暮—客愁新都串联起来，交织在一起，形成一个文本语义场。由此可见，在语音、节奏、词汇和句法结构的重复与平行对照之下，整首诗歌的语义结构便统一在一个文本语义场的整体里，主题得以凸显。

我们再来分析下译文。显然译文二较译文一更加注意到了原诗的重复和平行对照的特征。第一，译文二注意到了语音上的重复和平行对照。全诗押韵方式是 abaa 式，由于第一、第三、第四诗节同韵，туман，деревья 和 люди 三个词语在韵脚重复的基础之上便联系起来，形成一个聚合体（语义链）。第二，译文二还原了原诗的节奏美。原文平仄对仗十分工整，而译文二每个诗节都是标准的五步抑扬抑格诗句，读起来朗朗上口，在格律上再现了原文的美。不仅如此，格律的平行对照，更有利于语义的烘托。因为"处于诗歌文本主导要素地位的节奏型一旦形成，便会对诗歌内部各个语义单位辐射其影响力。诗歌由此变成一种语义发生器"（王立业，2006 年，第 213 页）。在节奏的平行对照下，各个词语便突破了文本的束缚形成了更大的词汇语义群，文本的聚合性特征也更加明显。第三，译文二还注意到了词汇和句式上的重复和平行对照。为了补偿原诗的后三句在句法结构上的类似，译者在每个诗句的开头都使用了 И。因为诗歌的语义承载量主要取决于不同部分的语义值大小，并与诗歌相同部分的语义值成正比。即如果重复的成分和相同的元素越多，重复性和相同性表现得越明显，那么相区别元素的不同性和区别性就更强烈地被强调。句首三个 И 的重复必然带来后面语句的更强烈的对比，从而拉近它们之间的空间距离。另外，译者注意到了原诗后两个诗句的对仗十分工整，于是在营造 и 的重复的同时，还采用了同样的"带 ся 的动词＋к"的结构模式。这些都拉近了 путник，небо，деревья，месяц，люди 之间的关系，使其成为一个语义聚合体（语义链）。这个语义链与上面的语义链相交织，形成了一个文本语义场，文本主题也得以突出。

由此可见，译文二是一篇非常成功的译文，译者通过各个层面的重复和平行对照构建出了一个语义结构整体，很好地再现了原文的语义结构，并烘托出了同样的主题，无论在语义上还是结构上都很好地再现了原文。译文一在韵脚上处理得不错，全诗都押 abab 式的交错韵，在营造文本聚合关系上起到了一定的效果，但是在其他的节奏、词汇和句式等层次上处理则略显不够，词汇未能有效地挣脱文本的束缚而聚合成文本语义场，因此较译文二稍逊之。

我们再看一例：

《登高》

风急天高猿啸哀，渚清沙白鸟飞回。

无边落木萧萧下，不尽长江滚滚来。

（唐　杜甫　节选）

译文一：

Поднявшись на высоту

Стремителен ветер,

и небо высоко.

В лесу обезьяны вопят.

Над чистой осенней водою

потока

Осенние птицы летят.

Осенние листья кружат, опадая.

Багряны они и легки,

И тянутся вдаль от

родимого края

Просторы Великой реки.

（А.Гитович）

译文二：

Поднялся на высоты

Небо высоко. Свирепо

ветер мчится.

Обезьяны жалобно кричат.

Чистый островок.

Песок белеет. Птицы

Пронесутся быстро — и назад.

Беспредельно, всюду листья опадают,

Вниз летят, шурша и трепеща.

Бесконечная река спокойно

притекает

И идёт, волной своей хлеща.

（Щуцкий Ю. К.）

　　这是杜甫在自己晚年极端困窘的时候写出的一首感怀诗（767 年），抒发了内心深沉的苦痛与忧思。本诗前两句中每句都由三个"主语＋动词"结构的词组构成，两两相对，对仗十分工整。不仅上下两句对，还有句中对，上句天对风，高对急；下句沙对渚，白对清。此外，这两句在意境上也相互对比，前句描述急速肃杀，秋风瑟瑟，惊心动魄的景象，次句则平缓而出，让人感到一种宁静的凄凉、空旷的惆怅，孤独的忧伤。这些词汇、句法结构以及意境上的平行对照就将风、天、猿、渚、沙、鸟都聚合到了一起，形成一个语义群，一幅悲凉的秋景图画便整体地展现在读者的面前。后两句诗也是对仗得十分工整，特别是叠字"萧萧"与"滚滚"的相互对照，更是强调了"落木"与"长江"的对比效果。语词的叠用是中国古代诗歌语义建构中比较重要的一种手法，这种重复本身就具有一种强调的作用。"重复使其真正含义的情感效果得到升华。"（布尔顿，1992：115）因此，沉郁而悲凉的文本含义也在这种重复和平行对照之中凸显出来。

　　在对前两句诗的翻译上，总体来说译文一和译文二都处理得不太理想，没有将原诗上下两句对，句中对的结构美展现出来。虽然文字上的意思翻译出来了，但是聚合性特征却没有原诗那么明显，因此对于语义的烘托效果就要差一些。在对后两句诗的传译上，译文二似乎略胜一筹。首先译者通过 беспредельно 和 бесконечная 两个带有 бес 前缀的词的重复，将 река 和 листья 相互拉近，互相比照，形成语义聚合体。然后，译文通过语音重复来再现原诗的叠字。如 шурша 和 трепеща，两个 ш 和一个 щ 的连用，重复的语音起到了拟声的乐感效果，会使人联想到那种落叶纷纷、秋风瑟瑟的景象，这就再现了原诗句"落木萧萧下"的图景。同时，尾词 треща 和下句的尾词 хлеща 由于韵脚的重复而相互关联，这样这两句诗不仅押头韵，还押尾韵，更突出了两诗句的对比关系，强调了 река 和 листья 的聚合关系，那种悲凉的语义自然就浮现出来。对于这两句诗来说，通过以上这些手段，译文二在语义的烘托和传达上基本上达到了原诗的效果。

　　由以上这些例子我们可以看出，无论是在俄诗还是在汉诗中，各个层面的重复和平行对照都成为构筑诗歌语义结构的重要手段，是形成诗歌文本聚合关系的重要方法之一。诗歌文本正是通过重复和平行对照来拉近词与词、句与句之间的空间距离，构成语义聚合体（语义链），形成文本语义场来最终烘托出主题。我们在对唐诗的解读过程中可以运用这一手段来分析诗歌文本含义的生成机制，在翻译的过程中可以运用这一方法来再现原诗的结构美，更好地传达原诗的语义。

　　综上所述，结构诗学中重复和平行对照的原则与诗歌翻译研究的关系十分密切，可以有效地指导我们进行中国唐诗的俄译。其实，由于重复和平行对照的原则在诗歌中具有普遍性，它对于中国现代诗的俄译，英汉诗歌的互译等也都同样具有较强的指导作用，限于篇幅这里就不能一一列举，详细论述了。然而，重复和平行对照的原则作为诗歌文本含义生成的重要机制，其作用不可忽视。它不仅是分析和阐释诗歌文本的有力武器，而且在翻译实践中具有很强的操作性，必定在诗歌翻译研究领域大有可为。

# 第六章　诗歌文本的整体结构与翻译

　　前两章我们从超义子、语义对比丛的角度分析了诗歌的语义及其翻译，还从重复和平行对照的角度探讨了诗歌的形式及其翻译。这些都说明，一方面，在俄汉诗歌翻译中要想保证语义的正确，前提是必须保证译文的超义子、语义对比丛和原文的超义子、语义对比丛相符；另一方面，在形式上译文则需要尽可能地去再现原文的词汇和句法上的重复与平行对照，以体现出诗歌本身聚合性的特点，使形式更好地去服务于语义和内容。然而，要想成功地翻译一首诗歌，仅仅做到这两点还是不够的，我们还需要在更多的角度和层次上下功夫。那么这些更多的角度和层次有哪些呢？我们如何才可以做得更好呢？

　　洛特曼在《诗歌文本的分析》这本书中给了我们很好的启示。他在书中指出："诗歌是一个整体，是表现在语义、句法、语音、节奏、语调五个层次上的统一体。"[1] 那么我们在诗歌中能否也尝试着建立这样的一个整体，使之与原文相对应呢？本章第一节就以此为切入点来研究诗歌文本的整体结构与翻译。第二节我们将论述诗歌文本以外的因素，既然诗歌文本是一个动态开放的体系，那么诗歌翻译也不应当是一个封闭的体系，而是需要考虑非文本因素对文本的影响，这样才能得到最佳的译文。

## 第一节　诗歌文本是一个整体

　　贯穿于结构诗学中的一个非常重要的思想就是系统结构是一个整体的

---

[1]　Ю. Н. Лотман, Анализ поэтического текста, СПб.1996г. стр97.

思想，不同的结构主义研究者虽然在诗歌划分的层次上有所区别，但是有一个观点是一致的，那就是诗歌文本就是建立在多结构层次基础上的统一整体。洛特曼结构诗学当然也不例外，如前所述，他认为诗歌文本是建立在语义、句法、语音、节奏、语调五个层次上的统一体。这五大层次相互联系，相互影响，统一于诗歌结构整体之中。

　　然而在诗歌文本中，这五大层次的地位又是有所不同的。语义代表诗歌的内容，是诗歌赖以存在的根本；句法、语音、节奏、语调则是形式手段，它们都必须服务于语义内容，否则诗歌就失去了灵魂，成了现代的所谓的"无意义诗"。而这些形式手段有的是通过重复和平行对照的组织方式构建出具有层级性的文本语义结构，有的则使用语音或语调的补偿的方法，但是最终的目的都是服务于主题。关于这个观点前面几章都有所论述，如沃兹涅先夫斯基的《戈雅》就属于语音重复服务于语义的典型范例，普希金的《致凯恩》就属于词汇和句法平行对照服务于语义的典型范例，等等。在汉诗中，洛特曼的这一观点也是适用的。例如前面所列举的食指的《相信未来》，整个文本就是建立在语义、句法、语音、节奏等层次相互统一的结构整体之中，且形式上（特别是韵脚、词汇和句法）的重复和平行对照对于诗歌语义内容的建构起到了巨大的作用。这说明，在诗歌文本结构系统的整体性上，俄汉诗歌是具有相通性的：诗歌文本是由语义、句法、语音、节奏、语调结合成的统一整体，且形式服务于语义内容。这些都给我们进行俄汉诗歌翻译研究提供了宝贵的启示。既然诗歌原文是建立在五大层次上的统一整体，那么在翻译中，我们也要力争将译文塑造成为一个新的整体，使这个新的整体也是建立在这五大层次的基础之上。

　　从理论上来说，如果一个译者在译文中构建出一个新的整体，并使译文这个新的整体在语义、句法、语音、节奏和语调这五大层次上和原文整体相对应，那么他的译文就算是非常成功的译文了。然而，由于俄汉语言的巨大差异，在翻译实践中很难全部再现这五大层次。如张草纫的诗集《俄罗斯抒情诗百首》里面的大部分译诗在保证原诗意义正确传达的同时，尽可能地再现了原诗的格律，却没有兼顾句法上的平行对照，语势上显得不够；范秀公的《戈雅》基本上传达出了原文的语义，却无法再现原文那特有的语音 ro 的重复；季元龙的译文《鸟有巢，兽有穴》在句式上虽做到了平行对照，但超义子却发生了错误，造成了全诗语义与原诗相去甚远。这些都说明，将译文重新塑造成为一个新的整体，让这个整体也都包含语义、句法、语音、节奏、语调这五大层次，并使之能再现原文相对应的五大层次是非常困难的。这个目标虽然难以实现，但是并不妨碍我们尽可能地去努力逼近这一目标。哪个译者的译本更能在这五大层次上再现原文（或者说再现的层次越多），哪个译本在五大层次上结合得最好，哪个译本就是更佳的译本。

在实际操作中，首先，语义的传达是核心，如果译文与原文在语义上区别过大，那么即使句式、语音、节奏等形式因素传达得再好也是"徒劳"，这样的译文就不能算是成功的译文。要做到语义的正确传达，就需要译文的超义子、语义对比丛和原文的超义子、语义对比丛相符合。其次，我们可以做到的就是去尽可能地再现原文的形式。形式就包括句法、语音、节奏和语调。它们之间相互联系，各有千秋，不分高下。其中，在句式（这里所指的句式在广义上还包括词汇）方面，就是要注意传达原文句式上的重复和平行对照，因为重复和平行对照是诗歌文本的重要组织原则，如果译者能很好地去再现句式上的重复和平行对照，那么在译文中就会形成和原文一样的具有层级性的语义结构，原文的形式美也能更好地传达。而译者在翻译过程中经过努力要做到这点往往不是很难，这在前面已有所叙述了，这里不再赘述。

需要指出的是，原文的语音、节奏和语调作为形式上不可分割的部分也是译者需要去尽力传达的。例如普希金的《Медный всадник》（《青铜骑士》）中有这样一句话：

> Люблю тебя, петра творенье,
>
> Люблю твой строгий, стройный вид,
>
> Невы державное теченье,
>
> Береговой её гранит.

著名翻译家查良铮译为：

> 我爱你，彼得兴建的大城，
>
> 我爱你严肃整齐的面容，
>
> 涅瓦河的水流多么庄严，
>
> 大理石铺在它的两岸……

著名作家王小波对此赞赏有加。他在《我的师承》一文中写到，上中学的时候，哥哥就给他朗读查良铮的译诗，并告诉他说，这是雍容华贵的英雄体诗，是最好的文字。有意思的是，王小波还引用了另一位译者的译文，与查良铮的译文进行比较：

> 我爱你彼得的营造，
>
> 我爱你庄严的外貌……

王小波曾幽默地说："现在我明白，后一位先生准是东北人，他的译诗带有二人转的调子，和查良铮的译文相比，高下立判。"

王小波的评价中肯而又有见地。普希金的《青铜骑士》采用四音步抑扬格，每行八个或九个音节，节奏平缓而从容。查良铮的译诗采用每行十个字或九个字，节奏分为四顿，所以显得诗句庄重，"雍容华贵"。被王小波戏称为东北人所译，带有二人转调子的诗句，每行八字三顿，节奏紧迫急促，像中国的顺口溜和民间唱词，背离了原诗的恢宏气度，因而显得滑稽。这里查良铮的成功之处就在于传达了原诗的那种特有的格律，营造出了那种庄严肃穆的氛围。

普希金原作往往是严谨的格律诗，音节、音步、韵脚、韵式，都有严格的规律，要想完全再现这些音韵和格律特点，难度相当大。由于我们的新诗还没有建立起格律来，译者没有一定的式样可以遵循，这迫使他不得不杜撰出一些简便可行的，而又类似格式的临时的原则，以便他的译文有适当的规律性。[1] 查良铮想出的办法概括起来有几条：坚持以格律诗译格律诗；尊重原作，但不完全拘泥于原诗格律；保持韵脚的连续，但避免韵脚过密；注重音韵美感，力避呆板单调，对不同的格律与韵式采用不同的

---

[1]　查良铮，《普希金叙事诗选集》，四川文艺出版社1985年版，第3页。

翻译方法。

长诗《强盗兄弟》当中有这样几行：

> 但以后呢？我们两兄弟
>
> 游乐不久，便都遭了殃，
>
> 官府捉住了我们，铁匠
>
> 给我们连身钉上了镣铐，
>
> 卫兵又把我们送进监牢。

译诗节奏鲜明、紧凑，与原作的四音步抑扬格相吻合，但韵式稍加改变。原诗为 abab 交叉韵，译文为 aabb 相邻韵。韵式虽然改变，但不变的是以格律诗译格律诗。韵式改变后的译文所造成的文本效果与原作大致等同。又如《波尔塔瓦》描写战争场面：

> Швед русский — колет, рубит, режет
>
> Бой барабанный, клики, скрежет
>
> Гром пушек, топом, ржанье стон,
>
> И смерть, и ад со всех сторон.

> 瑞典人，俄国人，在刺、杀、砍
>
> 战鼓的声音，切擦，叫喊，
>
> 大炮的隆隆，马嘶，呻吟，
>
> 地狱和死亡，混作了一团。

译诗用词急促，顿挫铿锵，用大量的单音节词和双音节词再现了原诗急促的节奏，营造出那种惊心动魄的战争场景。

例如普希金长诗《Домик в Коломне》（《科隆那的小房子》）中描写少女巴娜莎的一节：

> Параша（так звалась красотка наша）
>
> Умела мыть и гладить, шить и плесть；
>
> Всем домом правила одна Параша；
>
> Поручено ей было счеты весть,
>
> При ней варилась гречневая каша

（Сей важный труд ей помогала несть

Стряпуха фекла, добрая старуха.

Давно лишенная чутья и слуха）.


巴娜莎（这是那小姐儿的名字）

她能织能缝，能洗刷和烫平衣服；

所有的家务都由她一个人

管理，并且要算清每天的账目。

荞麦粥也必须由她每天亲自煮好

（这件重要的工作，有个老厨妇

好心的费克拉帮着她执行，

虽然她的听觉和嗅觉早已不灵）。

（查良铮译）


　　在普希金所译的这首诗在韵律上独具特色。普希金原作借鉴了拜伦的《唐·璜》诗体，采用八行体，五音步抑扬格，即每个诗节由八行组成，每行五音步，阴性韵十一个音节，阳性韵十个音节，韵式为ababababcc，头六行押交叉韵，最后两行押对韵。查良铮的译诗稍有变通，每行译诗在十一个、十二个之间，顶多十三个字，大致分为五顿，头六行偶句押韵，最后两行押对韵。

　　译文中查良铮基本上再现原文的语义、句法、语音、节奏和语调的统一，将巴娜莎的聪明能干描写得淋漓尽致。王小波先生说得好：查良铮发现了现代汉语的韵律，并把这种韵律运用到他的译文当中，再现了普希金文体的优美，善于控制韵律和节奏，而这一切都源于对美的追求。

　　由此可见，对于像查良铮这样的翻译大家，往往可以娴熟地运用语言来构建一个新的整体，很好地去再现原文的这五大层次上的整体。特别是对于韵律和节奏，查良铮都处理得天衣无缝、炉火纯青。但有些时候在俄汉语毫无现成的对应规律的前提下，我们要再现韵律、节奏等形式因素确实较为困难，在这种情况下译者只能尽力运用汉语中的各种手段去再现它们。在实践中，我们往往动用汉语的各种修辞手法对原文的这些特点加以补偿，如前面我们列举的苏杭翻译普希金的"枉然的馈赠，偶然的馈赠"，在语义传达正确、句法平行对照的基础之上用汉语调音的修辞手法补偿了原诗韵脚的语音重复，这样就处理得非常好。再如飞白的译文《戈雅》除语义正确以外，还利用大量含有 g、k 的汉语词汇去补偿原文 ro 的重复所营造的警钟般的音响效果，保留了原文独具特色的语音形式美。又如张草纫翻译勃洛克的《白昼的风儿渐渐静息》，不仅语义正确，句式对仗，而且还很好地再现了原诗的格律，让人读起来具有和原诗一样的节奏感。他们在这五大层次的构建上显然比其他译者略胜一筹，译文的质量也相对更高。

## 第二节　诗歌文本整体结构的翻译和译例分析

为了更好地说明上一节的观点，我们把一整首长诗作为研究的对象，来考察译文如何从这五大层次更好地去再现原作。请看下例：

《Цыганская свадьба》

| | | |
|---|---|---|
| Из-под копыт | ∪＿ ∪＿ | Гомон гитарный, луна и грязь. |
| Грязь летит. | ＿ ∪＿ | Вправо и влево качнулся стан. |
| Перед лицом | ∪＿ ∪＿ | Князем - цыган! |
| Шаль - как щит. | ＿ ∪＿ | Цыганом - князь! |
| Без молодых | | Эй, господин, берегись, - жжет! |
| Гуляйте, сваты! | | Это цыганская свадьба пьет! |
| Эй, выноси, | | |
| Конь косматый! | | Там, на ворохе |
| | | Шалей и шуб, |
| Не дали воли нам | ∪＿ ∪＿∪＿ | Звон и шорох |
| Отец и мать, | ∪＿ ∪＿ | Стали и губ. |
| Целое поле нам - | ＿ ∪∪＿∪＿ | Звякнули шпоры, |

Брачная кровать! _ ∪∪∪ _　　В ответ - мониста.

Пьян без вина и без хлеба сыт,　　Свистнул под чьей - то рукою

Это цыганская свадьба мчит!　　Шелк.


Полон стакан,　　Кто-то завыл как волк,

Пуст стакан.　　Кто-то как бык храпит.

　　- Это цыганская свадьба спит.

（Цветаева 25 июня 1917 ）


《吉普赛的婚礼》　　　　　　《茨冈人的婚礼》

马蹄下——　　　　　　　　马蹄下——

尘土飞扬！　　　　　　　　尘土飞扬！

脸蛋儿——　　　　　　　　脸上

蒙一副面纱如盾。　　　　　　罩着如盾的面纱。

媒人们，闲逛去吧，　　　　　没有了年轻人，

年轻的情侣走了！　　　　　　媒人们，闲逛去吧！

嗨，飞奔吧，　　　　　　　　嗨，飞奔吧，

鬃毛飘飘的骏马！　　　　　　鬃毛纷披的骏马！


双亲不让我们　　　　　　　　父亲和母亲

如愿以偿——　　　　　　　　不让我们相爱——

旷野便是我们新婚的卧床！　　整个原野便是

未饮美酒已先醉——　　　　　我们的婚床！

这是吉卜赛新人在驰骋！　　　无酒也醉，无粮也饱——

　　　　　　　　　　　　　　茨冈人成婚神速！


杯子满了，　　　　　　　　　酒杯斟满，

杯子干了。　　　　　　　　　顷刻成空。

吉他乱奏，明月照着尘埃。　　吉他喧嚣，月儿朗照，尘土弥漫

腰肢儿左右摇摆。

吉卜赛人成了公爵！

嗳，少爷，当心：酒可凶呢！

这是吉卜赛新人在宴饮。


那儿，在一堆

披肩和皮袄上——

是钢与唇

的交响。

项链应和着

马刺叮当。


是谁的手下，绸衣

哧地一响。

谁嚎叫起来，像狼，

谁在打鼾，像牛……

这是吉卜赛新人在梦乡。

（娄自良译）

腰肢儿摆动，忽左忽右。

茨冈人成了公爵！

公爵成了茨冈人！


嗨，老爷，这酒性可烈呢！

茨冈人的婚礼有饮不尽的美酒

那里，在一堆

面纱和皮袄上

刀剑铮铮，

嘴唇咂砸

马刺儿叮当

项链应和。

绸衣在谁的手下

哧拉作响。

有人狼一般在嚎叫，

有人牛一般鼾声大作。

——茨冈人的婚礼进入梦乡。

（汪剑钊译）


《茨冈的婚礼》

马蹄下

尘土飞扬！

脸蛋前

披巾好像盾一样。

媒婆们，去闲逛吧，

年轻人双双走啦！

嗨，加油啊，

鬃毛飞舞的骏马！

《吉卜赛人的婚礼》

马蹄下——

尘埃飞花！

脸儿前

如盾一般的面纱

新人们去了，

媒人啊，请你们尽情玩耍！

嗨，奔腾吧！

长鬃毛的骏马！

父母不让
我们成双，
整个原野，便是
我们新婚的牙床！
没有美酒人也醉，
——茨冈的婚礼在马上！

酒杯满，
酒杯干。
吉他杂乱弹，月光下，尘土弥漫。
腰肢忽左忽右地摇晃。
茨冈作了小登科！
小登科就是茨冈！
嗨，少爷，当心点，酒可烈呢！
——茨冈婚礼的筵席。

披巾和皮袄
扔在一堆，上面
嘴唇呃呃，刀剑磕碰。
马刺铿锵，
项链和以叮当。
谁的手下，绸衫
哧啦一响。
有人狼似的嚎起来，
有人牛似的发出鼾声……
——茨冈的婚礼进入梦乡。
　　　　　（陈耀球译）

爹和娘
不许我们放浪——
整个儿草原
便是我们的婚床！

酒未沾唇人已醉，饭未入口腹已胀
这是吉卜赛人的婚礼太匆忙！

杯酒满斟。
一饮而尽。
乱弹的吉他，月光，灰尘。
大摇大摆地扭动着腰身——
吉卜赛人当上了新郎！
新郎是吉卜赛人！
哎呀，主人，当心——酒多伤身！
这是吉卜赛人的婚礼在豪饮！

在那儿，在那堆儿
披巾和皮袄上——
嘴唇吻咂声，
刀剑碰撞，
马刺铿锵，
项链儿和应。
谁人的手下，丝绸衣裳——
吱的一声。
谁人号叫如狼，
谁人鼾声大作，一如牛鸣。
这是吉卜赛人的婚礼进入梦境。
　　　　　（苏杭译）

　　《茨冈人的婚礼》是茨维塔耶娃 1917 年的作品，作品通过对茨冈人生活的生动描写，表现了茨冈人乐观豁达、豪迈不羁的性格。这首诗在语义、句法、语音、节奏、语调这五大层次上都很有特点，四位译者的译文也具有一定代表性，下面我们来分别分析下。

　　第一，原文的每一个诗行都非常短小，往往就几个词，语音语调非常简洁明快，读起来很有节奏感，语调铿锵有力。经过统计，全诗共有 100 个单词，5 个诗节，33 个诗行，许多诗行往往就只由 2—3 个词组成。在全诗总共 100 个单词中，单音节的词有 50 个，占总词数的 50%；双音节词有 37 个，占总词数的 37%；三音节的词有 13 个，占总词数的 13%；整首诗没有超过三个音节的单词。在全诗 100 个单词中，动词一共是 14 个，其中以元音＋т结尾的动词就有 6 个（约占总动词数的 42.86%，其中以元音＋т结尾的单音节动词有 4 个，约占总动词数的 28.6%），属于 нуть 类的动词有 3 个（第四节仅有的两个动词都是以 нуть 结尾的）；名词一共 43 个，其中单音节名词 16 个（约占总名词数的 37.2%），双音节名词 23 个（约占总名词数的 53.5%），三音节名词 4 个（约占总名词数的 9.3%）。由以上统计数据我们可以发现以下几个特点：①全诗总共 100 个单词，却多达 33 个诗行，大部分的诗行只由几个词组成，而且每个诗行朗诵起来耗时都比较短，这些都增强了语调的急促性。②本诗没有三个音节以上的单词，其中以单音节的词为主（占总词数的一半），单音节的词语语调干脆利落，铿锵有力，可以营造出一种急速而热烈的婚礼气氛。此外，单音节的词与双音节的词交错使用造成格律的不断变化，有利于突出茨冈人的婚礼进行得非常急速，增强婚礼的热烈程度。③全诗以名词占大多数，不多的 14 个动词中，以元音＋т结尾的单音节动词和以 нуть 结尾的动词为主，这样就显得动作变化很快，非常具有节奏感，所营造出的欢快语调有利于突出这种热闹的氛围。由此可见，本诗在语调上所表现出的这些突出的特点对于营造茨冈人婚礼上的热烈欢快的气氛具有不可替代的作用，使得读者也仿佛跟着这种明快的音调和节奏而欢快起舞。楚科夫斯基曾指出："语调是诗歌的基础，没有语调的诗歌不能称为诗歌。"[①] 因此，在译文中我们也需要尽量去传达这种明快的语调，以使译文也能体现出婚礼上这种愉快的氛围。这四位译者的译文基本上每个诗行都用较为简短的语句来体现原文简洁明快的语调，目的就是在语调上尽可能地与原文相接近。

第二，我们来分析下本诗的语音和节奏的特点，以及它们对语义的影响。在诗的第一节中两种格律交替使用，这有利于营造欢快的氛围。第一行和第三行的格律都是抑扬格，且句式都是前置词＋名词形式，第二行和第四行的韵律都是扬抑扬格，通过格律的重复使得 копыто，грязь，лицо，шаль，щит 这几个名词的关系拉近，处于平行对照的地位；同样是这一节中 копыт，конь косматый 都有语音 ко 的重复，而且都是描写有关"马"的词，具有相同的超义子，于是此节的结尾与开头就相呼应起来。这些在普通语言中并不相关的词语在诗歌结构的作用下通过格律和语音的重复而发生关联，并形成聚合关系，共同勾勒出茨冈人独特的生活环境和衣着服饰，为全文奠定了基调。

在诗的第二节中，第一诗行和第二诗行都属抑扬格，第三行和第四行都属扬抑格，这些与第一诗节相比在格律上更灵活，富于变化。另外，词汇 нам 的重复，语音 -ать 的重复也分别使得第一诗行与第三诗行，第二诗行与第四诗行发生联系，更增强了前两句诗与后两句诗的对比效果，突出表现了茨冈人追求婚姻自由的含义。比较四个人的译文，娄自良的译文非常注意保留原诗形式上的特点：译文第一诗行和第三诗行都以"我们"结尾来再现原文 нам 的重复，第二诗行与第四诗行分别以"偿"和"床"结尾，以 ang 韵的重复来再现原文 -ать 的重复。这样一来，译文就能与原文一样通过形式上重复与平行对照来增强前两句诗与后两句诗的语义对比色彩，突出主题。

诗的第四节中语音和节奏的重复和平行对照也表现得较为突出。请看下面的格律分析：

---

① Чуковский, Собрание сочинений в 15т.- Высокое искусство, М., Терра-книжный клуб, 2001г. стр135.

Там, на ворохе     ∪ __ ∪ __

Шалей и шуб,      ∪ ___ ∪

Звон и шорох     ∪ __ ∪ __

Стали и Губ      ∪ ___ ∪

本节在格律方面，第一行与第三行都是二步抑扬格，第二行与第四行都是抑扬扬抑格。在韵脚方面，ворох 和 шорох 都有 орох 这组音的重复，шуб 和 губ 都有 уб 这组音的重复，这样一来，就将第一诗行与第三诗行，第二诗行与第四诗行置于平行对照的地位。此外，三个 и 的重复也把第二、第三、第四诗行连成一体。于是 шаль，шуба，звон，шорох，сталь，губа 这四个名词通过韵脚、节奏和词汇的平行并置而相互联系，使得看似不相干的词语相互发生聚合关联，不仅不会使人感到累赘，反而能产生出语义的递进，将茨冈人熟睡的情形描绘得淋漓尽致。再看此节接下来的四句中，Звякнули шпоры 和 Свистнул под чьей-то рукою 这两句中的谓语都属于 нуть 类的动词，且两个动词都有语音 -нул 的重复，这就使得第五诗行与第七诗行也相互对举，发生联系。如此一来，不仅 монисто 与 шпоры 的声音相互应和，而且 шпоры 与 шелк 的响声也相呼应起来（шпоры 和 шелк 的首字母 ш 相同），增强了语义的表达效果，刻画出茨冈人熟睡时都是那么的粗犷豪放。然而由于俄汉两种语言的差异过大，因此这些韵脚、语音、节奏和韵律方面的重复和平行对照是很难在译文中再现的。

第三，我们来分析下原诗的词汇和句式上的特点。纵观全诗，句法上都为简单句、省略句和无连接词复合句。短短 100 个单词的原诗被这些简单的句式划分为 33 个诗行，不少诗行往往就是两个名词的简单拼接。读者在读这些诗句时就会明显地感觉到短小的句式带给我们的欢快氛围。这些独特的诗句相对于复杂的复合句来说可以大大增强诗歌的感情，渲染出热烈的婚礼气氛。在词汇方面，诗歌的第三节表现得较为明显。首先，Полон стакан 和 пуст стакан 通过 стакан 的重复使得 полон 和 пуст 处于更鲜明的对比地位，生动地描绘出茨冈人一杯接着一杯豪迈狂饮的神态。而这四个人的译文中只有娄自良和陈耀球注意到了 стакан 的重复和两句鲜明的对照特点，在译文中通过对偶的修辞手法来还原原诗的这些形式特点。其次，原诗此节的第三行 гомон гитарный，луна，грязь 这三个名词相互并置，共同勾勒出茨冈人婚宴的环境特色，与原文开头第一节的头四行诗句呼应，有异曲同工之妙，而且 грязь 与开头重复。第五行 вправо 和 влево 这两个反义词对立共同修辞 качнулся стан，生动地描绘出茨冈人在婚宴上神气活现，春风得意的神态。接下来 Князем-цыган! Цыганом-князь 是回环反复的修辞手法，词汇的重复增强了 цыган 是 князь 的语义。请注意，这四位译者对 княз 的翻译都有所不同：苏杭译为"新郎"太过归化，语义太直白了。陈耀球译为"小登科"则语义偏差过大，因为登科是专指金榜题名的人。娄自良和汪剑钊直译为"公爵"则太过异化，无法表现出茨冈人洋洋得意的心态。笔者认为译为"爵爷"也许更好，既可以把茨冈人结婚时神气活现，风风光光的样子刻画得淋漓尽致，又可以避免太过于异化。接下来的一句 Эй，господин，берегись 与第一节第七诗行 Эй，выноси 相呼应，通过呼语词以及单数第二人称命令式的重复来凸显出茨冈人的豪迈和狂放不羁的神态。

在句式的重复上，原诗的最后一段表现得较为突出。在这一节里句式上的平行对照与语音、节奏、词汇上的重复和平行对照水乳交融，形成一个有机整体。我们来具体分析下：

Кто-то завыл как волк，　＿ U U ＿ U ＿　о о а ы а о

Кто-то как бык храпит.　＿ U U ＿ U ＿　о о а ы а и

两诗行的句式完全相同，都是 кто-то 引领的不定人称句，只是后面为了语音和韵律的和谐而稍微改变了词序，但这并不影响深层含义的脱颖而出，反而寓变化于重复之中，避免了单调乏味，更增强了语义的表达效果；词汇方面，通过 Кто-то 和 как 的重复，把茨冈人欢叫和酣睡的样子描写得栩栩如生。此外，这两行诗在格律方面都是扬抑抑扬抑扬，形成对仗；在语音方面，元音除结尾外其余全都一样，而且重音也几乎是落在相同的元音上，读起来朗朗上口；于是最后一节的这两行诗句通过语音、节奏、词汇、句式方面的重复和平行对照使得词与词之间、句与句之间、诗行与诗行之间发生联系，从而使茨冈人放荡不羁的深层含义衍生出来。在翻译中，在保持语义的前提下，原诗语音和节奏方面的特点我们很难再现，但是我们可以尽可能地再现词汇和句式方面的特点，以保持原文的形式服务于内容。这方面汪剑钊、陈耀球和娄自良做得较为成功，而苏杭则稍逊之。

我们还可以再结合全文的整体来看。我们可以观察到全诗第二节结尾是 это цыганская свадьба мчит，第三节结尾是 это цыганская свадьба пьет，第五节结尾是 это цыганскаая свдьба спит。他们也形成了一种语音、韵脚、节奏、词汇、句式和语法结构的重复和平行对照，形成一个整体，站在全文的高度分别从茨冈人对婚姻自由的追求、茨冈人婚宴的热闹和茨冈人宴饮后的酣梦和神态这三大方面总结了茨冈人婚礼的特点，升华出茨冈人乐观豁达、豪迈不羁、神气活现的性格，凸显出全文的主题。因此对这三句话的翻译非常关键，涉及全文主题的拔高。可是这四位译者不尽相同，可谁的翻译更好些呢？

陈耀球的译文是"茨冈的婚礼在马上""茨冈婚礼的筵席""茨冈的婚礼进入梦乡"，陈耀球没有注意到原文句式上的重复和平行对照特点，形式的缺失必然对内容造成影响，影响表达效果；汪剑钊的译文是"茨冈人成婚神速""茨冈人的婚礼有饮不尽的美酒""茨冈人的婚礼进入梦乡"。汪剑钊的译文在形式上也没有保留原文重复和平行对照的特点，把 мчит 翻译成"成婚神速"显然是错误的，在这里 мчит 显然不是强调"神速"，如果作者翻译时能注意到全文句式上的重复和平行对照的特点，将 мчит，пьет，спит 看成一种平行对举的关系，并服务于全文的主题，那么也就不会把 мчит 诠释错误了。

苏杭和娄自良的译文都较好地注意到了原文形式上的特点，都做到了重复和平行对照。苏杭的译文是"这是吉卜人的婚礼太匆忙""这是吉卜赛人的婚礼在豪饮""这是吉卜赛人的婚礼进入梦境"不仅在词汇、句式和语法方面做到了重复和平行对照，而且还尾字押韵，部分再现了原文韵脚的修辞特点，这点是值得称道的。但是苏杭和汪剑钊一样在对 мчит 这个词的翻译上还是略显不足。除了上段我们论述的 мчит，пьет，спит 是一种平行对举的关系以外，我们再结合全文看，为了表现茨冈人放荡不羁的生活场景原文多次提到了有关"马"的词语。第一节中 копыто，конь косматы й，第二节的 мчит，第四节的 шпора 和 монисто，这些词语都含有超义子"马"，因此在诗歌整体结构中这些词语也自然会发生联系。正如洛特曼指出"在诗歌结构中，词语的意义在其他词语的联系中得到确定"。[1] 查阅 Н.Ю. 什维多娃主编《奥日科夫俄语词典》(《Толковый словарь Ожегова русского языка》) мчать 的释义是：① очень быстро везти，нести；② очень быстро ехать，нестись。因此，联系上下文和诗歌结构整体，мчит 的词义就可以得到确定，既不是"神速"，也不是"匆忙"。那么 мчит 到底翻译成什么最好呢？下面我们来看看娄自良的译文："这是吉卜塞新人在驰骋""这是吉卜塞新人在宴饮""这是吉卜塞新人在梦乡"。在这里，娄自良把 мчит 翻译成"驰骋"则显得恰如其分，不仅使译文前后的词汇和句式形成平行对照，而且让 мчит 也带有"马"的含义，可以在诗歌结构中与其他词语产生更紧密的联系，共同形成超义子，更好地表现茨冈人马背上的生活。

综上所述，正如洛特曼所指出的那样："诗歌是一个整体，是表现在语义、句法、语音、节奏、语调五个层次上的统一。"[2] 经过以上的分析，我们可以清晰地看到原诗是一个建立在语义、句法、语音、节奏、语调五大层次上的统一整体。不断变换的格律、占多数的单音节词、独具特色的动词以及大量使用简单句、省略句和无连接词复合句使得原文的语调欢快迅速，铿锵有力；明快而富有节奏性的语调又能渲染出热闹的气氛，表现出强烈的感情，有助于烘托出文本的语义和主题；语音和节奏的重复和平行对照可以使得在自然语中本不相干的词句在诗歌文本的结构整体中发生联系，处于相互并置的地位，增强诗歌词句的聚合性特征；语音节奏以及词汇和句式上的重复和平行对照有利于凸显超义子和语义对比丛，对突出文本的语义和主题具有不可替代的作用；超义子所形成的文本语义场又可以对场内词语的所指意义起到加强的作用，有助于加强词与词之间，句与

---

[1]　Ю. Н. Лотман, Анализ поэтического текста, СПб.1996г. стр97.

[2]　Ю. Н. Лотман, Анализ поэтического текста, СПб.1996г. стр97.

句之间的聚合性关系，等等。这一切都说明：这五大层次是相互联系、相互影响、不可分割的一个统一整体，共同构成诗歌文本的基石。缺失其中的任何一环都会有损诗歌的结构整体。

　　既然原文如此，那么我们在译文中也要建立一个新的整体，使之在语义、句法、语音、节奏和语调这五个层次上尽可能地与原文相一致。如果译文和原文在五大层次的基础上完全对应当然是最理想的状态，然而，我们在翻译的过程中，要想作到完完全全地去传达原文的这五大层次是十分困难的，经常会顾此失彼。因此在不能全部传达它们的情形下，就需要弄清楚最先要传达什么，其次是传达什么，孰轻孰重。一般来说，译者首要的任务是保证诗歌原义的不变，这是最基本的要求，在这个前提下尽可能地保证句法、语音、节奏、语调等特点不会流失。这也就是说：首先，语义是诗歌的灵魂，是译文赖以生存的根基。所以我们必须做到诗歌在语义的传达上准确无误，否则诗歌语义乃至主题就有可能发生偏转了。如本文论的第二章第三节中王庚年译的《言论》，陈耀球译的《黑眼睛的高个儿好像一只小鹰》都在语义上都发生了偏差和错误，即使它们在形式上注意到了重复和平行对照，语言再优美，语调再准确也不能称为好的译文。再如上文列举的对 княз 这个词语的翻译，陈耀球翻译成"小登科"，语义明显相差过大。还有后文四个译者对 мчит 这个词的翻译，汪剑钊和苏杭就翻译错了，在语义上出了问题。即使苏杭在翻译时注意到了诗歌重复和平行对照的句法原则，就这句话来说也仍然不能算对的翻译。

　　其次，在保证语义不变的前提下，注意保留形式上的特点。形式上包括句法、语音、节奏、语调这四个层次。这四个层次相互联系，但没有高低上下之分。其中，要保留原文句法上的特点，就要特别注意词汇和句式上的重复和平行对照，因为重复和平行对照是诗歌布局的一个极为重要的原则，它可以使得在自然语言中普通的词语在诗歌结构中处于可比的位置、彼此形成映衬、互补、对照或对比的聚合关系，甚至会形成超义子和语义对比丛。在译文中保证句法上的重复和平行对照是保证形式服务于内容的一个重要的手段。在这方面娄自良的译文《吉卜塞的婚礼》则做得较为成功。他的译文"这是吉卜塞新人在驰骋""这是吉卜塞新人在宴饮""这是吉卜塞新人在梦乡"。这样翻译不仅语义正确，而且在形式上也较好地复现了原文句法上的重复和平行对照的特点，使之服务于诗歌的主题。此外，还有四位译者对 полон стакан, пуст стакан 的翻译，上文已分析过，这里就不再赘述了。再如论文第三章第三节戈宝权的译文《我记得那美妙的一瞬》就在句式的平行对照上做得十分出色，让大家能够更深刻地体会到普希金对凯恩的思念。他的译文能成功入选中学语文课本，这一点功不可没。

我们若在翻译中做到正确地传达语义和句法特点，译文只能算中等。如果译文还能保留原文语音、节奏的特色，那么就真正作到"雅"了。由于俄汉语的巨大差异，相比较语义和句法而言，再现语音和节奏的特点相对困难些。然而，如果译者能够动用汉语中的各种手段来加以再现的话，那么这样的译文就是最佳的译文。如本论文第二章第二节中飞白译的沃兹涅先斯基《Гойя》在做到语义正确、句法平行对照之外，还通过大量使用 g、k 音响在译语中营造出与原诗不断重复的 ro 相同的语音效果，在语音上再现了原诗的特色，因此在这三个人的译文中飞白的译文就略胜一筹。还是在第二章第二节中，戈宝权翻译的《致西伯利亚的囚徒》就比其他几位译者在音韵的处理上更高超，戈宝权的译文诗行末尾几乎都押 ang 的韵，几乎完全再现了原诗韵脚的重复，这种韵的重复如原文韵脚的功能一样可以在译文中形成平行对照，凸显超义子和语义对比丛。再例如上面我们对娄自良的译文进行了文本分析，在"双亲不让我们 / 如愿以偿 / 旷野便是我们 / 新婚的卧床"这一小段的翻译上，娄自良的翻译明显好于汪剑钊的翻译。因为娄自良不仅保证语义和句法特色的传达，还以"偿"和"床"结尾，以 ang 韵的重复来补偿原文 -ать 的韵脚重复。同时，娄自良在译文格律上也尽可能地再现原文的格律，使词汇的重复"我们"和原文的 нам 一样都落在相同的节奏上，铿锵有力，增强了语气和语义的表达，这两点汪剑钊都不及娄自良。从某种程度上说，在这一小段上娄自良和汪剑钊都建立了一个新的整体，但是娄自良的新整体比汪剑钊的新整体更好地再现了原文的整体。再例如论文第三章第三节中张草纫翻译的《白昼的风儿渐渐静息》（第一诗节）在保证语义正确、词汇句式平行对照之外，还注意去传达勃洛克原诗那优美的格律，通过译文的四音步去传达原文的四步抑扬格，在平仄关系上也努力做到相对应。因此在这一诗节上张草纫的译文要优于魏荒弩的译文。但总的来说，由于俄汉两种语言分属不同语系，差异过大，原文语音、节奏的特点很难在译文中得到保留（如《Цыганская свадьба》第四诗节，上文已分析过）。然而诗歌翻译本身就是"带着镣铐的跳舞"，这就需要我们去动用汉语中调音、设格等一切修辞手法去尽可能地再现原文的这些韵律的特点，只有这样才能使得新的译文整体具有和原文整体一样的美，也只有这样的译文才能称作最佳的译文。

最后，我们来谈谈语调这个问题，因为语调这个问题最为复杂。俄语诗歌的语调主要表现为轻重音的交替变化，而汉语诗歌的语调则主要表现为声调（阴平、阳平、上声和去声，前两者为平声，后两者为仄声）。那么我们是否能以平仄声作为手段来表现俄语的轻重音呢？当前学术界有两种不同的意见：一种意见认为如同俄文的语调一样，声调是汉语语音体系的最大特点，在译文中不得不有所反映。另一种意见认为在译文中要建立平仄与俄文的语调相对应非常困难，也不必要。我个人认为在做到语义正确的前提之下，如果能在译文中用平仄的手段来再现原文的轻重音的变化当然更好，但是也不能强求，否则生拉硬套，译出来的诗可能会生硬不堪，诗意尽失，造成适得其反的后果。因为平仄规则往往为我国的旧体诗所采用，是经过了大约一千年的酝酿和实践才定型的，它可以利用古汉语中的许多有利的条件：①古汉语中同义而不同声调的词比较多，可供选择和调换；②古汉语中有许多词可以颠倒使用，如李后主《采桑子》词"细雨霏微，不放双眉时暂开"，把"暂时"颠倒成"时暂"，这一句的第六个字按格律要用仄声，而"时"字是平声，"暂"字是仄声，颠倒一下就合乎规律了；③古汉语词序比较自由，可以前后挪动以适应格律的需要，如韦应物《故人重九求橘》诗"书后欲题三百颗，洞庭须待满林霜"中，后句按正常词序应该是"须待洞庭满林霜"，但是为了适应声调和平仄的要求，作者有意将其颠倒过来表达。而如今译诗大多为新体诗，在现代汉语中，词和词序都是相当固定的，要在每一句诗句中把平仄声安排得很有规律，难度非常大。此外，现代汉语中有许多比较固定的词组，如"社会主义""工业生产""互助合作"等都是以"仄仄仄仄"或"平仄平仄"的格式构成的，这对于传统的平仄交替的规律也是不符合的。因此从理论上来说，我们在翻译新体诗时，如果能创立一套新的平仄规则去再现俄文原诗的轻重音（步律），当然是好事，但实际上恐怕是很难做到的。然而，俄文诗歌中的有些语调特色我们还是能够再现的。例如上文我们分析过的《Цыганская свадьба》中，每个诗行句式短小精悍，还通过大量使用简单句、省略句和无连接词复合句、多用单音节词和使用独具特色的动词来体现急速而欢快的语调，渲染出茨冈人婚礼的热闹气氛。这些语调上的特色在译文中还是有可能加以部分再现的。这四篇译文中每一诗行的诗句也都较为短小，只有几个词，且多用汉语的简单句来烘托出那种急促的语气。在翻译某些单音节的名词时可以采用汉语的单个词来加以对应以烘托出急速而欢快的氛围，例如 Стали и губ 这一句，娄自良译成"钢与唇"就比其他几位译者译成"嘴唇……刀剑……"显得更为铿锵有力。译者还可以利用汉语中在语调上具有表现力的动词来再现原文的一些极具特色的动词，如用"哧"来描摹动词 свистнуть 等。这些都是对原文语调的一种补偿。不过总的说来，由于俄汉语分属不同的语系，要在汉语中完全再现俄语的语调可以说是难上加难。但是也不是说绝对不可能，部分的语调特色还是可以补偿的。我们所需要做的就是在保证语义能够恰如其分地加以传达之后，尽可能地去再现原文的语调特色，不可刻意为之。

　　为了更清楚地说明"诗歌文本是一个整体"这个问题，我们再来看看马雅可夫斯基的一首诗：

《Левый марш》

| | |
|---|---|
| Разворачивайтесь в марше! | Там |
| Словесной не место кляузе. | за горами горя |
| Тише, ораторы! | Солнечный край непочатый. |
| Ваше | За голод |
| слово, | За мора море |
| товарищ маузер. | шаг миллионный печатай! |

Довольно жить законом,

нанятой,

    данным Адамом и Евой.

лeевой,—

    Клячу истории загоним.

Антантой.

    Левой!

        Левой!

    Левой!


Эй, синеблузые!

Рейте!

За океаны!

Или

у броненосцев на рейде

ступлены острые кили?!

Пусть,

оскалясь короной,

вздымает британский лев вой.

    Коммуне не быть покоренной.

Левой!

Левой!

Левой!

Пусть бандой окружат

стальной изливаются

Россиии не быть под

    Левой!

Левой!

    Левой!


Глаз ли померкнет орлий?

В старое станем ли пялиться?

Крепи

у мира на горле

пролетариата пальцы!

Грудью вперед бравой!

    Флагами небо оклеивай!

Кто там шагает правой?

Левой!

Левой!

    Левой!

(Маяковский 1918)


《左翼进行曲》

展开队形,齐步向前!

谣言蜚语,滚到一边!

演说家们,肃静点儿,

《向左进行曲》

摆开队伍前进!

这里用不着说空话。

住口,演说家!

匣子枪同志，
请您
发言。
我们不能再照着
亚当夏娃的章程生活。
使劲儿猛赶
历史的马车。
左！
左！
左！


喂，穿蓝衫的水兵！
飞起来！
飞过万里浪涛！
难道
铁甲舰的龙骨
已经烂掉？
尽管不列颠狮子
龇着金牙，穷凶极恶，
休想征服我们的公社！
左！
左！
左！


翻过
苦难的山脊，
就是光明富饶的土地。
百万群众，步伐整齐，
踩到饥荒，

该是你
讲话，
毛瑟枪同志。
我们厌恶
亚当和夏娃留下的法律。
赶开历史这些瘦弱的老马！
向左！
向左！
向左！


喂，蓝衣水兵们！
开航！
向大海大洋那边航去！
难道
停泊中的铁甲舰，
它的尖削的船底竟会磨穿？
就让那
头戴皇冠的大不列颠狮子
龇牙咧嘴地狂吼。
公社不能被征服。
向左！
向左！
向左！


在那边，
翻越过苦难的大山，
是阳光照耀的福地洞天！
越过饥饿，
越过瘟疫的大海，

踏碎瘟疫！

哪怕雇佣军重重围困，

铁雨往我们头上落，

俄罗斯

不屈从协约国。

左！

左！

左！

我们怎能向后看？

鹰的眼睛，怎能发蒙？

无产阶级的手指

掐紧

旧世界的喉咙！

挺起胸脯，英姿勃勃，

红旗遮天，鲜艳如火。

是谁，在那里迈右腿？

左！

左！

左！

（飞白译，《马雅可夫斯基诗选》，
上海译文出版社 1981 年版）

千百万人大踏步向前！

就让他们用那被雇佣来的匪徒，

用那烧红了的钢带将我们围困——

俄罗斯绝不向协约国屈服。

向左！

向左！

向左！

难道鹰的眼睛会不发光亮？

难道还怀念着过去？

无产阶级的手指

掐紧

世界的喉咙！

挺起英勇的胸脯前进！

看无数旗帜满天飞舞！

谁在那里向右转？

向左！

向左！

向左！

［丘琴译，《马雅可夫斯基选集》第
一卷），人民文学出版社 1984 年版］

这首诗是马雅可夫斯基于 1918 年在彼得格勒专为水兵而作的一首朗诵诗。当时协约国和国内反动派势力联合起来对革命进行武装干涉，企图把新生的苏维埃政权扼杀在摇篮里。马雅可夫斯基的这首诗在那个风云激荡的年代极大地鼓舞了彼得格勒水兵的革命斗志，让人们对社会主义革命的胜利充满着必胜的信心。全诗气势磅礴、鼓舞人心，处处充满着革命的激情。下面我们就从语义、句法、语音、节奏和语调这五个层次来分析下全诗，看看这五个层次是如何形成一个有机的整体的。

首先，在语义上，每节诗都有两条对立的语义链，从而汇成全诗的语义对比丛。第一节中一条语义链是 кляуза-ораторы-закон, данный Адамом и Евой-кляча истории, 代表阻碍革命的前进的各种因素；另一条语义链是 товарищ маузер, 象征着轰轰烈烈的革命现实。第二节中一条语义链是 Британский лев, 代表着武装干涉革命的协约国等国外反动势力；另一条语义链是 Синеблузые-острые кили-коммуна, 象征着革命的力量。第三节中一条语义链是 горы горя-голод-мора море-нанятая банда-Антанта, 这些同样是象征着阻碍革命前进的国内外因素；另一条语义链是 солнечный край-шаг миллионный-Россия, 象征着革命的激情以及革命胜利的前景和希望。第四节中一条语义链是 у мира на горле-кто шагает правой, 象征着旧的世界以及国内反革命的右派势力；另一条语义链是 орлий глаз-пальцы пролетариата-бравый грудь-флаги, 同样象征着轰轰烈烈的革命势力和革命激情。把四个诗节的语义链条全部串联起来便形成了全诗的语义对比丛：

кляуза-ораторы-закон, данный Адамом и Евой-кляча истории-Британский лев-горы горя-голод-мора море-нанятая банда-Антанта-у мира на горле-кто шагает правой, 这条语义丛的超义子是阻碍革命前进的各种因素；另一条相对立的语义丛是 товарищ маузер-синеблузые-острые кили-коммуне-солнечный край-шаг миллионный-Россия-орлий глаз-пальцы пролетариата-бравый грудь-флаги, 超义子是轰轰烈烈的革命力量和革命激情。

在超义子的作用下语义链形成语义对比丛，语义对比丛又形成文本语义场，从而将全诗的主题拔高。这样一来全诗在语义上就呈现出鲜明的层次性，这也正是本诗在语义上的成功之处。

然后在句法上，本诗也注意到了重复和平行对照。例如每节诗都用三个 Левой 的独词句来结尾，反复地发出口令，号召大家积极投身革命，非常的鼓舞人心。再例如第二节和第三节在句法上有许多地方对照得较为工整。其中 За океаны, за горами горя, за голод, за мора море 四个以 за

开头的短句都自成独立的诗行，将异质同构的词语相互拉近，有利于凸显语义丛。 还有，由 пусть 所引领的两段诗句相互对照，分别代表着国外（британский лев）和国内（нанятая банда）两种武装势力的干涉，有利于将第二诗节的语义链与第三诗节的语义链串联起来，更好地形成语义丛。这些句法上的重复和平行对照对全诗语义的构建起到了不可替代的作用。

在语音节奏上，本文也有特色。同样是在第二、第三诗节，在 пусть 所引领的两组诗句中每行诗句都以 -ой 结尾，十分押韵，读起来也朗朗上口。一方面，这些处于押韵位置的词语都获得了更深的语义和情感；另一方面，这种韵脚上的重复同样拉近了两段诗句在空间上的距离，增强了两个诗节在形式上和语义上的联系，与句法上的重复和平行对照一样都有利于黏合两节诗的语义链，推动全诗语义对比丛的构建。另外，在节奏这个问题上，细心的读者便会发现，全诗的格律不受俄罗斯传统诗律的限制，被突然地停顿分开的词语往往节奏分明、凝重有力。诗人正是要通过这种不符合规律、反传统的节奏形式来表现出那个时代所特有的革命激情——彻底变革旧的世界。而且，作者为了表达主题还有意模仿"进行曲"的节奏，让人读起来短促、急速。原文中甚至许多词句直接就是行进时的口令。这样一来就使得全诗的节奏犹如进行曲一样一步一顿，齐步向前。这与前文《茨冈人的婚礼》的节奏虽有一致，但略有区别。两者虽然都营造出一种急速的氛围，但是后者的节奏更突出地表现出茨冈人婚礼那种飞快切换的场景，凸显出婚礼场面的热烈。

这首诗最为有特色的就是它的语调十分激昂奋进，充满着轰轰烈烈的革命激情。那么作者是如何达到这样一种效果的呢？首先，作者大量使用独词句，简单句和无连接词复合句，特别是每个诗节最后都以三个 Левой 的独词句结尾，如行进中的军队步伐，整齐划一、坚定有力。这对表现全诗激荡的革命激情具有不可替代的作用。其次，每行诗句词语不多，全诗共 112 个单词，但却有 48 个诗行，作者有意将许多连贯的词句分成两个或三个诗行来表述，如 Ваше слово, крепи у мира на горле пролетариата пальцы，等等，这些故意分开的诗行不仅增强了单个词语的语义和感情色彩，而且突出了全诗激进的语调，表现出革命的激情。最后，全诗大量使用呼语和命令式，并且在句式上大量运用感叹句（短短的一首诗中带有感叹号的句子竟有 18 个之多）和反问句，这些类型的语句都极具感情色彩，仿佛召唤着大家积极投身于汹涌的革命浪潮之中。如 Коммуне не быть покоренной；России не быть под Антантой 这两句由 не быть 构成的不定式句语气十分强烈，还形成重复和平行对照，对增强语气起到了不可替代的作用。再如 Глаз ли померкнет орлий? В старое станем ли пялиться? 这两个都由 ли 构成的反问句，通过反诘的语气来增强全诗那种势不可当的气势。显然，这些句法上的显著特征对表现全文激昂的语调起到了十分重要的作用，而这种激进的语调必然对全诗语义的形成具有十分重要的意义。

　　综合以上五个层次，我们可以发现它们形成一个有机的整体。这个诗歌整体包括两大部分：一个是语义；一个是形式。其中语义是根本，语义链在超义子作用下形成语义对比丛、文本语义场，最终汇成本诗的主题——革命。形式则包括句法、语音、节奏和语调这四大层次。就本诗来说，这些形式特征包括：句法上的重复和平行对照，独词句、反问句和感叹句的大量运用；语音上的押韵；节奏上具有反传统性和不规律性；语调的激昂奋进。这些形式因素之间相互联系，如语音上的重复和押韵有利于突显句法上的重复和平行对照；感叹句、反问句和独词句的运用有利于突出那种激进的语调；等等。然而所有这些形式特征的最终目的还是服务于语义内容，因为语义内容是诗歌的根本和灵魂。通过以上分析，我们可以看到，本诗句法和语音上的重复和平行对照拉近了诗歌语句的空间距离，使其更有利于形成语义链和语义对比丛；节奏的不规律性和反传统性目的是体现那个时代所特有的革命激情——彻底变革旧的世界；独具特色的独词句，反问句和感叹句的运用凸显出激进的语调，而这最终还是为了表现全诗轰轰烈烈的革命主题；等等。纵观全诗，语义、句法、语音、节奏和语调五大层次相互联系，形成一个有机整体。

　　那么在翻译中是否也能够构建一个新的整体去体现原文的这个整体呢？让我们来看看丘琴和飞白的译文吧！

我们首先从语义的角度来分析，抽出两篇译文的语义对比丛：

丘琴的译文：

空话—演说家—亚当和夏娃留下的法律—历史这些瘦弱的老马—大不列颠狮子—苦难的大山—饥饿—瘟疫的大海—雇佣来的匪徒—协约国—世界的喉咙—谁在那里向右转

毛瑟枪同志—蓝衣水兵—尖削的船底—公社—阳光照耀的福地洞天—千百万人大踏步—俄罗斯—鹰的眼睛—无产阶级的手指—英勇的胸脯—无数的旗帜

飞白的译文：

谣言蜚语—演说家们—亚当夏娃的章程生活—历史的马车—不列颠狮子—苦难的山脊—饥荒—瘟疫—雇佣军—协约国—旧世界的喉咙—是谁在那里迈右脚

匣子枪同志—穿蓝衫的水兵—（铁甲舰）龙骨—公社—光明富饶的土地—百万群众，步伐整齐—俄罗斯

把他们的语义对比丛与原文的语义对比丛相对照，发现两篇译文基本上都正确再现了原文的语义结构，在这点上他们都做得较为成功。

下面我们再来分析两篇译文的句法结构。丘琴的译文和飞白的译文都注意到了原文的重复和平行对照，如丘琴的平行对照主要表现在句子上，如"就让那／头戴皇冠的大不列颠狮子／龇牙咧嘴地吼叫／公社绝不能被征服；就让他们用那被雇佣来的匪徒／用那烧红了的钢带将我们围困／俄罗斯绝不向协约国屈服"，"越过苦难的大山；越过饥饿；越过瘟疫的大海"，"挺起英勇的胸脯前进！／看无数的旗帜满天飞舞！"等。而飞白的译文则主要运用了四字短语和成语来营造这种平行对照。如开头"展开队形，齐步向前！／谣言蜚语，滚到一边！／演说家们，肃静点儿"，"龇着金牙，穷凶极恶"，"百万群众，步伐整齐"，"踩倒饥荒，踏碎瘟疫"，"挺起胸脯，英姿勃勃，红旗遮天，鲜艳如火"等。两位译者大量运用重复和平行对照有利于突出原文的语义对比丛，而且还可以增强译文势不可当的气势。更深入地研究下去，我们就会发现飞白的译文在遣词造句上明显比丘琴的译文简洁、利落。飞白注意到了原诗的诗行大都较为简洁，字数不

多，而且许多诗行就是独词句。这些简洁的诗行干脆利落，都有利于突出激进的语调和汹涌澎湃的革命热情。因此，飞白在译文中用以下三个办法去体现原文诗句的这种简洁明了。第一，大量地使用成语和四字短语。成语和四字短语是汉语中所特有的语言形式，读起来抑扬顿挫、铿锵有力。在译文中大量使用四字短语不仅使句式看起来平行对照，增强气势，而且烘托出轰轰烈烈的革命激情。第二，有意略去不少词语没译，如 острый（尖削的），оскалясь короной（头戴皇冠的），море（大海）等。省去这些无伤大意的词语目的就是让每个诗行看起来如原文一样简洁明了，突出那种短促而激进的革命语调。否则每个诗行全部逐字翻译，则会显得臃肿不堪，与原文简洁的文风相去甚远。第三，和原文一样，在译文中也大量使用独词句，如"请您／发言"，"左！／左！／左！"，"难道"，"掐紧"，"俄罗斯"等。有的时候飞白还故意把一些语句分成两个或三个诗行来翻译，这样做的目的也是为了突出单个词语的感情色彩，用简洁的语句营造出激进的氛围。如"使劲儿猛赶／历史的马车"，"俄罗斯／不屈从协约国"等。

在语音上，我们仔细分析会发现飞白的译文比丘琴的译文更押韵。在飞白的译文中用粗体标出的那些字都属于押韵的词组。因此，当我们读起飞白的译文，就如同原文一样朗朗上口。更为重要的是，这些押韵的词在共同的语音的作用下，会彼此靠近，形成语义丛，表现出鲜明的语义和感情色彩。

在节奏上，由于原文的节奏为了表现自己破旧立新的革命激情，没有遵循俄国的传统诗律，因此在汉语中我们也不需要花太大的力气用诗步或平仄来再现原文的格律。

在语调方面，飞白和丘琴的译文都注意用大量的呼语、感叹句和反问句来表现那种激昂的语调，但飞白的译文似乎更略胜一筹。因为飞白的译文还大量运用了成语、四字短语、简洁的语句和大量的独词句来表现出激进的语调（上面已列举）。成语和四字短语读起来抑扬顿挫，铿锵有力，有利于表现原文那种激昂奋进的语调；简洁的语句干脆利落，读起来语速短促，有助于渲染革命的激情；而独词句更加具有表现力，激人奋进，鼓舞人心。这些手段都是有利于表现原文激昂的语调的。这些激昂奋进的语调显然更有助于表现本诗的语义主题。

通过对译文五个层次的分析，我们可以看到丘琴的译文和飞白的译文都分别构建出一个新的整体。他们的译文在语义上都基本正确，句法上也分别用不同的方式构建出重复与平行对照，大量使用感叹句和反问句，但是飞白的译文在句法的简洁性以及成语、四字短语的使用上，在语音的押韵上，在对全文语调的把握上似乎比丘琴更胜一筹。也就是说，丘琴和飞白的译文都分别融语义、句法、语音、节奏和语调为一体，但是飞白的译文在这五大层次上比丘琴做得更好，特别是在句法、语音和语调的传译方面似乎更有利于再现原文的特点。作为建立在五大层次基础之上的统一整体，飞白的译文整体比丘琴的译文整体更好地再现了原文的这个整体。因此，我们读飞白的译文就比读丘琴的译文更能感受到那种革命的激情与澎湃。

与上例类似，请再看以下的《Наш марш》(《我们的进行曲》)，同样是进行曲，同样是马雅可夫斯基的诗歌，两位译者的译文也有较大区别：

《Наш марш》

Бейте в площади бунтов топот!     Зеленью ляг, луг,

Выше, гордых голов гряда!     Выстели дно дням

Мы разливом второго потопа     Рудуга, дай дуг

перемоем миров города.     Лет быстролётным коням.

Дней бык пег.     Видите, скушно звезд небу!

Медленна лет арба.     Без него наши песни вьем.

Наш бог бег.     Эй, Большая медведица!требуй,

Сердце наш барабан.     Чтоб на небо нас взяли живье.

Есть ли наших золот небесней?     Радости пей!Пой!

Нас ли сжалит пули оса?

Наше оружие — наши песни.

Наше золото — звенящие голоса.

В жилах весна разлита.

Сердце, бей бой!

Грудь наша—медь литавр.

（Маяковский 1917г ）

《我们的进行曲》

让暴动者群的脚步敲打广场！

人海中骄傲的头颅更加高扬！

我们要使第二次泛滥的洪水，

把一切星球上的城市重新洗荡。

时日的公牛毛色斑驳。

岁月的大车蜗行徐步。

我们的上帝是飞跃前进。

心脏是我们的一面大鼓。

什么能比我们的黄金更珍贵？

黄蜂似的子弹怎敢蛰伤我们？

我们的武器是我们的歌。

我们的黄金是嘹亮的声音。

草地啊，摊开你碧绿的戎毡，

让岁月踏着绿茵前进。

长虹啊，把你的彩带作马辔，

让岁月的快马飞奔。

看那星空是多么寂寞！

没有它我们的歌声也在回响。

大熊星啊，你提出强烈要求吧，

《我们的进行曲》

暴动的步伐啊，敲打广场！

高傲的头颅啊，一齐高扬！

我们要以第二次大洪水，

把一切星球上的城市涤荡。

日期之牛斑驳。

年代之车慢步。

我们崇拜跑步。

心为我们敲鼓。

我们的金子比金子更神圣。

枪弹黄蜂岂能把我们蛰伤？

我们的武器是我们的歌声。

我们的金子是嗓音洪亮。

草地绿向天际，

为日期铺路垫底。

彩虹献出马辔，

把时代飞马驾起。

君不见，星空多么寂寞！

不靠它，扬起我们的歌。

喂，大熊星座！你去说说，

让我们活着也能升入天堂。　　　　　让我们活着就升上天国。


尽情快乐！放声歌唱！　　　　　　　欢乐，高歌痛饮！
我们的血管里充满春色。　　　　　　春在血中奔腾。
心儿啊，快将战鼓敲响！　　　　　　心房，当当敲钟！
我们的胸膛是一面铜锣。　　　　　　胸膛响声如铜。
［丘琴译，《马雅可夫斯基选集》，　　（飞白译，《马雅可夫斯基诗选》，
（第一卷）人民文学出版社　　　　　　上海译文出版社 1981 年版）
1984 年版 ］


  这是马雅可夫斯基写于 1917 年的革命进行曲，当时俄国正值"十月革命"，这首诗如号角一般号召广大的革命群众为推翻沙皇的专制统治而斗争，全诗洋溢着革命的激情。在诗歌中作者高度赞扬了革命者澎湃的激情，点燃了广大人民群众对旧势力憎恨的怒火，将伟大的"十月革命"引向了高潮。诗中既有对保守落后旧势力的描写，也有对新的革命势力的正面刻画，并用对比的方法讴歌了新的革命力量对这些旧势力摧枯拉朽式的破坏，让整首进行曲显得激情澎湃，催人奋进。下面我们就来具体分析下原诗是如何做到这一点的。

  从语义上来分析，在诗歌中蕴含着两个相互对立的语义丛，一条语义丛是 бунты топот – гордые головы - разлив второго потопа – золоты небесней – наши песни – звенящие голоса – лет быстролётным коням- большая медведица – весна – сердце – грудь，超义子是"革命"，代表着革命的力量；另一条语义丛是 дни бык – лет арба – пули – оса – скушно звезд бебу，超义子是因循守旧、故步自封的"旧势力"。革命的目的就是要破坏一切旧势力，破旧立新。两条语义链相互对立，在超义子的作用下形成了文本语义场，将全文的主题给烘托出来。

  从形式上来看，全诗也很好地注意到了重复和平行对照，首先，词汇的重复大量出现：例如 дни бык 与 дно дням，лет арба 与 лет быстролётным коням 分别在 дни 和 лет 重复的基础之上相互对立，更突

出了新旧势力的对立。也正是因为 дни 和 лет 的重复才更突出了后面修辞语的对立，尽管他们在诗歌中的空间位置很远，但依靠这种重复和平行对照就拉近了二者之间的空间距离，实现了语义链和语义丛的对立，对于全诗语义的烘托起到了不可替代的作用。再例如，诗人在诗中反复使用 сердце，在全诗的第二节出现过 сердце наш барабан，此处诗人将革命者之"心"比喻成一面大鼓，之后在全诗的最后一节又出现了 сердце，诗句是 сердце, бей бой，作者反复强调 сердце，也是别有用意，更强调了在这场轰轰烈烈的"十月革命"中，革命者的心是一面战鼓，号召广大的革命者敲打着这个战鼓去与旧势力殊死斗争，这就非常地鼓舞人心。类似的例子还有 песни，在第三诗节中，诗句 наше оружие — наши песни 指出我们的武器是我们的歌声，在第五诗节中又出现了 песни，诗人在此处再次加以强调：Без него наши песни вьем，在这里 песни 其实暗指《Наш марш》这首进行曲，在这里有点题的意味，目的是通过重复来号召广大的群众唱着嘹亮的进行曲与旧的沙皇专制统治作斗争。

这首诗语音的重复也非常突出，例如第二诗节中，第二和第四诗行分别是 бык пег 和 бог бег，通过 п 和 б 的重复将两诗句相连接起来，语音上的重复更增强了两诗句语义上的对比。同样，在全诗的最后一节，第一诗句和第三诗句中分别出现了 пей! пой! 和 бей бой，在这短短的两句话中却运用了语音 п，б，е，й 的重复，这不仅拉近了两诗句彼此之间的语义联系，而且更强调了革命胜利的那种欢腾的气氛，而且本诗节中 п 和 б 的重复还与本诗第二诗节遥相呼应，大大缩短了二者之间的空间距离，更有利于全诗语义丛和文本语义场的形成。类似的语音重复在本诗的第四诗节也表现得十分突出。第四诗节的第一句 ляг, луг 中，语音 л 和 г 重复将两个词语紧密地连接起来，于是铺开的草地的意境一下就被描绘出来了。同样，第三诗句 Рудуга дай дуг，依靠 д，у，г 的重复，将彩虹献出马轭的景象描绘得栩栩如生。而且，细心一些我们就会发现，上面所说的这些诗句中每个词语全部都是由三个字母组成的单音节词，铿锵有力，十分符合进行曲的节奏。再加上这些词语在语音上的重复，词尾上的押韵，于是整首进行曲读起来就十分洪亮高亢，富有战斗的乐感。

除此之外，这首诗也具有句式上的重复，这在本诗的第三诗节表现得十分突出。第一、第二句以 ли 的重复引出两个反问句，强调革命的力量无比强大，紧接着第三、第四句又以两个 наше 引出两个陈述句，承接前面两句，指出我们的武器和我们的黄金到底是什么。句首的重复更加强调了武器和黄金的重要性。整首诗节在句式重复的作用下浑然一体，紧扣了主题。

因此，从语义内容上来说，在超义子的作用下，语义对比丛形成文本语义场，烘托出全诗革命的主题。从形式上来说，这首诗最突出的表现就是词汇、语音、句式上的重复和平行对照，特别是语音上的重复（如 п，б 的大量重复运用），使得整首诗读起来朗朗上口，语音的重复带来语义的汇集，又有利于语义链组成语义对比丛，从而形成文本语义场，语义和形式形成一个有机的整体。这与沃兹涅先夫斯基的《Гойя》有异曲同工之妙。由此看来，在语义和形式的双重作用下，整首诗内容鲜明，浑然一体，节奏高昂奋亢，催人奋进。我们可以看到这首诗虽然与《Левый марш》同为进行曲，写得都是革命的主题，但是却都有自身的特点。为了达到烘托语义的目的，两首诗都运用了各种形式手段，各具特色。

下面我们再来看看译文是如何做到这一点的，对比一下哪位译者的译文更胜一筹。

首先，我们还是先从语义入手，来分别分析一下丘琴和飞白译文的语义对比丛，将它们的超义子和语义对比丛与原文进行对比，看看是否正确。

丘琴的译文：

暴动者群的脚步—骄傲的头颅—第二次泛滥的洪水—我们的黄金—我们的歌—嘹亮的声音—岁月的快马飞奔—大熊星—春色—心儿—胸膛

时日的公牛—岁月的大车—黄蜂似的子弹—星空是多么寂寞

飞白的译文：

暴动的步伐—高傲的头颅—第二次大洪水—我们的金子—我们的歌声—嗓音洪亮—时代飞马—大熊星座—春—心房—胸膛

**日期之牛—年代之车—枪弹—黄蜂—星空多么寂寞**

对比后我们发现两位译者的超义子和语义对比丛与原文一样，并没有发生什么错误，所以在语义上两位译者都是正确的。

在形式上，对比译文我们可以发现，二者在词汇和句式的重复与平行对照上做得都很不错，基本上传达了原作的特点。在语音上，由于俄汉语分属不同的语系，俄诗中许多语音的重复确实很难直接反映到汉语诗歌中来（如 п，6 的重复），但是两位译者还是利用汉诗押韵的特点，也都在力所能及的范围内基本上较好地传达了原文的韵（飞白在押韵上比丘琴做得稍微好一些）。然而，需要指出的是两个译文在节奏和语调的传译上却有很大区别。限于篇幅，我们主要以原文的第一、第二诗节为例来进行分析，原文的节奏划分如下：

| | |
|---|---|
| Бейте в площади бунтов топот! | _U / _U / _U / _U |
| Выше, гордых голов гряда! | _U / _U / _U / _U |
| Мы разливом второго потопа | UU_ / UU_ / UU_ / U |
| Лет быстролётным коням. | UUU_ / _U / _U / U |
| | |
| Дней бык пег. | _ / _ / _ |
| Медленна лет арба. | _U / U_ / U_ |
| Наш бог бег. | _ / _ / _ |
| Сердце наш барабан. | _U / _U / U_ |

我们可以看到原文第一节是四音步，第二节是三音步。我们再来看看两位译者的译文的节奏划分：

让暴动者 / 群的 / 脚步 / 敲打 / 广场！　暴动的 / 步伐啊，/ 敲打 / 广场！
人海中 / 骄傲的 / 头颅 / 更加 / 高扬！　高傲的 / 头颅啊，/ 一齐高扬！
我们 / 要使 / 第二次 / 泛滥的 / 洪水，　我们 / 要以 / 第二次 / 大洪水
把一切 / 星球上的 / 城市 / 重新 / 洗荡。把一切 / 星球上的 / 城市 / 涤荡。

时日的 / 公牛 / 毛色 / 斑驳。　　　日期之牛 / 斑驳。
岁月的 / 大车 / 蜗行 / 徐步。　　　年代之车 / 慢步。

我们的 / 上帝是 / 飞跃 / 前进。　　我们 / 崇拜 / 跑步。

心脏是 / 我们的 / 一面 / 大鼓。　　心为 / 我们 / 敲鼓。

　　　　　　　　（丘琴译）　　　　　　　　　（飞白译）

　　在第一诗节中，丘琴用五音步来译原文的四音步，显得繁冗拖沓；而飞白则以四音步译四音步，并且在第一、第二诗句用逗号将两个音步分别隔开，做较大的停顿，这样读起来就更加铿锵有力了。

　　在第二诗节中，丘琴则以四音步来译原文的三音步，而且语句读起来时间过长，过慢，没有原文读起来那么短而且急促。这是一首进行曲，在语调和节奏上最需要的就是突出这种铿锵而急促的氛围。而飞白在开头两句以二音步来译原文的三音步，第三、第四句则以三音步译三音步，语句短促有力，营造出了一种进行曲式语调。细心的读者会发现，这首诗的第一、第三诗句都是由三个字母的单音节词组成，每个单词自成一个音步，再加上语音的重复，这些都使得这段读起来格外地铿锵有力、朗朗上口，营造出了一种进行曲的气氛。飞白有效地利用音步来译音步，在语调上比丘琴更加贴近原文，在节奏上也更高亢激昂，催人奋进，更能突出这是一首革命的进行曲。这也是飞白译文的特色。

　　纵观飞白的译文，在语义上凭借超义子、语义对比丛与原文相对应，使得内容上与原文一致，在形式上用句尾的押韵来保证语音上的重复，使得整个进行曲读起来朗朗上口，还依靠词汇与句式的重复和平行对照使得语义链更好地汇聚成语义对比丛和文本语义场，做到了形式有效地服务于内容，特别是在语调上又合理地利用音步来译音步，营造出进行曲那种雄俊刚劲的旋律和坚定有力的节奏，做到了语义、句法、语音、节奏和语调的和谐统一，使得整首诗形成一个有机的整体，较好地再现了原文的整体。

　　下面我们再分析下勃洛克的一首诗《За городом в полях весною воздух дышит》：

За городом в полях весною воздух дышит.

Иду и трепещу в предвестии огня.

Там, знаю, впереди — морскую зыбь колышет

Дыханье сумрака— и мучает меня.


Я помню : далеко шумит, шумит столица.

Там, в сумерках весны, неугомонный зной.

О, скудные сердца! Как безнадежны лица!

Не знавшие весны тоскуют над собой.

А здесь, как память лет невинных и великих,

Из сумрака зари — неведомые лики

Вещают жизни строй и вечности огни…


Забудем дольний шум. Явись к мне без гнева,

Закатная, Таинственная Дева,

И завтра и вчера огнём соедини.

（Блок 1901г）


译文一：

> 城外的田野洋溢着一片春的气息。
> 我在火的预兆中行走，忐忑不安。
> 那里，我知道，前面——海洋的呼吸
> 拂动海的涟漪——并且还折磨着我，
>
> 我记得，远方在喧嚷，首都在喧嚷，
> 那里，在春天的黄昏里，有不安宁的暑气。
> 啊，贫乏的心灵，多么无望的人儿！
> 不曾领略过春天，只是自艾自怜。
>
> 而这里，像无辜而伟大的年代的记忆，
> 投过黄昏的霞光——肉眼不见的脸庞

预言着生活的秩序和永恒的火光……

我们将忘记尘世的喧嚣。请你平静地出现我面前，
日落时分的神秘的姑娘，
请你用火焰将明天和昨天联结在一起。

（汪剑钊译，《勃洛克抒情诗选》，河北教育出版社
2003 年版，第 70—71 页）

译文二：

城外的田野春光荡漾，
我怀着激情走向火光昭示的前方，
在那儿，我知道，轻微的呼吸
能把海水摇荡——不禁撩起我百结愁肠。

我记起：远方传来都市的喧嚣，
在那儿，在春日的黄昏，也闷人难当。
啊，寂寞的心灵，绝望的脸庞，
无限的春色也充满忧伤。

但这里，太平岁月将留存在人们心上，
从这黎明的朦胧——奥秘的神灵形象
正预告生活体制和永恒的亮光。

忘掉城市喧嚣！你无怨无尤地出现，
啊，美丽的彩霞，神秘的姑娘，
你用热情的火焰连接昨天和明天。

（丁人译，《勃洛克诗歌精选》，北岳文艺出版社 2000 年版，第 49 页）

　　这是一首勃洛克的抒情诗，作者通过对城外春光明媚的风景描写，寄托了自己希望摆脱城市喧嚣，热情拥抱大自然的思想和愿望。作为一个杰出的象征主义诗人，勃洛克用细腻的笔法，优美的旋律在诗中为我们勾勒出一片春的气息。著名文学理论家莫雷亚斯在《象征主义宣言》中指出："象征主义诗人意在写人的内在精神。故而自然景物，人的活动，种种具体的现象都不会原封不动地出现在象征主义艺术中，它们仅仅是些可以感知的外表而已，其使命在于表示它们与原始意念之间奥妙的相似性。"勃洛克正是遵循了象征主义艺术的这一原则对自然现象进行审美感知的，他的作品中出现的一些自然意象全然不是孤立的和静止的，往往是呈现出心与物的相互感应。勃洛克通过移情的作用，使自己的情感有所寄托而得到慰藉，自然由于被折射，被注入了生命而得到了超越和升华。在这首诗中，勃洛克正是通过对郊外春景的描绘来寄托自己"久在樊笼里，复得返自然"的心境。

　　原文中具有超义子和语义对比丛，并通过重复和平行对照的方式表现出来，韵律和谐，富有节奏感，做到了在语义、词汇、韵律上的有机统一。下面我们来分析下原文：

　　首先，通过分析，本诗具有一条很重要的语义丛是：

за городом — поле — воздух дышит —трепещу —предвестие огня — морская зыбь —колышет —дыханье сумрака — мучает — лет невинных и великих —сумрак зари — неведомые лики — жизнь строй —вечность огни — без гнева — закатная, таинственная Дева — огнём　超义子是 "за городом весной воздух дышит"（郊外春光荡漾）

　　另外一条相对立的语义丛为：

Далеко— шумит столица — сумерка весны — неугомонный зной — скудные сердца — безнадежны лица — не знавшие весны — тоскуют — дольний шум　超义子是 "шумит столица"

　　两个超义子"郊外春光明媚"与"城市的喧嚣吵杂"形成了鲜明的对比，在超义子的引领下，两条语义丛相互对立并形成语义对比丛，进而形成文本语义场，有力地烘托了主题。勃洛克正是在诗中想表达自己走出城市的喧嚣，去拥抱春光明媚的大自然的强烈愿望。在两条语义丛的鲜明对立中，这样的主题很容易就被凸显出来。从某种程度上这也证明了超义子和语义对比丛对于主题的烘托作用是多么的重要。

再看形式上的重复与平行对照。本诗在词汇的重复与平行对照上很有特色，例如本诗出现了三次 сумрак（сумерка），分别在第一诗节的最后一诗行，第二节的第二诗行和第三节的第二诗行。虽然都是重复 сумра к（сумерка），但是在各个诗节却各不相同。在春光明媚的郊外，是海洋的呼吸（第一诗节），是奥秘的神灵形象正预示着永恒的亮光（第三诗节）。而在第二诗节中，却是"闷热难当"，通过词汇的重复，拉近了各个诗句的空间距离，刚好使得各个诗节中的不同语义链形成对比，有力地促成了语义对比丛的形成。同理，在词汇重复上，本诗还重复使用了三次 огонь，分别出现在第一诗节的第二诗行，第三诗节的第三诗行和第四诗节的第三诗行。火焰是光明和希望的象征。勃洛克在不同的诗节重复运用 огонь，正是通过象征的手法，来揭示出郊外的春天所充满的激情和希望。在这里词汇的重复和平行对照不仅起到了强调的作用，而且还起到了穿针引线的作用，将不同诗节中的词汇串联起来形成语义丛，为文本语义场的形成起到了独特的作用。类似的词汇重复还有 шумит（шум），通过重复来强调城市的喧哗吵杂，同时拉近语义丛里各语义链之间的空间距离；还例如 лет невинных и великих；Закатная, Таинственная Дева，这些平行对照都可以极大地增强被修辞词的语义，使得表达更富有文采。

在语音的重复和平行对照上，本诗也十分押韵。第一、第二诗节都押 abab 式的交叉韵，第三、第四诗节基本都押 a 和 и 的韵，与第二诗节一样，读起来朗朗上口。尾韵的重复是诗歌语义生成的一种结构手段，特别是配合主题构成一种相应的调性，通过韵的重复在诗行中形成一个特殊的语音域，进入其中的词汇通过语音的近似建立起一种等价关系。[①] 这样一来，诗歌中词汇的音、义相互作用，交融互生，建立起诗歌文本的

---

① 周瑞敏，《诗歌含义生成的语言学研究》，中国社会科学出版社 2009 年版，第 103 页。

整体性。例如，第二诗节中，韵尾 a 的重复就将 столица 与 безнадежны лица，甚至与第四诗节的 Закатая, Таинственная Дева 联系起来，这样一来，столица 与 безнадежны лица 相互比照，形成了语义链，进而汇入第一个语义丛；безнадежны лица 也与 Закатая, Таинственная Дева 相互对立，增强了两条语义丛的对比效果。语音的重复很好地为语义而服务。

　　本诗的格律为抑扬抑抑格和抑扬格混搭的格律，格调清新自然，富有律动感。原文格律的具体划分我们会在后面结合译文来进行详细分析。

　　下面我们来分析下译文，首先我们先分别抽出两个译文的超义子和语义对比丛：

　　汪剑钊的译文：

　　一条语义丛为：

城外—田野—洋溢春的气息—忐忑不安—火的预兆—海的呼吸—拂动—海的涟漪—折磨—无辜而伟大的年代—黄昏的霞光—肉眼不见的脸庞—生活的秩序 — 永恒的火光—平静—日落时分的神秘的姑娘—火焰　超义子是：田野洋溢着春的气息

　　另一条语义丛为：

远方—首都在喧嚷—春天的黄昏—不安宁的暑气—贫乏的心灵—无望的人儿—不曾领略春天—自艾自怜—尘世的喧嚣　超义子是：尘世的喧嚣

　　汪剑钊的译文的超义子相对立，两条语义丛也相互对立，并形成语义对比丛，语义和原文一致。下面我们来分析下丁人的译文：

　　丁人的译文：

　　一条语义丛为：

城外—田野—春光荡漾—怀着激情—火光昭示的前方—轻微的呼吸—海水摇荡—撩起百结愁肠—太平岁月—黎明的朦胧—奥秘的神灵形象—生活体制—永恒的亮光—无怨无尤—美丽的彩霞—神秘的姑娘—热情的火焰　超义子是：城外的田野春光荡漾

　　另一条语义丛为：

远方—都市的喧嚣—春日的黄昏—闷人难当—寂寞的心灵—绝望的脸

庞—充满忧伤—城市喧嚣　　超义子是：城市的喧嚣

很明显，丁人译文的超义子和两条语义丛也是刚好相对立，形成的语义对比丛很好地揭示了主题。

由此可见，汪剑钊和丁人的译文在语义上都做到了超义子和语义对比丛与原文相一致，而且超义子和两条语义丛都两两相对立，再现了诗人厌倦了喧嚣的城市生活，希望回归大自然美好春光的美好愿望。因此，两位译者在语义方面基本上没什么大的问题，也没有偏离主题。

以上是我们对整个诗歌文本的宏观分析，两位译者确实在超义子、语义对比丛以及主题的把握上都基本正确。下面我们从微观着手，来具体分析下，在语义对比丛形成的文本语义场中，各个词语是否都翻译正确了。在第三章中我们已经探讨过词语的语义的具体化问题。也就是说，在诗歌中，在文本语义场的作用下，词语的概念含义会具体化为所指的含义。例如在阿赫玛托娃的《 И в тайную дружбу с высоким 》一文中，陈耀球和马海甸对于 последние розы 这个词语的翻译各不一样，陈耀球翻译为"新开的玫瑰"，而马海甸则翻译为"最后的玫瑰"，而 последние 这个词语既具有"新开的"，也具有"最后的"含义。根据分析，在语义对比丛所构建的文本语义场中， последние 的语义应具体化为"最后的"，这样才契合文本语义场以及服务于整个诗歌文本的主题。

同理，在勃洛克的这篇诗歌中，我们注意到第一诗节的第二诗行有 трепещу 这个词语，两位译者对这个词语的翻译大相径庭，汪剑钊将其翻译为"怀着激情"，而丁人将其处理为"忐忑不安"，那么谁翻译得更为正确呢？ трепещу 是 трепетать 的单数第一人称，《奥日科夫俄语词典》对 трепетать 有如下释义：（1）Колебаться, бдражать. 1, 2 не упот；（2）испытывать физическую или внутреннюю дрожь, сильное волнение от каких-н переживаний；（3）за кого-что, перед кем-чем. испытывать страх, боязнь. 分析 трепетать 的概念意义，我们可以很容易地排除第一个义项，因为这里用的是动词的单数第一人称。再分析另外两个义项，我们发现的丁人的译文取的是第二个义项，翻译为"怀着激情"，即"激动的心情"。汪剑钊的译文取的是第三个义项，翻译为"忐忑不安"。到底哪位译者是正确的呢？我们回到原文，在文本语义场里去分析这个词语就会发现，трепещу 位于超义子为 "за городом весной воздух дышит"（郊外春光荡漾）的语义丛中，与超义子为 "шумит столица" 的语义丛相对立。在第一个语义丛中诗人极力渲染 "春光明媚"，在第二个语义丛中诗人则描绘了 "都市的喧嚣"，以及人们在这种喧嚣环境中沉闷的、寂寞的、绝望的心态。因此，作者在这里显然不会用 трепетать 来表达害怕，忐忑不安的意思，这与第一条语义丛所构建的文本语义场不相称，而且也不能与第二个语义丛形成对立。在这里，трепетать 只能取第二个义项：激动的心情。这样一来，трепетать 才能在整体上与第一条语义丛所构建的文本语义场相适应（明媚的春光带给诗人心情为之一振，激动而兴奋），并且在与第二条语义丛所表达的在喧嚣的都市中人们那种沉闷的、寂寞的、绝望的心态形成对立。由此看来，汪剑钊将这个词语翻译为 "忐忑不安" 是错误的，而丁人将其处理为 "激情" 则更好些。

回顾第四章的第二节中，我们已经论述过语义激活的问题。我们以马尔蒂诺夫的抒情诗《О, земля моя!》为例，探讨了有些词语在文本语义场的作用下语义会发生偏转，脱离它本来的概念含义。在《О, земля моя!》中，词语 естественно 本来只具有 "конечно, разумеется"（自然，当然）的意思，但是在整个文本语义场的作用下，在与 торжественны 对照中，新的义子被激活，естественно 获得了新的含义——"простота"（朴素），并汇入语义丛所构成的文本语义场中，服务于诗歌的主题。这种现象我们称为 "语义的激活"。

在勃洛克的这首诗中也出现了语义激活的现象，下面我们对第一诗节第四诗行的 мучает 这个词语来进行分析，看看这个词语应该如何翻译更为正确。显然，мучает 是动词 мучать 的单数第三人称。在《奥日科夫俄语词典》中 мучать 的释义是 причинять кому-н. муки, страдания от чего-н，汉语的意思是 "折磨，使痛苦"。从上文的分析中，我们可以知道这一诗节是对城外明媚的春光进行描写，мучать 处于 за городом — поле — воздух дышит — трепещу — предвестие огня — морская зыбь— дыханье сумрака — мучает 这条语义链中，超义子是 "城外春光明媚"，

мучает 与 дышит，трепещу，колышет 这几个动词处于平行对照的地位。在这些词语所构成的文本语义场中，мучает 的语义发生偏转了。在这里，мучает 如果还是表达 причинять кому — н. муки, страдания от чего-н（折磨，使……痛苦）的本义的话，就会与整条语义丛以及整个语义场不相符合。Колышет 是一个文学色彩很强的词汇，有"拂动、吹拂"的含义，与 дыханье（呼吸）一起将海比喻成人，以春的气息拂动海水的涟漪来比喻明媚的春光带给诗人内心的激动，与前面的 трепещу 一词相呼应。Мучает 处于这些词语所构成的文本语义场中，自然语义就会发生变化，新的义子被激活。在这里，词语 мучает 失去了本意，而是带有"触动，使……激动、摇动，使……产生思绪"的含义，这个新的义子被激活了。而汪剑钊仍然按 мучает 的本意来进行翻译，将其处理为"折磨"，显然与全诗的语义丛和文本语义场不相符合，也违背了诗人所要表达的意思。丁人则注意到了 мучает 的语义发生了偏转，将其处理为"撩动"，这就与 колышет，дышит 相一致，都使用了拟人的修辞手法，十分形象地描绘出春的气息带给诗人的万千思绪，撩动了诗人的百结愁肠，为下文诗人回忆都市喧嚣中的沉闷、寂寞和绝望，对二者进行对比作了很好的铺垫。因此，丁人的译文注意到了在语义丛所构成的文本语义场中 мучает 的新义子被激活的情况，从而更为正确地翻译了诗人所要表达的意思。

我们再来看看本诗第三诗节的第二诗行，分析两位译者对于 неведомые лики 这个词组的翻译。在《奥日科夫俄语词典》中，неведомый 有两个含义：（1）неизвестный；（2）таинственно-непонятный。同样，лик 这个词语也有两个意思：（1）лицо человека；（2）зображение лица на иконах。汪剑钊都分别取其第一个义项，翻译为"肉眼不见的脸庞"，而丁人则都取其第二个义项，翻译为"奥秘的神灵形象"。究竟哪个更为正确呢？

词组 неведомые лики 是处于以超义子为 "за городом весной воздух дышит"（郊外春光荡漾）的语义丛中，所在的语义链为 неведомые лики — жизнь строй — вечность огни — без гнева — закатная, таинственная Дева — огнём。在这里 неведомые лики 与后面诗节的

закатная, таинственная Дева 处于平行对照的位置上，语义链上的所有词组的概念意义都会在这个文本语义场中具体化，неведомые лики 也不例外。我们知道，在勃洛克的诗中，充满着神秘主义的力量。作为一个伟大的象征主义诗人，勃洛克一生都在诗歌中不断探索着宗教神秘主义的世界。在勃洛克的笔下，神秘主义被诗的光彩所照耀而展露出奇幻迷人的魅力。在这里，诗人勃洛克正是通过 неведомые лики 和 закатная, таинственная Дева 来传达出一种宗教神秘主义的情感，用神灵来预示自己对春天，以及对未来寄托着美好的希望。因此，неведомые лики 翻译为"奥秘的神灵形象"更好，这既能与后文 закатная, таинственная Дева 遥相呼应，再现诗人在原诗中传达的这种宗教神秘主义色彩，而且又能融入超义子为 "за городом весной воздух дышит"（郊外春光荡漾）的语义丛中，与文本语义场的整体格调相契合，更好地服务于诗歌主题。如果仅仅将其直译为"肉眼不见的脸庞"则会逊色许多。

同理，在对 закатная, таинственная Дева 翻译上，可否作如下探讨：两位译者都将 Дева 翻译为姑娘，可笔者认为翻译为"女神"也许会更好些。因为首先，诗中的 Дева 是大写，区别于 дева（姑娘）小写的形式，因此在语义上自然不能简单地翻译为"姑娘"。其次，закатная, таинственная Дева 与 неведомые лики（奥秘的神灵形象）处于平行对照的地位，如果 Дева 仅仅翻译为"姑娘"，在译文中这种平行对照就会荡然无存，损伤译文的内容和形式。为了让诗歌充满象征主义的宗教神秘色彩，为了保留这种语义和形式，Дева 不如翻译为"女神"则更为贴切，也便于这两组词组更好地融入全诗语义丛所构建的文本语义场中。

总体看来，通过以上的分析我们可以看出，在语义上，丁人的译文比汪剑钊的译文更为准确地传达了原诗。

我们再来看看译文在词汇的重复和平行对照方面做得如何。首先看 сумрак（сумерка）的重复。上文分析过，сумрак（сумерка）的重复使得各个诗节中的不同语义链形成对比，有力地促成了语义对比丛的形成。在对第一个 сумрак 的传译上，两位译者都出现了错误。在《奥日科夫俄语词典》中 Сумрак 的含义是：полумрак, неполная темнота, при крой

ещё можно различать предметы. 表示的是一种"朦胧的，半明半暗"的
状态。田野上春光荡漾，不可能是傍晚，所以笔者认为 дыханье сумрака
翻译为"黎明的呼吸"或者"晨曦中的呼吸"更好，这样不仅可以将晨曦
中海的形象刻画得更为柔美富有动感，而且还可与第三节的 сумрака зари
（黎明的朦胧）形成词汇上的重复，拉近两个词形成语义链，与第三节中
сумерка весны（都市里春天的黄昏）形成强烈对比。同理，汪剑钊译诗
的第三节第二诗行中，译者将 сумрака зари 处理为"黄昏的霞光"则不正
确，既然是描写充满希望的、春光明媚的城外田野，诗人自然不会将景色
置于黄昏时刻，而且"黄昏的霞光"与后文"预言着生活的秩序和永恒的
火光……"的说法前后矛盾。只有黎明时刻才能预示着生活的体制和永恒
的霞光。丁人将其译为"黎明的朦胧"是正确的。

下面，我们来分析下两位译者对 огонь 的翻译。汪剑钊分别翻译为
"火""火光""火焰"，较好地注意到了词汇的重复，达到了和原文等同的
文本效果。丁人则分别处理为"火光""亮光""火焰"，基本上也做到了
词汇的重复。由此看来，在 огонь 的重复方面二位译者都做得较好。

我们再来看看两位译者对 шумит（шум）重复的翻译。汪剑钊分别
翻译为"远方在喧嚷""首都在喧嚷""尘世的喧嚣"，非常好地注意到了
词汇的重复。丁人则将其分别处理为"远方传来都市的喧嚣""城市的喧
嚣"，漏译了一个 шумит。诗人在第二诗节连续用两个 шумит 正是为了强
调都市的嘈杂和喧嚣，这种词汇上的重复正是为了表达语义，强调作者的
感情。因此，应该在译文中再现这种词汇上的重复，丁人在对这个词语的
传译上则稍有欠缺。

但瑕不掩瑜，两位译者在词汇的重复和平行对照上虽有一些错误，但
是总体看起来还是不错的。下面我们再从语音和节奏的角度来分析两篇译
文，看它们在这两方面是不是做得与原文一样出色。

在上文我们已经分析过了，在语音上，原文基本上采取的是 abab 式
的押韵形式，读起来朗朗上口，通过韵尾的重复是词与词、句与句、节与
节之间有效地连接起来，形成了一个有机的整体。丁人的译文基本上全
都押 ang 的韵，我们将译文中押 ang 韵的词语分别找出来，列举如下：荡

漾，前方，百结愁肠；闷热难当，绝望的脸庞，充满忧伤；人们心上，神灵形象，永恒的亮光；神秘的姑娘。分号隔开的是各个诗节。在 ang 韵重复的基础上，这些词语突破了空间距离，相互联系并串联起来，便形成了语义丛。语义丛又在超义子的作用下形成了文本语义场，烘托出主题。就这样，语音的重复和平行对照作用于词语，然后词语又在超义子的引领下形成语义丛和语义对比丛，最终汇聚成文本语义场。由此看来，丁人的译文十分恰当地还原了原文的韵，使译文的音和义形成一个有机的整体，而且 ang 的韵本身有颂扬、抒发情感的意味，这也更增添了全诗在语调上的表现效果。相比起来，汪剑钊的译文在韵上要逊色一些，虽然也押韵了 i，ang，an 的韵，但是总体来说很凌乱，所以读起来并不朗朗上口。零碎的押韵会破坏译文的语音美，使得语音不能构成有效的重复和平行对照，最终将不利于语义对比丛和文本语义场的形成。脱离了语音美的语义，就会显得很孤立，丧失了诗歌带给我们的美感。

最后，我们来谈谈节奏和语调，因为在诗歌中，节奏和语调的问题最为复杂，也最难翻译。

首先我们将全诗的格律列举如下：

За городом в полях весною воздух дышит.

Иду и трепещу в предвестии огня.

Там, знаю, впереди — морскую зыбь колышет

Дыханье сумрака— и мучает меня.

U＿UU / U＿ / U＿ / U＿ / U

U＿UU / U＿ / U＿UU / U＿

U＿UU / U＿ / U＿ / U＿ / U＿ / U

U＿ / U＿UU / U＿UU / U＿

Я помню : далеко шумит, шумит столица.

Там, в сумерках весны, неугомонный зной.

О, скудные сердца! Как безнадежны лица!

Не знавшие весны тоскуют над собой.

U＿UU / U＿ / U＿ / U＿ / U＿ / U

U_UU / U_UU / U_ / U_

U_UU / U_UU / U_UU / _

U_UU / U_ / U_UU / U_

А здесь, как память лет невинных и великих,

Из сумрака зари — неведомые лики

Вещают жизни строй и вечности огни...

U_ / U_ / U_ / U_UU / U_ / U

U_UU / U_ / U_UU / U_ / U

U_ / U_ / U_ / U_UU / _

Забудем дольний шум. Явись к мне без гнева,

Закатная, Таинственная Дева,

И завтра и вчера огнём соедини.

U_ / U_ / U_ / U_UU / U_ / U

U_UU / U_UU / U_ / U

U_UU / U_ / U_UU / U_

  对全诗格律分析，我们得出结论：本诗为抑扬抑抑格和抑扬格混搭的格律，全诗共 14 个诗行，其中有 2 个诗行是三音步（分别是第七、第十三诗行），4 个诗行是五音步（分别是第三、第五、第九和第十二诗行），其余 8 个诗行均是四音步。全诗抑扬抑抑格有 23 个，抑扬格有 35 个，但由于抑扬抑抑格本身属于多音调的格律，所以相比起抑扬格来说在全诗中所占的比例已经是很大了。抑扬抑抑格显得稳重，善于描写，而抑扬格则跳跃性强，显得欢快。诗人匠心独运，正是用抑扬抑抑格和抑扬格混搭的方法在郊外的明媚春光中营造出一种欢快祥和的语调，在对春色的描写中表现自己欢快的心情。因此全诗或描写，或抒情，或比照，或感叹，平稳中不失灵活，既连贯又富于变化，读起来十分和谐优美。

  前面我们谈到，虽然我们很难用汉语中的平仄来还原俄语的抑扬格律，目前很难建立一套对应体系去直接对应，但是我们可以用汉语诗歌的音步来还原俄语的诗步，在节奏和语调上作最大限度的补偿。下面我们来看看两位译者的译文，给两位译文划分出节奏，然后将其与原文作比较：

译文一：

城外的 / 田野 / 洋溢着 / 一片 / 春的 / 气息。
我在 / 火的 / 预兆中 / 行走，忐忑不安。
那里，我 / 知道，前面——海洋的 / 呼吸，
拂动 / 海的 / 涟漪——并且还 / 折磨着 / 我，

我 / 记得，远方 / 在喧嚷，首都 / 在喧嚷，
那里，在春天的 / 黄昏里，有 / 不安宁的 / 暑气。
啊，贫乏的 / 心灵，多么 / 无望的 / 人儿！
不曾 / 领略过 / 春天，只是 / 自艾自怜。

而这里，像 / 无辜 / 而伟大的 / 年代的 / 记忆，
投过 / 黄昏的 / 霞光——肉眼不见的 / 脸庞，
预言着 / 生活的 / 秩序 / 和永恒的 / 火光……

我们 / 将忘记 / 尘世的 / 喧嚣。请你 / 平静地 / 出现 / 我面前，
日落时分的 / 神秘的 / 姑娘，
请你 / 用火焰 / 将明天 / 和昨天 / 联结 / 在一起。

（汪剑钊译）

译文二：

城外的 / 田野 / 春光 / 荡漾，
我怀着 / 激情 / 走向 / 火光昭示的 / 前方，
在那儿，我 / 知道，轻微的 / 呼吸，
能把海水 / 摇荡——不禁 / 撩起我 / 百结愁肠。

我记起：远方传来 / 都市的 / 喧嚣，
在那儿，在春日的 / 黄昏，也 / 闷人难当。
啊，寂寞的 / 心灵，绝望的 / 脸庞，

无限的 / 春色 / 也 / 充满忧伤。

但这里，太平岁月 / 将留存 / 在人们心上，
从这 / 黎明的 / 朦胧——奥秘的 / 神灵形象，
正预告 / 生活体制 / 和永恒的 / 亮光。

忘掉 / 城市喧嚣！你 / 无怨无尤地 / 出现，
啊，美丽的 / 彩霞，神秘的 / 姑娘，
你 / 用热情的 / 火焰 / 连接昨天 / 和明天。

（丁人译）

对比两个译文的节奏，我们可以看到丁人的译文基本上都是用四音顿和五音顿去再现原文的四音步和五音步，而汪剑钊的译文每一个诗行差不多都在六个音顿以上，甚至在第十二诗行都出现了八音顿，这就与原文的音步大相径庭，相去甚远了。我们刚刚分析过，诗人用抑扬抑抑格和抑扬格混搭的格律，来描写春光明媚的城外风光，抒发内心那种欢快的、回归大自然的强烈情感。每行 3—5 音步的节奏可以恰如其分地表达这种情感，那种轻松欢快的语调也立刻跃然纸上。可是如果在译文中将每个诗行的音顿数扩大到六音顿以上，甚至到八音顿，那么不仅显得繁冗拖沓，而且会大大损害诗歌的抒情效果。丁人在译文中用同样的音顿去翻译原文的音步，在节奏和语调上尽可能接近原文，虽不能百分之百再现原文那种特有的抑扬抑抑格和抑扬格混搭的格律和语调，但是已经是尽可能地在流失形式美的同时去最大的补偿了。

综合以上的文本分析，我们发现不论是原文还是译文，都在语义、句法（词汇）、语音、节奏和语调上形成了一个有机的整体。在原文中，词汇和语音的重复和平行对照，抑扬抑抑格和抑扬格混搭的格律和语调都将诗歌文本中每个词语全部纳入诗歌的语义结构之中，这些词语又在超义子的作用下形成语义对比丛和文本语义场，其中每个单词的含义都在文本语义场中得以具体化，甚至有些词语发生语义的偏转，新的义子被激活。于

是，整首诗就变成了以语义为核心，以句法（词汇）、语音、节奏和语调为基础的统一整体。在译文中，汪剑钊和丁人的译文也都建立了一个新的整体，这个新的整体也是建立在语义、句法（词汇）、语音、节奏和语调五大层次基础之上的整体，他们也都分别用自己的译文这个新的整体去再现原文的整体。虽说都是用译文这个新整体去再现原文整体，但是却大不一样。汪剑钊的译文在语义的传达上、某些关键词语的翻译上有些错误，在韵律的传译上有些欠缺，这个整体并不能很好地再现原文这个整体，需要进一步改进。丁人的译文也是建立在五大层次上的统一整体，但是却对语义的传达、词汇和语音的重复和平行对照的还原、格律的再现上都更为贴近原文，比汪剑钊略胜一筹。根据以上分析，丁人的译文注意到了文中一些关键词的重复和平行对照，将其无误地再现出来，还通篇用 ang 的韵来翻译原文 abab 式的韵，用四、五音顿的节奏来再现原文三、四、五音步的格律，语调也显得清新自然，欢快有节奏感。这些形式上的成功翻译也为文中词语串成语义链、汇成语义对比丛、形成文本语义场打下了坚实的基础，使得形式有效地服务于语义和内容。所有词语在句法、语音、节奏、语调这些形式要素的作用下都统一于文本语义场中，语义发生具体化，部分词语语义发生偏转，新的义子被激活。丁人能够正确把握原文的形式，因此在对某些词语的翻译上就没有出错（如 трепещу, мучает, сумрак зари, неведомые лики 等）。这样一来，在五大层次基础之上译诗的形式和内容都形成一个有机的整体。因此，相比较来说，丁人的译文这个新的整体比汪剑钊的译文新整体更好地再现了原文这个整体。俗话说"文无定本"，我们不能说丁人的译文是最好的，也许会有比他更好的译文出现。不管这个译本是什么，是谁写的，它一定是在语义、句法、语音、节奏、语调这五大层次上做得更为出色，所形成的有机整体能更好地再现原文这个整体。

综上所述，诗歌译文是一个建立在语义、句法、语音、节奏、语调五大层次基础之上的新的统一整体，译者所要做的就是力争使译文在这五大层次的基础上与原文相对应。其中语义最为重要，代表着诗歌的内容，而其他四个层次则次之，代表着诗歌的形式。译者首先要保证语义正确无误，然后在形式上尽可能地再现原文。一千个译本也许有一千个新整体，各个整体在五大层次上也各有千秋，有的在句法上有特色，有的在语音上见长。译者由于个人风格的不同，往往也是仁者见仁，智者见智。但是目的只有一个，那就是使译文这个新的整体在五大层次基础之上能够更好地去再现原文这个整体。谁的译文整体最好地再现了原文的整体，在这五大层次上结合得最好，谁的译文就是最佳的译文。

# 第七章  非文本结构与诗歌翻译

　　第一章我们已经论述过，洛特曼结构诗学区别于形式主义诗学的一个最重要的特征就是注意到了非文本结构对文本本身的影响，这也是洛特曼结构诗学比形式主义诗学更为先进的原因所在。形式主义诗学强调把艺术文本孤立起来进行研究，而结构诗学则在提倡用结构主义的研究方法分析文本的同时，并不是把文本封闭起来，而是把文本结构和非文本结构相结合起来进行研究。在《艺术文本的结构》这本书中，洛特曼从文本与非文本结构的矛盾相对性入手，指出："艺术文本的概念并不是绝对的，而是与一系列历史文化结构和心理结构密切相关。文本如果不与非文本结构联系就不可能产生和存在。"[①] 换句话说，文本与非文本两者是既相互对立，又相互依存的统一体，两者密不可分。任何艺术文本只有在非文本结构体系的广阔背景中才能被正确理解和评价。如若我们脱离了非文本结构，就无法正确地解读艺术文本的结构，而且也不可能存在孤立的艺术文本。

　　洛特曼又进一步指出："非文本结构作为一定层次的结构要素构成艺术作品的有机组成部分。"[②] 这些非文本结构体系包括现实生活、文学传统、历史文化背景、思想观念等。除此以外，要想深刻地了解或正确地翻译诗歌作品，还需要去探讨作者的世界观，作者的经历，作者的生活、文化素养、艺术观和整个思想体系等非文本要素。因为译者在翻译的过程中往往需要去选取这些与诗歌文本相关的非文本结构来解读文本，这些社会历史的、民族的和心理的要素，作者的思想感情和艺术观念都会成为影响

---

① Ю.М.Лотман., Структура художественного текста, СПб., 1998г., стр269,270.

② Лотман. Ю. М., «Лекции по структуральной поэтике»,изд. Тартуского университета., Тарту, 1964г. стр164.

译者接受的重要因素，也会成为造成译文多样性的原因。这一章我们谈谈非文本结构与诗歌翻译的关系。

## 第一节　文化背景因素对诗歌翻译的影响

我国著名的翻译家杨宪益先生曾说："在文学中有许多其他的因素构成原文的某些含义，要是把这些含义传达给文化不同的人则是根本不可能的。譬如：对中国读者来说，中国诗词中的一棵翠柳就有某种油然而生的联想，译成另外一种语言，则不可能自然而然地引起这种联想。"这里杨宪益先生提出了一个文化背景的问题，即文化背景因素对翻译会产生很大的影响。中俄两国的文化是两国人民智慧和历史意识的一切物质和非物质表现。在人类与大自然斗争的过程中，中俄两国文化有许多共性，比如道德观念、社会公德、对大自然的态度，等等。但同时，由于背景的差异，也产生了许多文化上的不同，这表现在翻译上也就是文化背景因素对译文的影响。要想将一种文化中的意义完全传达出来是极其困难的，有人把它称作"文化的阵痛"，此言不无道理。影响文化差异的因素主要有以下几点。

1.社会背景因素，如社会历史事件，社会传统、宗教等。

例如下面普希金的诗《Прощанье》里有这么一段：

Оставьте красный мне колпак,

Пока его за прегрешенья

Не променял я на шишак

（Пушкин 1817）

译文一：

请把那红色的尖顶帽留给我！在我因为罪过戴上尖顶盔之前。

译文二：

请把那红色的自由帽留给我！在我因为罪过戴上尖顶盔之前。

　　在翻译这首节选诗时，译者需要有如下的非文本结构信息：首先，这首诗是 1817 年普希金失去自由流放服军役时写的。其次，在当地有这样的历史文化背景："красный мне колпак"是古代小亚细亚弗里基亚人的一种传统头饰，高高的，颜色为红色，且帽顶向前弯曲，后来渐渐为获得自由的奴隶所戴。在 1789—1793 年法国大革命期间雅各宾派佩戴此帽以显示其自由、民主的精神，以及与封建君主专制彻底决裂的决心和勇气。于是这种帽子便成为"自由、解放"的代名词。因此，在这里"красный мне колпак"翻译为"自由帽"更好，类似于新中国成立初期的绿色"解放帽"，象征着奴隶的自由与解放。如果像译文一那样仅仅翻译成"红色的尖顶帽"，那么必然有损原诗语义的传达。而这些艺术信息是文本结构本身所无法传达给我们的，只有具备社会历史事件等文化背景因素，通过非文本结构的加工才能得出最佳的翻译。

　　还例如普希金的长诗《Полтава》(《波尔塔瓦》)中有这样的一节：

> Луна спокойно с высоты
>
> Над белой церковью сияет.
>
> И пышных гетманов сады
>
> И старый замок озаряет.
>
> И тихо, тихо всё кругом;
>
> Но в замке шёпот и смятенье.
>
> В одной из башен, под окном,
>
> В глубоком, тяжком размышленье,
>
> Окован, Кочубей сидит
>
> И мрачно на небо глядит.

> 从白拉雅教堂的高空
>
> 月光悄悄地洒下幽光，
>
> 照着督军的富丽的花园
>
> 和城堡的古老的围墙，
>
> 四野都异常寂寥，安憩；

但古堡里却在低语和动荡。

高楚贝，身上戴着枷锁，

独自坐在碉楼的窗前，

他沉郁不言，满怀心事，

黯然地望着窗外的天。

（查良铮译）

这里 гетман 一词有很深的文化含义，对这一词语的翻译也格外困难。刘泽荣编的《俄汉大词典》中对 гетман 的解释是：黑特曼（乌克兰 1654—1764 年的执政；查坡罗什哥萨克公选的首领；波兰 16—17 世纪的统帅）。国内有些译者直翻为"黑特曼"，有的则意译为"将军"则并未传达原作的文化意义。查良铮既不取音译"黑特曼"，也不翻译成"统帅""将军"或"首领"，而是将其处理为"督军"，使人想起统辖一方，独揽军权的人物，其飞扬跋扈、奸诈狡猾的形象跃然纸上。事实上马赛蒲正是这样的一种形象，他在俄罗斯向沙皇称臣，在乌克兰则是最高权力的行政长官，而且还暗地投靠瑞典国王使乌克兰脱离俄罗斯而独立。译者未将 гетман 处理为"将军"或"统帅"，因为这属于军职，与马赛蒲最高行政长官的身份不符，而且在军队中将军也不可能只有一个。查良铮将 гетман 处理为督军，则恰如其分地传达了这个词的文化含义，这都得益于他对译出语和译入语文化背景含义的深刻洞察。

宗教文化作为对人类和社会影响最深最广的文化形态，不仅积淀在人的深层文化心理结构之中，而且潜在而长久地影响着人们的思想和行为，这当然包括诗歌的翻译。请看下例，普希金的诗体长篇小说《叶甫根尼·奥涅金》第一章第三十一节开头：

Когда ж и где, в какой пустыне,

Безумец, их забудешь ты?

译文一：

哪怕天涯海角，哪怕地老天荒，

痴情的你，怎能够忘情于它？

（王士燮译，《叶夫根尼·奥涅金》，黑龙江人民出版社1981年版，第25页）

译文二：

癫狂的人，到什么时刻，

在哪个天涯海角，你才能忘怀？

（查良铮译，《欧根·奥涅金》，四川人民出版社 1983 年版，成都，第 23 页）

译文三：

哪一天，在哪儿，到哪片洪荒，

狂人呵，你才会终于忘掉它？

（智量译，《普希金选集第五卷——叶甫盖尼·奥涅金》，人民文学出版社 1985 年版，第 31 页）

　　熟悉《圣经》的人一定都知道，"пустыня"在基督教文化里有着深层的含义，因为"пустыня"是约翰施洗，上帝发出谕旨和耶稣接受考验的地方，带有神圣和庄严的色彩。《圣经》已成为这首诗节的先例文本，如"约翰来了，在旷野施洗，传悔改的洗礼，使罪得赦"（见《马可福音》第一章第四节）；再如"当时，耶稣被圣灵引到旷野，受魔鬼试探"（见《马太福音》第四章第一节）。这些都证明"пустыня"这个词语是带有强烈的宗教色彩的。美国著名的现实主义作家杰克·伦敦（Jack London）的作品《旷野的呼唤》（*The Call of the Wild*）描写的就是一只名叫巴克的狗逃离人类文明社会回归旷野并重新获得野性力量的故事。作者以"the Wild"（"旷野"）作为标题有一种从宗教的视角去审视巴克得到上帝拯救并重新获得原始力量的用意，将文本置于宗教的语境下去进行解读。同理，普希金在开头描述主人公的艳遇，歌颂美貌女郎时也故意提到"旷野"这个神圣场所，是一种讽刺夸张的修辞手法，从宗教的视角暗示了主人公玩世不恭，对宗教轻慢的态度。显然，在对"пустыня"这个词语的用法上，普希金的《叶甫盖尼·奥涅金》与杰克·伦敦的《旷野的呼唤》有异曲同工之妙。因此，译者在翻译普希金这首长诗的这一部分时，一定要注意"пустыня"这个词语背后所蕴含的宗教含义，否则就容易译错。在这里宗教含义和先例文本作为非文本结构中的重要部分，是文本结构本身所不能传达的。我们在翻译的时候就需要特别注意类似于宗教文化和先例文本这样的非文本结构因素。再回过头来分析上面所列举的三个译文，显然三位译者对于这个词语的处理是不太成功的。不过，这从反面也说明了一个文本的结构在另一文本中就有可能成为它的非文本结构因素，而前者我们就可以把它称作是后者的先例文本。先例文本作为非文本结构的重要因素有效地融合在了文本结构之中，便形成了互文。类似的例子还有普希金的《香客》，这在李畅的博士学位论文《文学作品中的宗教文化元素的翻译》已详细论述，亦可再次证明这一观点，我在这里就不再赘述了。

2. 语言因素，如文字游戏，谐音、双关、拆字等

中俄语言中有很多独特的文化现象，而这些文化往往也以自己的语言为基础形成，例如拆字、谐音、双关、仿拟、藏词、歇后、镶嵌、回文等等。这些既是修辞手法，又是翻译中的文化因素，我们在翻译的时候也应当注意到这一点。例如：

熟语说得好，"清官难断家务事"，此时正是公婆难断床帷事了。

——《红楼梦》第八十回

Недаром пословица гласит : «Даже способному чиновнику трудно разобраться вв семейных дрязгах»!Что уж говорить о тетушке Сюэ? Не понимая, что творится у нее в доме, ( не зная, что предпринять, она напустилась на Сюэ Паня : ... )

( Панасюк《Сон в красном тереме》1958г )

Just us "Not even good officials can settle family troubles," so "Not even parents can settle disputes between son and wife".

( 杨宪益译 )

原文中根据汉语的特点，使用了仿拟的修辞手法，将"清官难断家务事"这一熟语活用到文本之中，仿造这一熟语创造了一个相似的结构来表达思想。显然帕纳秀克的俄译本并没有注意到汉语语言文化的这一特点，

文采就丧失很多，而翻译家杨宪益先生本身具有很高的汉语语言文化水平，在英语中用同样的结构来处理仿拟，效果非常好，比帕纳秀克要好得多。

再举回文的例子。俄语中有这样一个诗句：Я иду с мечем судия（《Очерках бурсы》）这个诗句从左往右也可以念，从右往左也可以念，而且表达完全一样，在翻译中是很难传达出来的。但也有的译者能将回文诗翻译出来，我们欣赏下阿列克谢耶夫（В. М. Алексеев）把清代诗人李旸81首《春吟回文》给翻译过来，译文尽管不能如原诗一样在一个诗行倒读，但是至少8个诗行正读倒读都能成诗，而且基本达意。正读的原诗对应倒读的译诗，倒读的原诗对应正读的译诗。

<table>
<tr><td>

《春月》

身闲最爱夜眠迟
结绮窗开暗转移
人映玉奁双镜对
苑妆银槛一帘垂
匀筛竹影花凝露
碎漾蘋痕水飐飏
轮满散辉寒望远
巡檐共笑索成诗

</td><td>

《Весенняя луна》

Стих мой закончен, я смеха ищу лишь,

ч тобы вместе у крыш бродить.

Вдали взираю : холодным сияньем

овеян весь полный круг.

Ветры-зефиры в следах на воде —

кувшинки в дробящейся ряби.

Сселась роса в цветочном узоре,

ровно бамбучное сито.

Занавес, павший на весь мой балкон,

— то сад в серебристом уборе.

В зеркале пара шкатулок видна,

и яшма глядится в него

В ходе вращенья там где-то открыло

окно : сплошной расшитый узор.

Поздно уснувши, люблю по

ночам я особо свободную жизнь

</td></tr>
</table>

谐音双关也是很具有本民族文化特色的修辞手法。请看下例：

Снег сказал : — когда я стаю,

Станет ручка голубей,

Потечёт, качая стаю,

Отраженных голубей.　　（Козловский）

例子中的 стаю 分别是 стаять 的变位形式和名词 стая 的四格，голубей 是形容词 голубой 的比较级和名词 голубь 的复数二格。这里巧妙地运用了双关的手法使得全诗押韵、形象优美、幽默，产生出独特的意境。在汉语中也有谐音双关的情况，如刘禹锡在《竹枝词》中写道：东边日出西边雨，道是无晴（情）却有晴（情）。这种谐音双关不仅使读者产生丰富的联想，而且有一箭双雕之妙。然而这种双关在翻译的时候却很难再现，成为翻译中的难点。

然而有的谐音双关经过翻译家们的精心处理也可以再现。翻译家许渊冲说："如果运用'深化'和'浅化'的译法，即使是双关语也不是绝对不能翻译的。"[①]他在翻译李商隐的"春蚕到死丝方尽"的时候，就很好地解决了"丝"与"思"的前人认为谐音双关不可译的问题。作者以谐音双关的手法将蚕丝之"丝"与思恋之"思"联系在一起，以蚕丝的连绵不绝比喻思恋的遥遥无期。汉语中的同音异义词很多，因此谐音双关也常常作为一种修辞手法，如何翻译才能更好呢？许渊冲把该句翻译为"The silkworm till its death spins silk from love-sick heart"，"丝"直译为 silk，"思"则翻译为 love-sick（相思病的），silk 与 sick 不仅音似，而且形似，很好地在英语中解决了谐音双关的问题。

我们再来看看拆字的翻译。拆字比谐音双关更难翻译。钱歌川指出："翻译史汉字特有的玩意，绝不可以翻译。"[②]请看下例：

例 1 ：何处合成愁？——离人心上秋，纵芭蕉不语也飕飕。

（吴文英《唐多令·何处合成愁》）

---

① 林煌天：《中国翻译词典》，湖北教育出版社 1997 年版，第 361 页。

② 钱歌川：《翻译的基本知识》，湖南科学技术出版社 1981 年版，第 64 页。

　例 2：半边林场半边地，一曲牛歌一卷文。

　例 3：冻雨洒窗，东两点，西三点；

　　　　切瓜分片，横七刀，竖八刀。

　例 4：琵琶琴瑟八大王，王王在上；

　　　　魑魅魍魉四小鬼，鬼鬼犯边。

　　　　　　　——一佛寺大雄宝殿上的对联


　　以上四个例子都是很典型的拆字诗：例 1 是将愁字拆开来进行解释，将"愁"描写成"心上秋"。例 2 的拆字诗文所描写的是唐代著名的诗人"杜牧"。例 3 的两句诗文分别是对"冻"和"切"的拆字解释。例 4 这副对联诗是对"琵琶琴瑟"和"魑魅魍魉"的偏旁部首的拆字解释，非常形象。这些拆字诗都很难翻译成俄语。因为俄语是曲折语，属东斯拉夫语系；汉语是分析语，属于汉藏语系，两者在书写方式上大相径庭。作为一种表意文字，汉字由 5 种基本笔型通过上下、左右、内外组合方式构成；而俄语为拼音文字，是声调语言，其 33 个字母没有任何意义。比如汉语中的金字塔的"金"字，让人很容易联想到△形，惟妙惟肖，金字塔在俄语中为 пирамида，无形状暗示。

　　但是说拆字不可译，也只是相对而言，在一定的情况下不可译的词句经过译者创造性地发挥是可以转化为可译的。请看下例：

　　　　　人曾为僧，人弗可以成佛；

　　　　　女卑为婢，女又何妨成奴。

　　这副对联完全建立在四个字的拆合之上，确实很难翻译，但是许渊冲先生作了巧妙的处理，否定了钱歌川的观点。请看他是怎么翻译的：

A Buddhist cannot bud into a Buddha.

A Maiden may be made a housemaid.

许渊冲的译文不仅保留了原文的语义，而且巧妙地以 Buddhist，bud 和 Buddha 的形似关系以及 maid，made 和 maiden 的音似关系代替了原作的拆字，上下联对仗工整，浑然一体。

### 3. 生活环境和传统因素

中俄两国所处的自然和生活环境的不同对翻译也会造成巨大的影响。请看普希金的长诗《叶甫盖尼·奥涅金》中的一段：

| | |
|---|---|
| Но изменяет пеной шумной | 但是它损害了我的胃口， |
| Оно желудку моему, | 用它那咝咝作响的泡沫； |
| И я Бордо благоразумный | 因此我这个谨慎的人 |
| Уж нынче предпочел ему. | 如今宁可选择波尔多。 |
| К Аи я больше не способен; | 对于爱伊我已经力不能胜， |
| Аи любовнице подобен | 这种酒太像一个情妇， |
| Блестящей, ветреной, живой | 它容姿艳丽、轻佻、活泼、 |
| И своенравной, и пустой… | 任性，而灵魂空虚庸俗…… |
| Но ты, Бордо, подобен другу, | 但是你波尔多，很像个朋友， |
| Который, в горе и в беде, | 你随时随地都是个良伴， |
| Товарищ завсегда, везде, | 在那痛苦和不幸的时候； |
| Готов нам оказать услугу | 你会给我们忠实的效劳， |
| Иль тихий разделить досуг. | 或同我们共度闲暇的时刻。 |
| Да здравствует Бордо, наш друг! | 万岁，我们的朋友波尔多！ |

十七八世纪的时候，俄国的上流社会崇尚法国之风，俄国贵族以喝法国葡萄酒为时尚，这都是当时俄国社会的真实写照。普希金笔下的叶甫盖尼·奥涅金作为一个贵族子弟当然也不例外，诗歌中透露出浓郁的俄国上流社会的生活气息。在这里译者需了解当时俄国上流社会的一些背景知识：波尔多和爱伊酒的区别在哪里？叶甫盖尼·奥涅金为什么将女人比喻成酒？理解了这些就有助于译者翻译诗歌，有利于读者鉴赏诗歌。原来波尔多酒和爱伊酒同属于法国酒，所不同的是爱伊酒酒性浓烈刺激，波尔多酒酒性温和绵长。在这里叶甫盖尼·奥涅金作为一个俄国上流社会的贵族子弟，将女人比喻成这两种酒是有深层用意的。叶甫盖尼·奥涅金不再像青年时代一样喜欢追求上流社会中那些变化无常、撩人刺激的美女（爱伊酒则象征着这些美女），青春的浮躁和冲动已经被中年时代的稳重和冷静

所取代。现在叶甫盖尼·奥涅金希望自己的妻子能像波尔多酒一样，像达吉雅娜一样温顺、对自己忠贞不渝。通过富有贵族色彩的法国葡萄酒作比喻，作者将奥涅金对女人心态的变化刻画得淋漓尽致。因此，译者在翻译的时候可以在文本之外加上说明，或者运用解释性的翻译，如向译文读者暗示出这两种酒的区别，这样有助于读者更深刻的体会到作品的深层含义。

类似的还有《叶甫盖尼·奥涅金》中描写奥涅金与连斯基决斗的场景。作品中连斯基的副手扎列茨基是一个重要的角色，他从某种程度上左右着这场决斗。根据俄国的决斗传统，副手应该尽力使决斗双方和解，并遵守决斗的规则。而扎列茨基没有作任何努力来调解奥涅金和连斯基的矛盾，而是一大早就把挑战书送到了奥涅金的手中，奥涅金答应接受决斗后，他没有作任何劝阻，马上起身回家。此外，根据决斗的传统规定，如果决斗的一方迟到 15 分钟，就被判缺席，决斗就会取消。作品中决斗的时间是7 点钟，连斯基很早到场，可是奥涅金却仍然沉睡不起，早已过了迟到 15分钟的规定时间。等奥涅金到决斗现场后，扎列茨基并没有按规则取消决斗，而是宣布决斗进行。这些细节都可以反映出扎列茨基的狡猾与恶毒，也从一个侧面表现出奥涅金其实并不想决斗，他希望借助规则而取消比赛，为后文奥涅金对连斯基的死表示痛心和自责埋下了伏笔。如果译者对俄国决斗的传统文化不甚了解的话，那么翻译出来的译文就很难表现出原文的效果，对人物的刻画也会略逊于原文。

## 第二节 其他非文本结构因素对诗歌翻译的影响

除了第一节所叙述的文化背景因素之外，还有一些非文本结构因素如译者本身所处的时代背景，译者在接触到源语文本之前所受到的社会文化熏陶，包括译者所具备的各种知识、世界观、思想观点和价值观念等都会给诗歌的译文造成不同的影响，"这种视域差正是不同译者面对同一文本进行翻译诠释时产生不同译文的真正原因"①。由于这种视域差而导致的译文不同也是文本结构分析法所不能解释的。例如莱蒙托夫《当代英雄》中有这样一首诗:

> Много красавиц в аулах у нас,
>
> Звезды сияют во мраке их глаз.
>
> Сладко любить их, завидная доля ;
>
> Но веселей молодецкая воля.
>
> Золото купит четыре жены,
>
> Конь же лихой не имеет цены :
>
> Он и от вихря в степи не отстанет,
>
> Он не изменит, он не обманет.
>
> (《Герой нашего времени》, стр.22 )

译文一:

> 在我们的村庄里有很多美人,
>
> 群星在她们眼睛的幽暗中辉耀,
>
> 甜蜜地去爱她们呀,可羡慕的好福气;
>
> 然而更使人快乐的是英勇的意志。
>
> 金子可以买来四个老婆,
>
> 一匹烈马呢,才是无价的:
>
> 它不会落在草原上的旋风后面,
>
> 它既不变心又不欺骗。
>
> (翟松年译,人民文学出版社 1956 年版,第 15 页)

译文二:

> 咱们村子里的美人有好多,
>
> 她们明亮的眼睛好像黑夜的星星,

---

① 谢云才:《文本意义的诠释与翻译》,上海外国语大学博士学位论文 2010 年版,第 64 页。

同她们恋爱真销魂，也叫人眼红，

可是小伙子的自由比什么都重。

黄金能把四个老婆买回家中，

一匹骏马却是无价之宝，

它在原野上不怕狂飙旋风，

它不会变心，也不会把你作弄。

（草婴译，上海文艺出版社 1981 年版，第 19 页）

译文三：

我们村子里美丽的姑娘有好多，

她们的眸子像夜里的星星在闪烁，

恋上她们比蜜甜，谁看了都眼红，

但是小伙子的自由比什么都贵重。

家中有金子可买到四个姣姣，

可一匹骏马却是个无价之宝：

草原上的飓风不能阻止它前进，

它是你忠实的朋友，永不会变心。

（冯春译，上海译文出版社 2002 年版，第 65 页）

对比这三个译文，译文一与其他两个译文的区别十分大，特别是对第四诗行的翻译十分不一样。可为什么会导致他们的译文区别如此之大呢？我觉得可以从译者所处的时代背景这个角度去作一些分析。翟松年的译文是在 1956 年，那个时候社会约束性较强，男女之间不能像我们今天这样能够自由恋爱，恋爱中强调个性自由。因此在译者的思想观念里是很难接受"同她们恋爱真销魂"，"小伙子的自由比什么都重要"这些新思潮。而草婴和冯春的译文已经处在 20 世纪八九十年代改革开放以后，这个时代的人们思想相对开放，男女之间已经能够自由恋爱，而且在爱情和婚姻中都喜欢强调个性和自由，在这样的时代背景下，译者的译法自然与 50 年代的译法有很大不同，而且也能够为广大读者所接受。不过这从侧面也说明了时代背景、译者的世界观和思想观念对译文的影响有多么的巨大。因为身处 50 年代，译者无论如何也无法将恋爱和自由相联系起来，而且那个时代的读者们也是很难接受的。再如，在本论文第二章《Гойя》的各种译文中，飞白在还原原诗的音响效果方面做得最为成功。在本论文的第三章中，我们在欣赏普希金和勃洛克诗歌的译文时，也可以明显感觉到张草纫的译文比其他译者的译文更加重视格律。这是因为飞白、张草纫等这样老一辈的诗歌翻译家更加重视语音、平仄和格律，而新生代的翻译家则不囿于规则的束缚，没有老一辈的翻译家那么重视平仄、格律、音响效果等因素，在翻译诗歌时也拥有更大的创造自由。这也是时代给翻译家们的思想带来的影响，而这种影响无疑会反映到译文之中，给诗歌文本带来很大的影响。

还有文学传统因素也会对诗歌的翻译造成影响。

文学传统代表着一个国家文学背后的历史和精神内涵，它对于诗歌的翻译同样具有很大的影响。任何一个译者在进行翻译的时候，都不可避免地受到本国文学传统和其他国家文学传统的影响。文学传统对诗歌造成影响的一个重要的表现形式就是互文性，也就是通常所说的"羊皮纸效应"①。互文性对诗歌的影响非常广泛，因为"每一诗歌文本都由若干不同系统（语音、字词、意象、格律、用典、模仿）交叉而成，它们不断组合、冲突和破裂，组成互文性的多义，如此循环以至无穷"。②在翻译的时候，我们也要特别注意文本之间的互文性，重视其他的文本结构对于所译文本结构的作用，这也是注意文学传统对于诗歌文本的影响的重要表现之一。例如普希金的长诗《叶甫盖尼·奥涅金》中有这么一段：

Теперь с каким она вниманьем     现在她是多么倾心于阅读

---

① "羊皮纸效应"是后现代文学理论家借用来的一个现象，来比喻文学文本之间的互文关系，原来是指在纸张未发明以前，西方人把重要的法典都记录在羊皮纸上，由于羊皮纸很昂贵，人们便反复使用，每一次把原先的文本抹去，然后再记录新的东西。由于前文本很难抹杀殆尽，新文本上总会残留着旧文本的痕迹，这就是所谓的羊皮纸效应。结构主义文论家杰拉德·热奈特（Gerarde Genette）著有《羊皮纸》一书，论述了文学文本之间的互文性。

② 刘军平：《互文性与诗歌翻译》，《外语与外语教学》，2003 年第 1 期。

| | |
|---|---|
| Читать сладостный роман, | 那充满柔情蜜意的小说, |
| С каким живым очарованьем | 她心驰神往如痴如迷地 |
| Пьет обольстительный обман! | 沉醉于诱人的虚构的欢乐! |
| Счастливой силою мечтанья | 那些在幻想的幸福力量 |
| Одушевленные созданья, | 激发之下创造出来的形象啊—— |
| Любовник Юлии Вольмар, | 茱莉·服尔玛小姐的情人, |
| Малек-Адель и Де Линар, | 马列克·阿代尔和德·利纳, |
| И Вертер, мученик мятежный, | 那激情冲动的受难者维特, |
| И бесподобный Грандисон, | 还有那无以伦比的葛兰狄生 |
| Который нам наводит сон, | 这人物的故事能让人打盹, |
| Все для мечтательницы нежной | 所有的人在这痴情的幻想家 |
| В единый образ облеклись, | 头脑中都化为一个形影, |
| В одном Онегине слились. | 都变成了奥涅金一个人。 |

在这短短的一节诗中竟出现了四个外国人名,译者如果没有深厚的文学修养,谙熟国外的文学传统的话,是很难理解原文中诗句的含义的。茱莉·服尔玛是法国作家卢梭的小说《茱莉》中的女主人公。茱莉诗歌是个贵族小姐,爱上了自己的家庭教师圣·普乐,后来因社会地位的悬殊未能在一起,被迫嫁给了自己并不爱的服尔玛。马列克·阿代尔是法国作家戈旦夫人的小说《马梯里达》中的主人公,德·利纳是法国作家德纳男爵夫人的小说《瓦列里亚》中的男主人公,维特则是德国作家歌德的《少年维特之烦恼》中的主人公。在这里众多作品中的主人公人物与《叶甫盖尼·奥涅金》形成了互文,给译者的翻译工作平添了一些障碍,也给读者的理解造成了一定的困难。译者要想准确传达原作的含义,正确地进行翻译,就必须对国外的文学有一定的了解,同时在翻译的时候对这些人名作一些必要的注释,这样有助于读者的理解。还有以上已经叙述到的宗教文化对于译文的影响中,《圣经》与普希金的诗歌就形成了互文,如果想正确地翻译普希金的诗歌,没有对《圣经》所带来的宗教文学传统的谙熟,是很难做到的。

综上所述，每一个译者都是生活在特定的社会、历史和文化环境中的，以上这些非文本结构的因素对译者的译文造成潜移默化的影响。由此看来，我们如果仅仅拘泥于文本结构的分析而不考虑非文本结构的因素的话，那么也是得不出正确的译文的。所以，我们在鉴赏译文的时候除了重视诗歌的文本结构之外，还必须去考虑译者的世界观、知识结构以及所身处的时代。同时，我们在翻译的时候也必须去考虑作者的视域和他所处的历史时代，只有这样我们才能做到像洛特曼所说的那样将文本结构和非文本结构统一起来。

总而言之，任何理论在实践中都不是万能的，文本结构分析法也不例外。在诗歌翻译中，文本结构分析法的确可以为我们解决很多问题，大体保证诗歌的正确性，但是也有很多问题我们也不得不求助于非文本结构的分析法才能得到解决。我想这也是洛特曼结构诗学带给我们的宝贵启示吧。

# 第八章　结束语

　　结构诗学理论是结构主义的巅峰之作，在文艺理论界占有重要的地位，而且从整个文艺理论史来看也具有承上启下的独特作用。长久以来，洛特曼结构诗学在我国学术界未能引起足够重视，以此为角度进行俄诗汉译研究的相关论文更是寥寥无几。本专著便以此为切入点，将结构诗学的理论运用到俄诗汉译的研究之中，力争在丰富翻译通论的同时，能够有效地指导诗歌翻译的实践，提高俄诗汉译的水平。在本专著的最后，我想就本课题的特点和新意，以及还有哪些有待进一步完善的地方做一些简要的概述和总结。

　　本专著的主要理论观点可以归纳为以下几个方面。

　　第一，结构诗学将系统性、整体性和层级性视作诗歌文本的重要特征，我们在翻译时也需要着眼于诗歌文本的整体，使译文的语义结构与原文一样具有层级性的特征。毋庸置疑，在翻译中语义的传达是根本。而要正确地去传达语义，就需要保证译文的超义子、语义对比丛和文本语义场与原文的相一致，这是由诗歌的语义结构特点所决定的。正如本书在第四章已论述过的那样，诗歌文本在语义结构上一般都呈现出超义子—语义链—语义丛—语义对比丛—文本语义场这样层级性的结构模式，那么我们在译文中也需要构建与原文一样的语义结构模式，让诗歌中的各个词语都置于这个语义结构模式所形成的文本语义场中，这样才能保证译文在语义和结构上的正确性。

　　第二，重复和平行对照是诗歌文本的重要组织原则，我们在译文中也要注意秉承这一原则，在形式上保持文本词语的聚合性特征。在诗歌中，词语之间的关系以聚合性占主导地位，而凸显聚合性特征的重要手段就是依靠语音、节奏、词汇、句法等各个层次的重复和平行对照。这些层次的重复和平行对照的表现形式多样，既包括对偶、排比，也包括对立、重复与同一。各个层次的重复和平行对照，不仅使诗歌的语义承载量大大加强，增强文本的聚合性特征，而且更有助于推动词语在超义子的的作用下形成语义丛和语义对比丛，加强诗歌语义结构的层级性特征。我们在翻译的时候如果也能在诗歌译文中贯穿这一原则，那么就可以在译文中保留与原文一样的形式特点，还可以加强译文词语的聚合性，更有助于译文语义结构模式的正确构成。

第三，诗歌文本是建立在五大层次基础之上的统一整体，我们在译文中需要塑造一个新的整体，使之在语义、句法、语音、节奏、语调这五个层次上再现原文。由于俄汉语言文化的差异，要在译文中完全实现五大层次的统一确实很难，也许永远只是个理想，但是这并不妨碍我们尽可能地朝这个方向努力。如前所述，在语义方面，译文需要构建与原文一样的语义结构模式；在句法、语音和节奏方面则需动用汉语的一切修辞手段，注重保持各个层次的重复与平行对照，保证诗歌文本的组织原则服务于语义的需要，再现原文的语音和韵律的特色；在语调方面，要力争使诗歌译文的语调与原诗在风格上保持一致。因此，译文成为整体是指在译语中成为一个新的整体，在传达原文语义的同时披上了译语的外衣。而语音、节奏、句法和语调正是这层外衣的表现形式，且与译语的特点融为一体。在翻译中，语义是根本，而对于其他几个层次来说，由于译者的着眼点不同，因而就会呈现出多种不同的译本。即使某些译者都侧重于相同的某个层次，但也由于译者水平的高低不一，译作也表现各异。

第四，诗歌翻译还应注意非文本结构因素。洛特曼结构诗学比形式主义更为优越的地方就在于它不仅囿于文本以内，还从民族、文化、心理等各种非文本结构的角度来研究诗歌。因此我们在用结构诗学理论来指导诗歌翻译的时候也需要考虑到文本以外的因素，这样我们的理论才更完整，在具体诗歌翻译实践的过程中才更具有可操作性。

我认为本专著的不足之处有以下几个方面。

第一，俄汉诗歌翻译是一个很复杂，难度较高的研究课题，结构诗学给我们提供了一个研究的视角，使我们在此基础上能提高俄诗汉译的实践水平。但是，我们不能够期待它能为我们解决俄汉诗歌翻译的所有问题，如诗人风格的传达、原诗意象的转换、译者个性的体现等这些问题都是结构诗学所不能解释的，也许我们在这些方面还需要依赖其他的理论去进一步阐释。

第二，本书的第五章"重复、平行对照和俄汉诗歌翻译"只将重复、平行对照运用到俄诗汉译以及汉诗俄译之中，其实这一理论带有很大的适用性，在英诗汉译以及汉诗英译中也必将大有可为，但是限于篇幅在这里不能一一论述了，在接下来的日子里，我将在这一领域继续探索，将新的研究成果补充到专著中来。

第三，本专著没有论述诗歌翻译的单位问题，然而洛特曼结构诗学粗略地指出了诗歌文本不同于普通语言的结构层级特征，他指出"语言的层级体系是单向顺序运动的：从最基本的语音到更复杂的结构，而诗歌作品的结构层次是另外一种建构方式：它由宏观体系和微观体系共同构成，并由同一水平轴向上和向下运动。词语层次构成了这一水平轴基线，并成为诗歌结构体系的语义基础，高于水平轴的是大于词语的元素层次，低于水平轴的是构成词语的单位元素。语义单位提供了词语层次以及把词汇单位连接成对比的对子的其他复杂的对比体系（无诗歌结构的话不行），这成为语义区别性特征以及超义子的划分基础。超义子成为诗歌结构的组成特点和意义链"[1]。仔细分析洛特曼的这个观点确实很有道理。普通的语言层级一般都是从音素、词素、词、句子、篇章由低到高，单向顺序运动，而诗歌中就不一样了。在宏观上，词语层次作为水平轴推动语义向高层级运动。正如我们在第四章所论述的那样，这时诗歌的语义结构模式表现为超义子—语义丛—语义对比丛—文本语义场，而超义子作为共同性义子蕴含在词语之中，而词语也正是在超义子的作用下才能形成语义丛和语义对比丛的。如果脱离开词语这一层级的话，诗歌的语义结构模式就会出现断裂，无法实现由超义子向语义丛或语义对比丛的过渡，文本语义场就更无从谈起了。因此，我们可以发现，在宏观上词语层次构成诗歌的语义丛和

---

① Ю.М.Лотман., Лекции по структуральной поэтике, Тарту, 1964г., стр216.

文本语义场的基础，推动了诗歌的语义由低层级向更高层级的运动。同样，在微观上，词语层次作为水平轴推动语义向低层级运动。低层次（如语音、节奏、韵脚、词素等层次）的重复和平行对照都应该服从或服务于词汇单位的对比和对照。因为语音、节奏、韵脚等本身是没有任何意义的，只有当它们进入到诗歌结构之中，在词语层次的作用下才能激发出具体的含义，并与整个诗歌的所指融为一体。同时，也正是依靠语音、韵脚、词素等（它们是构成词语的单位元素）形式上的重复和平行对照，在超义子的作用下，词语之间才可以更好地相互比照，并在诗歌结构整体的基础之上形成聚合关系，推动词语形成语义丛或语义对比丛等更高的层次。此时低层次元素的重复和平行对照又成为词语之间能够形成重复和平行对照的动力和源泉。然而，需要指出的是，这些语音、节奏、韵脚、词素等低层次单位的语义必须依附词语层次才能得以表达，才能与诗歌整体语义结构融为一体，一旦脱离开词语层次，它们便没有意义。例如马致远的《天净沙·秋思》中短短九个词语的并置，在诗歌结构整体下蕴含着极为丰富的语义：一方面诗歌语义以词为基线向语义丛、语义场扩展，深化了主题；另一方面语音、韵脚、节奏等微观层次的元素也依附于这九个词语，并披上了语义的色彩，如韵脚 a（鸦，家，马共同押 a 的韵）则表现出诗人客居他乡的愁苦和无奈。一旦脱离开词组或者诗歌文本结构的整体，这些语音、韵脚、节奏本身都不具有任何意义，更别谈服务于诗歌的所指了。

由此可推断，词语和诗歌结构的整体是有可能作为诗歌翻译的基本单位的。然而可惜的是洛特曼为代表的结构诗学研究者却并没有在这个问题上展开更进一步地论述，所以我们在诗歌翻译单位这个问题上也没有更加深入探讨，论据也搜集得不够全面，但是在这个方向上必定大有文章可为。我们期待日后这一理论能够有新的发展，可以指导我们在这个问题的研究上有所突破。

# 主要参考文献

## 外文参考文献

Бахтин М. М., Эстетика словесного творчества, М.: Искусство, 1979.

Веселовский А. Н., Историческая поэтика, М.: Высшая школа. 1989.

Виноградов В. В., О теории художественной речи, М.: Высшая школа, 1971.

Виноградов В. В., Стилистика: теория поэтической речи, М.: Академия наук 1963.

Гак. В. Г., Проблемы структурной лингвистики. М.: Наука, 1971.

Гак В. Г., Сопоставительная лексикология, М.: Международное отношение, 1977.

Гарбовский Н. К., Терория перевода, М.: Изд. московского университета, 2004.

Гаспаров М. Л., Современный русский стих: Метрика и ритмика, М.: Наука, 1974.

Гаспаров М. Л., Эволюция русской рифмы, в кн. Проблема теории стиха. М.: Наука, 1984.

Гаспаров М. Л., Тавтологическая рифма, в кн. Труды по знаковым системам. Тарту.: Изд. Тартуского университета, 1983.

Гаспаров М. Л., Очерк истории русского стиха: Метрика, ритмика, рифма, строфика, М.: Фортуна лимитед, 1984.

Гаспаров М. Л., Историческая поэтика: Итоги и перспектива изучения, М.: Наука, 1986.

Гачечиладзе Г. Р., Художественный перевод и литературные взаимосвязи, М.: Советский писатель, 1980.

Григорьев В. П., Поэтика слова, М.: Наука, 1979.

Егоров Б.Ф., Жизнь и творчество Лотмана Ю. М., М.: Новое литературное обозрение, 1999.

Жирмунский В. М., Композиция лирических стихотворений, СПб.: ОПОЯЗ, 1921.

Жирмунский В. М., Теория стиха, М.: Советский писатель, 1975.

Жирмунский В.М., Сравнителное литературоведение: Восток и Запад, М.: Наука, 1979.

Золян С. Т.,"Семантическая структура слова в поэтической речи", Известия АН СССР. М., 1981.

Золян С. Т.,"О принципах композиционной организации поэтического текста", Проблемы структурной лингвистики М., 1983.

Золян С. Т., О соотношении языкового и поэтического смыслов. Ереван: Ереванский университет, 1985.

Корона В. В., Поэзия Анны Ахматовой: поэтика автовариаций. М., 2006.

Кукушкина Е. Ю.,"Синтаксический повтор в лирике А.Блока", Проблемы структурной лингвистики, М., 1981.

Лотман. Ю. М., Лекции по структуральной поэтике, Тарту: изд. Тартуского университета, Тарту, 1964.

Лотман Ю.М.,"Литература должно быть наукой", Вопросы литературы, М., 1967.

Лотман Ю.М.,"О некоторых принципиальных трудностях в структурном описании текста", Труды по знаковым системам 4, Тарту, 1969.

Лотман Ю.М., Структура художественного текста. М.: Искусство, 1970.

Лотман Ю.М.,"Заметки о структуре художественного текста", Труды по знаковым системам 5, Тарту, 1971.

Лотман Ю.М.,"О двух моделях коммуникации в системе культуры", Труды по знаковым системам 6, Тарту, 1973.

Лотман Ю.М.,"Риторика: Структура и семиотика художественного текста", Труды по знаковым системам 12, Тарту, 1981

Лотман Ю.М., Пушкин: Роман в стихах Пушкина «Евгений Онегин», Тарту: Изд. Тартуского университета, 1975.

Лотман Ю. М., Анализ поэтического текста, СПб.: Искусство, 1996

Лисевич И. С., Китайская пейзажная лирика, М.: Муравей-Гайд, 1999.

Модестов В.С., Художественный перевод: История, теория и практика. М.: Изд. Литературного института им. Горького А. М., 2006.

Мясников А. С., "Проблемы раннего русского формализма", Контекст 74. М., 1975.

Новиков Л.А., Современный русский язык: Теоретический курс — лексикология, М.: Просвещение, 1987.

Павлович Н.В.,"Образование поэтических парадигм", Проблемы структурной лингвистики, 1986.

Пушкин. А.С., Полное собрание сочинений в десяти томах, М.: Изд. Академии наук СССР, 1957.

Ревзина О. Г. Парадокс поэтического анализа, Вестник Московского университета, серия 9, 1995.

Сафронова Е. Г.,"Интонационная композиция стиха", Проблемы структурной лингвистики, 1986.

Солодуб Ю.П., Альбрехт Ф. Б., Кузнецов А. Ю., Теория и практика жудожественного перевода, М.: Академия, 2005.

Сумаков Ю.Н.,"Стихотворение Пушкина «К...»(Я помню чудное мгновенье): Форма как содержание", Известия АН. СЛЯ, М., 1987.

Топер П.М., Перевод в системе сравнительного литературоведения, М.: Наследие, 2000.

Тынянов Ю. Н., Проблема стихотворного языка. М.: КомКнига, 2010.

Тюленев С.В., Теория перевода, М.: Гардарики, 2004.

Фриче В. М., Литературная энциклопедия: Танская поэзия, М.: Коммунистическая академия, 1939.

Чичерин А.В., Ритм образа, М.: Советский писатель, 1978.

Чуковский К.И., Высокое искусство. М., 1968.

Щуцкий Ю. К., Дальнее эхо: Антология китайской лирики, СПб: Петербугское востоковедение, 2000.

Якобсон Р.О.,"Лингвистика и поэтика", Структурализм: За и против. М.: Прогресс, 1975.

Якобсон Р.О.,"Поэзия грамматика и грамматика поэзии", Семиотика. М.: Радуга, 1983.

Якосбсон Р.О., Работы по поэтике. М.: Прогресс, 1987.

# 中文参考文献

［比］布洛克曼 :《结构主义》，李幼蒸译，商务印书馆 1986 年版。

［英］布尔顿 :《诗歌解剖》，傅浩译，三联书店 1992 年版。

陈国恩等 :《 俄苏文学在中国的传播与接受》，中国社会科学出版社 2009 年版。

陈建华 :《中国俄苏文学研究史论》，重庆出版社 2007 年版。

陈耀球 :《苏联三女诗人选集》，湖南人民出版社 1985 年版。

陈馥 :《布宁文集》，人民文学出版社 2009 年版。

戴骢、娄自良 :《蒲宁文集（第一卷）》，安徽文艺出版社 2005 年版。

丁人 :《勃洛克诗歌精选》，北岳文艺出版社 2000 年版。

飞白：《世界名诗鉴赏辞典》，漓江出版社 1989 年版。

飞白：《马雅可夫斯选集》，上海译文出版社 1981 年版。

冯春：《普希金抒情诗选》，安徽文艺出版社 1985 年版。

[俄] 符·维·阿格诺索夫：《二十世纪俄罗斯文学》，凌建侯等译，中国人民大学出版社 2001 年版。

戈宝权：《普希金诗集》，北京出版社 1987 年版。

戈宝权：《戈宝权集》，中国社会科学出版社 2009 年版。

顾蕴璞：《蒲宁精选集》，北京燕山出版社 2005 年版。

郝斌：《词汇语义学》，黑龙江人民出版社 2002 年版。

胡经之等：《西方文艺理论教程》，北京大学出版社 2003 年版。

胡德坤，宋俭：《中国近现代史纲要》，武汉大学出版社，湖北人民出版社，2006 年版。

季元龙：《俄罗斯诗歌翻译与欣赏》，上海译文出版社 2008 年版。

蒋向艳：《程抱一的唐诗翻译和唐诗研究》，华东师范大学出版社 2008 年版。

金兵：《文学翻译中原作陌生化手法的再现研究》，复旦大学出版社 2009 年版。

[美] 卡勒：《结构主义诗学》，盛宁译，中国社会科学出版社 1991 年版。

[苏] 库兹涅佐娃：《俄语词汇学》，倪波、王志伟译，上海外语教育出版社 1988 年版。

李磊荣：《文化可译性视角下的〈红楼梦〉翻译》，上海译文出版社 2010 年版。

李笑玉：《普希金诗选》，长江文艺出版社 2005 年版。

李幼蒸：《结构与意义》，中国社会科学出版社 1996 年版。

李今：《三四十年代苏俄汉译文学论》，人民文学出版社 2006 年版。

刘湛秋：《诗苑译林：普希金抒情诗选》，湖南人民出版社 1984 年版。

陆永昌：《俄汉文学翻译概论》，上海外语教育出版社 2007 年版。

娄自良：《温柔的幻影——茨维塔耶娃诗选》，上海译文出版社 1990

年版。

马海甸：《阿赫玛托娃诗文集》，安徽文艺出版社 1999 年版。

南帆：《文学理论新读本》，浙江文艺出版社 2002 年版。

倪波、顾柏林：《俄语语义学》，上海外语教育出版社 1995 年版。

彭克巽：《苏联文艺学派》，北京大学出版社 1999 年版。

[瑞] 皮亚杰：《结构主义》，倪连生、王琳译，商务印书馆 1984 年版。

[俄] 什克洛夫斯基等：《俄国形式主义文论选》，方珊等译，三联出版社 1999 年版。

[俄] 什克洛夫斯基：《散文理论》，刘宗次译，百花文艺出版社 1999 年版。

邵斌：《诗歌创意翻译研究：以〈鲁拜集〉为个案》，浙江大学出版社 2001 年版。

苏杭：《自由颂——普希金诗选》，人民文学出版社 1987 年版。

苏杭：《致一百年以后的你——茨维塔耶娃诗选》，外国文学出版社 1991 年版。

[瑞] 索绪尔：《普通语言学教程》，高名凯译，商务印书馆 1985 年版。

谭载喜：《西方翻译简史》，商务印书馆 2004 年第 2 版。

陶东风：《文学理论基本问题》，北京大学出版社 2004 年版。

[英] 特伦斯·霍克斯：《结构主义和符号学》，瞿铁鹏译，上海译文出版社 1997 年版。

童丹：《意象转换视域下的中国古典诗词俄译研究》，人民出版社 2011 年版。

王秉钦：《文化翻译学》，南开大学出版社 1995 年版。

王秉钦：《对比语义学与翻译》，南开大学出版社，2008 年第 2 版。

王福祥：《现代俄语辞格学概论》，外语教学与研究出版社 2002 年版。

王庚年：《获诺贝尔文学奖作家丛书（第六辑）——米佳的爱》，漓江出版社 1991 年版。

王家新、唐晓渡：《外国二十世纪纯抒情诗精华》，作家出版社 1992 年版。

王立业：《洛特曼学术思想研究》，黑龙江人民出版社 2006 年版。

王士燮：《叶夫根尼·奥涅金》，黑龙江人民出版社 1981 年版。

王守仁：《苏联诗坛探幽》，社会科学文献出版社 1990 年版。

汪剑钊：《勃洛克抒情诗选》，河北教育出版社 2003 年版。

汪剑钊：《茨维塔耶娃文集（诗歌）》，东方出版社 2003 年版。

汪剑钊：《二十世纪俄罗斯流亡诗选（上）》，河北教育出版社 2004 年版。

汪介之：《文学接受与当代解读——20 世纪中国文学语境中的俄罗斯文学》，北京师范大学出版社 2010 年版。

魏荒弩：《俄国诗选》，湖南人民出版社 1988 年版。

乌兰汗等：《致大海——俄国五大诗人诗选》，人民文学出版社 1989 年版。

吴克礼：《俄苏翻译理论流派述评》，上海外语教育出版社 2006 年版。

谢天振：《翻译研究新视野》，青岛出版社 2003 年版。

谢天振：《译介学》，上海外语教育出版社 1999 年版。

谢云才：《文本意义的诠释与翻译》，上海外语教育出版社 2011 年版。

徐稚芳：《俄罗斯诗歌史》，北京大学出版社 1989 年版。

许贤绪：《20 世纪俄罗斯诗歌史》，上海外语教育出版社 1997 年版。

杨匡汉、刘福春：《西方现代诗论》，花城出版社 1998 年版。

杨铸：《文学概论》，北京大学出版社 2005 年版。

余振：《马雅可夫斯基选集（第一卷）》，人民文学出版社 1984 年版。

曾思艺：《俄苏文学及翻译研究》，中国社会科学出版社 2011 年版。

查良铮：《普希金抒情诗选集》，江苏人民出版社 1983 年版。

查良铮：《欧根·奥涅金》，四川人民出版社 1983 年版。

张草纫：《俄罗斯抒情诗百首》，黑龙江人民出版社 1983 年版。

张草纫：《俄罗斯抒情诗选》，上海译文出版社 1992 年版。

张凤：《文本分析的符号学视角》，黑龙江人民出版社 2008 年版。

张会森：《俄汉语对比研究（下卷）》，上海外语教育出版社 2004 年版。

张杰、康澄：《结构文艺符号学》，外语教学与研究出版社 2004 年版。

张同吾：《诗的审美与技巧》，中国文联出版公司 1988 年版。

张学增：《俄语诗律浅说》，商务印书馆 1986 年版。

赵洵：《夏夜集（蒲宁抒情诗选）》，四川文艺出版社 1985 年版。

赵毅衡：《符号学的一个世纪》，百花文艺出版社 2004 年版。

郑敏宇：《叙事类型视角下的小说翻译研究》，上海教育出版社 2007 年版。

周瑞敏：《诗歌含义生成的语言学研究》，中国社会科学出版社 2009 年版。

智量：《普希金选集（第五卷）——叶甫根尼·奥涅金》，人民文学出版社 1985 年版。

黄玫：《韵律与意义 (20 世纪俄罗斯诗学理论研究 )》，人民出版社 2005 年版。

卞之琳等：《十年来外国文学翻译和研究工作》，《文学评论》1959 年第 5 期。

蔡毅等：《俄译汉教程》，外语教学与研究出版社 1989 年版。

曹文学：《诗歌的翻译和教学》，《中国俄语教学》1985 年第 6 期。

冯玉律：《词语的文化内涵与翻译》，《外国语》1993 年第 1 期。

冯玉律：《"不到位"、"错位"和"越位"—词语在上下文中的文化内涵与翻译》，《外语学刊》1993 年第 6 期。

冯玉律：《诗歌翻译中的关键词与文本语义场》，《外国语》1997 年第 4 期。

黄玫：《论诗章的语义建构》，《中国俄语教学》1996 年第 4 期。

黄玫：《洛特曼的结构主义诗学观》，《中国俄语教学》2000 年第 1 期。

季元龙：《语义场的功能结构—剖析具有"变化"语义的俄语词汇》，《中国俄语教学》2000 年第 1 期。

姜椿芳：《〈苏联文艺〉的始末》，《苏联文学》1980 年第 2 期。

姜姗杉：《探究〈傲慢与偏见〉的互文性》，《湖北理工学院学报》2011 年第 4 期。

李肃：《洛特曼文化符号学思想发展概述》，《解放军外国语学院学报》

2004 年第 6 期。

刘军平 :《互文性与诗歌翻译》,《外语与外语教学》2003 年第 1 期。

刘淑梅、赵晓彬 :《中国唐诗的俄译研究》,《中国俄语教学》2006 年第 2 期。

刘永红 :《论俄语诗歌的语音修辞》,《中国俄语教学》2007 年第 2 期。

毛志文 :《超义子、语义对比丛与俄汉诗歌翻译》,《中国俄语教学》2012 年第 2 期。

毛志文 :《重复、平行对照与俄汉诗歌翻译》,《中国俄语教学》2013 年第 2 期。

毛志文 :《俄苏诗歌在中国的译介和发展》,《中国俄语教学》2014 年第 3 期。

倪波 :《词义的语义结构和结构成分分析》,《外国语》1987 年第 3 期。

宋协立、冷惠玲 :《结构主义与结构主义诗学》,《烟台大学学报》2005 年第 1 期。

王志坚 :《俄汉诗歌语音意象功能的共通性》,《中国俄语教学》2006 年第 1 期。

王宗琥 :《俄汉古典诗歌韵律之对比研究》,《中国俄语教学》1998 年第 1 期。

吴哲 :《词汇—语义体系的层级结构及 Л С Г 的地位》,《外语学刊》1998 年第 1 期。

袁榕 :《文学翻译中陌生化和本土化的策略取向与冲突》,《解放军外国语学院学报》2010 年第 3 期。

张冰 :《尤·米·洛特曼和他的结构诗学》,《外国文学评论》1994 年第 1 期。

张冰 :《陌生化诗学——俄国形式主义研究》,北京师范大学出版社 2005 年版。

张冰 :《他山之石 :俄国结构诗学》,《解放军外国语学院学报》2006 年第 1 期。

张草纫 :《俄语诗歌翻译探索》,《上海外国语学院建院三十周年科学报告会论文选编》1979 年。

　　周瑞敏:《论诗歌翻译的平行对照》,《河南大学学报》2007 年第 9 期。

　　周瑞敏:《诗学平行对照原则实质探析》,《许昌学院学报》2011 年第 1 期。

# 后 记

　　20 世纪 80 年代初的中国，人们的物质和精神生活远没有现在那么丰富。市面上畅销的书籍都很单一，无非就是《郑渊洁童话》、《365 夜故事》《十万个为什么》……也许每个中国父母都望子成龙，希望自己的孩子能成为未来的文学家、诗人、科学家……在我还在咿呀学语的时候，家里的生活也并不宽裕，可妈妈买来《幼读古诗一百首》教我一字一句地朗诵，这是我人生中接触的第一本诗集，在我的心中种下了诗的种子，开启了我一生的文学追梦之旅。

　　童年时我无忧无虑，在父母的呵护下快乐地成长。可是由于当时贪玩，小学成绩总是平平，以至于小升初考市里的初中重点班差了几分。可父亲并不气馁，仍然想尽各种办法让我进了重点班，希望给我的人生搭建一个好的平台。幸运的是，我并没有辜负父亲的期望，每天挑灯夜战，拼命苦读，转折终于出现了：我在初一刚进校时是全班四十几名，等到了初三的时候已是全班第九名。毕业时班主任钱老师拉着我爸爸的手说："你儿子是块读书的料，如果能读的话，让他好好发展，以后会有出息的。"就这样我以优异的成绩考上了高中重点班。

　　高中的生活紧张而单调，但由于我已经养成了良好的学习习惯，所以总能以最饱满的热情投入到学习中去。这一时期父母经常在旁边鼓励着我，默默无闻地给我做好后勤工作，让我能够专心读书考上重点大学。我初高中一直读的是数学重点实验班，理科成绩一直优于文科，可是从一开始我就深深地被文学的魅力所吸引，每节诗歌鉴赏课都成为我的最爱，为了能在文学上有所发展，在高二文理分科时我毅然选择了文科，经过高考的奋力冲刺，我终于如愿以偿考进了武汉大学俄语系，开启了我的大学生涯。由于我中学学的是英语，到了大学才接触俄语，所以整个本科四年基本上都在苦练语言基本功。至今让我最为难忘的是每天早上在珞珈山读书的日子：闻着草木的芬芳，呼吸着清新的空气，看着老斋舍下美丽的樱花……我在这里度过了人生中最美好的青春年华，也收获了我的爱情和婚姻。

真正走上学术之路还得感谢我的硕士导师胡谷明教授，正是在胡老师的引领和鼓励下我才慢慢走进了学术的殿堂。本科上课时胡老师就常教导我们："学习外语，如果不搞翻译，那终究是一种遗憾。"也正是在这句话的鼓舞下，我毅然地选择了翻译学作为我的学术发展方向。从研一开始正式接受学术训练，读各种翻译理论方面的书籍，从费奥多罗夫到科米萨洛夫，从翻译的语言学理论到文艺学理论，在胡老师的谆谆教导之下我徜徉于翻译学的浩瀚海洋之中。胡老师发现了我在诗歌方面的天赋，鼓励我从事诗歌翻译研究。诗歌翻译是鲜有人涉入的领域，因为要求研究者不仅具有扎实的中文和俄语语言功底，而且需要在诗歌方面有着一定的悟性。这个方向虽然难，但是很具挑战性。功夫不负有心人，经过刻苦钻研和努力，毕业时我的硕士论文《俄汉诗歌的可译性限度问题研究》获优秀硕士论文，以优异的成绩圆满地完成了硕士阶段的学业。

硕士毕业后我并没有马上选择去读博士，而是首先去中冶南方工程技术公司成为一名翻译。因为我始终觉得作为一名翻译学方向毕业的研究生，受许多客观条件的限制，在校期间往往理论学习多，社会实践少，而翻译学本身又是一门实践性很强的学科，需要大量的翻译实践。缺乏理论的实践行而不远，缺乏实践的理论也是难以为继的。恰在此时，中冶南方给我提供了一个锻炼的平台。中冶南方是国资委下属的一所重点国企，也是武汉的龙头企业，跟俄罗斯和中亚合作很多。那段工作的日子至今仍记忆犹新：每天早上6点起床，洗澡，准备当天的翻译发言稿件，匆匆吃过早餐，8点开始和俄罗斯客户谈判，一天的紧张工作之后到了晚上还要加班整理和总结当天的会议记录，拟订合同文件。正是在这紧张而又充实的工作中，我的口译和笔译水平得到了飞速的提高。好的国企都有"师傅带徒弟"的传统，当时我的师傅俞老师是一位六十多岁的老先生，早年毕业于北京大学西语系，与国学大师季羡林熟识。俞老师腿有点儿残疾，却学识渊博，每天早上都是第一个来办公室，对翻译始终有着一股饱满的热情。他经常把我叫到旁边，告诉我许多翻译技巧和翻译方法，并赠送了许多他多年翻译实践所总结出的资料。凡是我碰到不懂的问题虚心请教，最后都能得到他悉心的指导。在工作之余，我也爱与同事们交流历史、哲学方面的问题。在办公室里，俞老师也总是当着同事们的面称赞我知识面广，文史知识丰富，说我不作学问太可惜了。的确，虽然我工作得心应手，但是心中始终有一个挥之不去的博士梦。因为在翻译的实践过程中，我真心地体会到无论是工程技术翻译还是文学翻译，除了要求译者有着扎实的中俄文基础，而且应该学习更多的翻译理论知识。这些翻译理论凌驾于翻译技巧和翻译方法之上，高屋建瓴地指导着我们进行翻译实践。我认为经过硕士阶段这短短两年的翻译理论学习是远远不够的，只有通过博士阶段的再深造，学习更多的翻译学理论知识，才能突破瓶颈，使得自己的翻译水平得到更进一步的提高。于是，在胡老师的推荐和鼓励下，经过刻苦努力的复习，我于2008年9月考入上海外国语大学吴克礼教授的门下学习翻译理论，开始了我的博士生涯。

　　吴老师是一位学识渊博、和蔼可亲的老前辈，在外语界德高望重。吴老师从教五十多年，曾任中国驻俄罗斯大使馆教育文化参赞，不仅具有多年的翻译实践经验和很高的俄语实践水平，而且有着丰富的翻译学理论知识和指导博士生的好方法。在博一、博二时，我开始如饥似渴地阅读更多的俄苏翻译理论著作，逐渐形成了系统的翻译理论知识体系。在吴老师的鼓励和帮助下，博二下学期我便选定了《结构诗学与俄汉诗歌翻译》作为我的博士论文题目，并围绕这个题目查阅了大量相关书籍和资料。吴老师手把手地教我如何整理和加工这些资料，并为我的学术研究指明了目标和方向。在学术道路上能遇到吴老师是我一生的幸事：他渊博的学识和严谨的治学态度令我十分敬佩，他循循善诱的教导和不拘一格的学术思路给了我无尽的启迪。在上海读博期间，远离故乡和亲人，吴老师在生活上给予我无微不至的关怀，让我在外地求学期间也能感受到家的温暖。在为人处世上，吴老师言传身教，指点迷津，以其非凡的人格魅力影响着我，使我形成正确、成熟的人生观和价值观。

2011 年 6 月在完成了博士论文答辩，顺利毕业后，我带着对母校深深的眷恋毅然返回了武汉大学，投身于繁重的教学和科研工作中。为了在诗歌翻译领域进行更为深入的研究，我获批进入武汉大学外国语言文学博士后流动站进行科研工作。国家对于博士后研究有着充足的科研经费作为支持，同时也有着严格的要求。因此，能进入博士后流动站工作既是一种机遇，也是一种挑战。两年博士后在站期间，我刻苦努力，迎难而上，克服重重困难，在合作导师胡老师的指导和帮助下，陆续在《外语教学理论与实践》《上海翻译》《中国俄语教学》等外语类核心期刊上发表学术论文十余篇，获得学界的广泛好评，并于 2013 年 6 月完成了二十多万字的博士后研究报告——《结构诗学视角下的俄汉诗歌翻译研究》，呈现在读者面前的这本书就是在我的博士后科研报告的基础上修订而成。在此我要对我一生的导师——胡谷明教授，还有所有教过和帮助过我的老师表示衷心的感谢。

衷心感谢俄语系的叶清玲教授、系主任郑文东教授、田园和乐音等老师。叶老师以其丰富的专业知识，平易近人的人格魅力对我影响深远；郑老师以其精湛的学术造诣，严谨求实的学术风范使我受益匪浅。作为我的俄语启蒙老师——田园和乐音老师也一直以来都给予了我许多无私的帮助，帮助我在俄语的道路上不断成长。对武大俄语系所有老师们的无私帮助我要表示深深的感谢。

在这本专著即将付梓之际，我的父亲因肝癌去世，突闻噩耗，心情极为悲痛。父亲一生勤劳节俭，含辛茹苦，始终站在我的身后为我默默付出。十多年的外地求学生涯，父亲无时无刻不在关心着我，鼓励着我。即使远隔千里，他也一直用期许的目光默默注视着我，让我的心中总是充满着温暖和感动。"子欲养而亲不待"，没有长期守在我父亲身边尽孝，是我一生最大的遗憾。没有我的父亲，我是无法读到博士后，并完成这本专著的。谨以这本书献给我最敬爱的父亲，纪念他对我多年的养育之恩。同时，我也要特别感谢我的母亲和妻子。正是她们一直鼓励和支持着我外出求学，收获成功。

　　"路漫漫其修远兮，吾将上下而求索。"学无止境，唯有百折不挠，不遗余力地去追求和探索才能追寻真理的脚步。前面的道路光明而又美好，在美丽的武汉大学校园我种下了理想，收获的是希望。感谢武汉大学外语学院对我的专著的出版进行资助，今后在武汉大学工作的日子里我将在漫漫学术道路上继续不断探索，勇攀学术高峰。

毛志文

2014 年 6 月

于武汉大学珞珈山麓